창비신서 125

1780년 이후의 민족과 민족주의

E. J. 홉스봄 지음

강명세 옮김

창비

한국어판 저자 서문

이 책이 처음 출간된 이래, 민족주의는 현재의 세계사에서 주요한 문제로 등장하였다. 소련 및 동구 사회주의권의 몰락은 민족주의 문제를 다음 두 가지 점에서 더욱 부각시켰다. 첫째는, 다민족으로 구성된 국가들이 이론적인 면에서 단일 민족으로 간주되는 소규모 국가들로 쪼개지고 있다는 것이다(실제로는 그 안에도 다양한 종족과 언어가 있기는 하지만). 둘째는, 앞의 현상과 정반대되는 것으로, 이전에 분단국가이던 독일이 재통일된 것이다.

이 두 가지 역사변화 중에서 한국모델에 가장 적절한 듯이 보이는 것은 두번째 경우다. 책에서 언급했듯이, 한반도는 종족과 언어 면에서 동질적이며 단일 국가로서의 오랜 역사적 전통을 지닌, 세계에서 극히 찾아보기 힘든 지역 중 하나이다. 현재 발칸반도, 까프까즈 산맥 이남 지역 및 옛 소련의 여타 지역을 휘감고 있는 종족간 갈등은 한국의 현실과는 거리가 멀며, 앞으로도 그럴 것이다. 다른 한편, 한국은 제2차 세계대전 후 정치적으로 분단된 몇 안 되는 국가 중 하나이며 과거 한 나라의 영토였던 곳에 두 개의 상호 적대적인 독립국가가 발전하고 있다. 따라서 독일의 분단과 재통일의 경험은 한국인들의 각별한 관심사임에 틀림없다.

물론 독일과 한국은 명백히 다르다. 독일의 경우, 통일된 단일 민족국가로서의 역사는 비교적 짧다. 독일은 1871년까지 통일을 이루지 못했으며, 그 당시에도 중부 및 동부 유럽에 산재한 독일인 거주지역은 말할 것도 없고 심지어 독일인들이 살던 인접한 넓은 지역도 통일에서 제외되었다. 동서독의 많은 독일인들은 공통의 문화언어로 통일된 둘 이상의 국가로 영구히 구성되는 독일을 어렵지 않게 상정하였고, 이는 서독과 동독 간에 밀접한 경제적·문화적·개인적 접촉이 가능해진 1970년대에 들어와서는 특히 그러했다. 아마 남북한은 모든 면에서 더 철저히 분단되었던 것 같고, 통일의 결핍은 크게 느껴졌고 현재도 그럴 것이다. 독일의 재통일은 서독정부와 소련 사이에서 특별히 협정되었다. 당시까지 존재했던 소련은 동독지역에 강력한 군사력을 보유하고 있었다. 정치적으로 소련정부는 농독이 붕괴된 후 독일 통일을 거부하기 어려움을 알았을 것이나, 그럼에도 불구하고 소련은 독일 통일에 특정 조건을 부과할 수 있는 위치에 있었다. 예를 들어, 1945년에 전통적 대토지귀족(융커)에게서 몰수한 많은 토지재산을 이전 소유자에게 다시 돌려주지는 않는다는 조건이 그것이다. 앞으로 한반도가 재통일된다면 그 조건은 틀림없이 이와 아주 다를 것이다. 그렇다 하더라도, 이 책을 읽을 한국 독자들이 1989년 이후의 독일 경험이 자신들에게 닥쳐올 미래와 무관하다고 생각할 것 같지는 않다.

독일의 경험을 완전히 평가하기는 너무 이르다. 그렇지만 40여 년의 분단이 대부분의 사람들이 생각하는 것보다 훨씬 더 큰 차이를 동서독간에 낳았음은 이미 분명하다. 이러한 차이는 자본주의 경제와 사회주의 경제, 두 공화국의 서로 다른 정치적 제도라고 하는 구조적인 면에서뿐만 아니라 두 나라 사람들의 생활방식, 행동 그리고 희망과 기대에서도 나타났다. 이는 두 국가간의 합병이 아니라 한 국가가 해체되고 다른 국가에 흡수통일되는 형태를 취한 실제 통일과정에서 확연히 드러났다. 결국, 서독은 약소한 동독을 흡수하여 자신의 체제를 강요함으로써 서독인들은 동독지역에서 중요한 지위를 거의 모두 차지하게 되었고 이는 동독인들 가슴에 원망을 심었다. 동시에 하루아침에 몰락한 사회주의 경제 및 무역권에 연계되었던 동독경제는 서유럽에서 가장 앞선 서독의 자본주의 경제와 갑자기 경쟁상태에 놓이게 되었다. 통일 국가 내 모든 독일인의 평등을 천명한 콜 수상은, 서독이 새로 합병된 지역의 몰락하거나 하고 있는 경제를 지원하려면 실제로 서독경제의 번영을 위협할 정도로 막대한 비용을 들여야 함을 알게 되었다. 그리고 이러한 위협은 서독경제가 유럽에서 지배적인 위치에 있음을 고려할 때 유럽공동체의 경제 전체로 파급될 것이다. 나아가 널리 주목을 받지는 못했지만, 옛 동독의 영토가 갑작스레 독일 연방에 통합됨으로써 전후 독일의 매우 성공적인 연방제하에서 유지되어온 지방정부와 중앙정부 간의 균형이 깨어지고 있다는 것이다.

이처럼 옛 양 독일인은 새로운 하나의 통일 독일 안에서 편치 않은 동거를 하고 있다. 아마, 베를린 장벽이 무너졌을 때 자유를 열광하던 순간에 대한 기억이 사라지지는 않았을 것이다. 그렇지만, 민족의 통일 또는 재통일의 문제가 국경이 없어진다고 끝나지 않음은 이제 분명해졌다. 오히려 그 순간부터 문제는 시작된다. 독일의 경험은 이 문제를 과소평가하는 이들에 대한 경고임에 틀림없다.

1993년 뉴욕에서
E. J. 홉스봄

옮긴이의 말

이 책은 영국의 세계사가이자 나의 뉴욕 사회과학대학원 은사였던 에릭 홉스봄이 최근 역사적 사회과학의 중대 이슈로 떠오른 민족주의 문제에 대해 쓴 『1780년 이후의 민족과 민족주의』(*Nations and nationalism since 1780*)를 번역한 것이다. 홉스봄의 업적은 미국의 보수적인 학자들에 의해서도 자주 인용될 정도이니만큼 새삼스레 저자 소개를 할 필요는 없을 것 같다. 책에 대한 평가는 시장사회에서 상품 질을 측정하는 하나의 기준이라 할 수 있는 소비자의 요구에 의해 이미 내려졌다. 즉 판을 거듭해 나온 홉스봄의 다른 역저 『혁명의 시대』나 『제국의 시대』와 마찬가지로, 이 책 또한 출판된 지 얼마 안 돼 곧 재판이 나왔고 페이퍼백이 동시에 출간되었던 것이다. 학술서적의 경우, 이같은 현상은 극히 이례적인 일이다.

이례적인 성공은 두 가지로 설명할 수 있다. 첫째, 민족주의 연구분야는 그 중대성에 비해 아직 좋은 저작이 많지 않다는 점이다. 사실 이 점은 저자가 이 책을 쓰게 된 동기이기도 하다. 서론에서 저자가 필독서 목록에 열거한 12권은 관련서적을 망라한 것으로, 민족주의 그 자체를 주제로 한 글은 다섯 손가락으로 꼽을 정도다. 이처럼 이 분야의 연구실적은 미미한 형편이다. 둘째, 그나마 이전의 민족주의 논의는 일부 지역에 대한 실증연구이거나(B. 앤더슨, M. 호로호) 특정 시대에 제한되었던만 큼(J. 브륄리) 시대와 지역의 제한을 넘어선 저술이 절실하였다. 이 점에 서 민족주의를 세계사적 차원에서 조망한 홉스봄의 논의는 단연 으뜸이 다. 이 책의 가장 큰 특징은 민족문제를 '아래로부터' 이해하려는 데 있 다. 민중사적 역사해석은 저자의 일관된 역사관이며 이를 통해 그는 보 수적인 역사가들과는 달리 역사를 총체적으로 이해한다.

한편, 논의를 유럽근대사에 한정짓겠다고 밝히는 저자의 처음 의도와 는 달리 실제로 본문에서는 시대와 지역을 넘어 논의가 전개되기 때문에 이 방면에 상당한 지식을 갖지 않은 독자의 경우에 부담을 느낄지도 모 른다는 생각에서 이 책의 논지를 간략하게나마 밝혀두고자 한다.

책의 내용은 제목과 부제에 상징적으로 담겨 있다. 홉스봄 교수는 '1780년 이후의 민족과 민족주의'를 큰 제목으로 하면서 작은 제목으로 '프로그램, 신화, 실체'를 달고 있다. 큰 제목에서 우리는 저자가 민족과 민족주의를 근대사의 산물로 이해함을 알 수 있다. 저자는 기본적으로 민족 또는 민족주의는 근대 국가의 형성과 밀접한 관련을 가지며 종종 민족주의는 국가형성 엘리뜨들에 의해 '위로부터' 만들어진 신화이기 때 문에 민족문제를 총체적으로 이해하기 위해서는 아래로부터의 민족 관념 도 아울러 파악하는 것이 긴요하다고 본다. 일반민중 또는 대중의 민족 관념은 (그들이 그러한 관념을 가졌다면) 지배엘리뜨가 일반민중의 민족 관념이라 주장하는 것과 다를 수 있다는 생각이다. 즉 민족주의 문제는 본질적으로 정치적 동원의 문제가 된다. 저자는 민족문제가 유럽의 역사 무대에 본격적으로 등장하는 시점이 민족과 계급의 대립구조가 나타나는 때와 일치한다고 본다.

큰 제목이 역사적 구분을 암시한다면 작은 제목은 민족주의를 누가 전 파하는가 하는 역사 주체와 관련된다. 즉 누구를 위한 운동인가의 문제 이다. 민족 관념의 대두는 역사적으로 자유주의 이후의 현상이다. 자유 주의는 그 보편적 진화론에서 알 수 있듯이 민족문제를 특별한 것으로 보지 않았다. 정해진 규모 이상의 '국민경제'만이 세계경제의 주역이 될 수 있다고 주장한 독일 역사학파 경제학은 자유주의적 민족주의론의 극단적인 반영이다. 자유주의는 민족 또는 민족주의 문제가 민족국가의 발전에 따라 자연히 역사의 화석이 될 것이라고 보아 진지하게 고려해야 할 대상으로 삼지 않았다. 민족문제가 부각되기 시작한 것은 대중정치의 등장과 시점을 같이한다. 1880년 이후의 민주화 과정에서 확립되어간 보통선거권은 지배엘리뜨는 물론 모든 반정부 정치세력에게 역사상 처음으로 사회주의 정당의 제도적 중요성을 일깨워주었다. 특히 대중정치에 의해 공장에서 나와 투표장의 시민으로 변한 노동자는 이제 국가권력의 민주성을 믿게 되고 이러한 믿음은 '우리' 국가를 향한 애국주의로 발전하기 쉬웠다. 따라서 민족주의는 이전의 원형민족주의와 상관없이 대체로 1880년에서부터 제1차 세계대전 사이에 확고히 뿌리를 내려갔다. 정치적 민주화가 국가의 이해에 따라 시민화 그리고 민족주의 의식의 확장으로 발전되었다면 그 배경에는 근대화라는 거시적인 사회변동이 있다.

근대화는 전근대적 공동체의 붕괴와 이에 따른 전통적 사회집단의 격렬한 저항을 불러일으키고, 도시화는 농촌에서 유입된 새로운 인구집단의 소외감을 낳고, 전에 없던 세계적인 규모의 인구이동 등은 역사상 유례가 없는 사회적 갈등을 야기하였다. 대규모의 사회변동은 민족주의가 일어날 수 있는 광범한 기반을 조성한다. 다른 한편, 국가엘리뜨는 폭증하는 사회적 불안을 정치동원을 통해 잠재우려 하는데 이때 가장 중대한 장치의 하나가 언어다. 민족과 국어를 동일시한 당시의 언어적 민족주의는 국가의 광범한 행정지원을 통해 전개되면서 국어화된 특정 언어와 사회경제적 이해를 같이하는 일부 중간계층을 만들어냈다. 지방의 저널리스트, 문인, 그리고 교사들을 핵심계층으로 하는 새로운 민족주의는 극우 국수주의로 흐르고 자연히 보편성과 국제 연대성을 상징하는 노동운동을 최대의 적으로 삼게 되었다. 중간계층을 기반으로 한 민족주의의 잠재력은 대규모 국제전으로 새로운 국경이 그어질 때 현실로 나타났다.

　이처럼 민족주의는 대규모 사회변동으로 인한 공동체 상실감이 전사회를 휘감을 때 사회변동이 가하는 유무형의 압력을 가장 크게 느끼는 하층 중간계급이 선택한 수단일 수 있다. 현재 동구의 옛 공산권 지역, 탈식민지역, 그리고 캐나다에서 발흥중인 분리주의는 이 지역들 바깥에서 일어난 세계적 변화에 대한 일부 민족 계층의 퇴영적 저항이다. 현재까지 달성된 국제화 또는 지구화는 역사적으로 14~16세기의 유럽이 경험했던 국제화와 비교될 수 있지만 규모와 속도 면에서 엄청나게 광범위하고 빠르다. 급속히 진행되는 생산요소들의 자유로운 국제적 이동은 분리주의 운동의 기초인 지역경제의 의미를 약화시킨다. 인구 다수를 차지하는 근로자의 입장에서 볼 때 국민경제나 분리주의는 대안이 될 수 없다. 고용기회를 포함한 경제적 이익은 더 큰 경제에서 그리고 한 가지 말보다는 두 가지 말을 할 수 있을 때 더 커질 것이기 때문이다.

　이상은 광대한 지식을 구사한 홉스봄의 논의에서 뼈대를 추린 것에 지나지 않는다. 그밖에 원초적 민족의식에 대한 논구는 우리의 문제와 관련하여 비교사적 맥락에서 흥미로운 점이 많다. 저자가 동양 삼국을 예외적인 민족의식의 소유자로 보고 있는 것처럼 한민족의 원초적 민족의식이 일찍이 형성되었다고 한다면 다음 의문에 대해서도 답할 수 있어야 한다. 실제로 우리의 민족의식은 일찍이 형성되었나? 그렇다면 그 역사적 시점은 어디로 잡아야 하는가? 형성의 주된 담당자는 누구였던가? 식민지 시대는 한국 민족주의에 무슨 영향을 남겼는가? 식민지 해방투쟁의 중심세력은 누구였는가? 그후 독재국가 시대의 '민족 만들기'는 급속한 산업화가 동반한 광범한 사회적 갈등과 어떻게 관련되는가? 이같은 의문들은 80년대에 불붙은 민족문제 논의의 기본 전제일 것이며 궁극적으로는 통일문제와 연결된다. 물론 이러한 의문들은 저자가 그랬듯이 지배엘리뜨의 입장에서뿐만 아니라 인구 다수를 점했던 계층의 입장에서도 추적되어야 한다.

　끝으로, 이 책이 나에 의해 번역될 수 있었던 것은 고려대 은사이신

최장집 교수님 덕분임을 밝혀두고자 한다. 학문적 구획이 고집되는 우리 현실을 생각할 때 여러 학문분야에 폭넓은 식견을 지니신 최선생님이 아니었다면 이 책의 한국어판 출간은 상당히 지체됐을 것이다. 또 최선생님의 번역출간 제의를 받아들여 이 책이 나올 수 있게 해준 창작과비평사의 백낙청 교수님에 대해서도 감사히 생각한다. 주제 면에서 이 책이 창비사에서 출간되는 것이 가장 이상적인 조합임이 확실하기에 이는 옮긴이로서 또하나의 기쁨이다.

1993년 11월

강 명 세

머 리 말

이 책은 1985년 5월 벨파스트(Belfast)의 퀸즈 대학교에서 가졌던 와일즈(Wiles) 강연을 기초로 씌어졌다. 강연 장소가 주제를 암시한다. 강사로서 참석자들에게는 편의상 다소 압축적으로 네 차례에 걸쳐 강의를 했는데, 여기서는 그 내용을 풍부하게 되살렸다. 따라서 책은 각기 다른 분량의 다섯 개 장과 서론 및 결론으로 구성되었다. 또한 강연 이후의 일부 자료를 참작하여 원래의 내용은 부분적으로 수정되었다. 그러나 수정하게 된 주된 이유는 강연에 참가한 전문가들과 가진 토론에 있다. 와일즈 강좌가 지닌 주요 매력 중의 하나는 이같은 전문가들의 초대에 있다. 필자는 강좌를 조직하고 토론에 참여한 모든 사람들, 특히 앤더슨(Perry Anderson), 브뤼리(John Breuilly), 브라운(Judith Brown), 패닝(Ronan Fanning), 호로흐(Miroslav Hroch), 키어난(Victor Kiernan), 리(Joe Lee), 마크스(Shula Marks), 레인저(Terence Ranger) 그리고 테르본(Göran Therborn) 등의 비판과 자극에 대해 감사히 생각하며, 특히 그들이 필자에게 유럽 이외의 민족주의에 대한 관심을 환기시켜준 데 대해 고맙게 생각한다. 그러나 필자의 주된 관심은 민족주의가 유럽적 또는 '발전된' 지역의 현상이던 19세기와 20세기 초에 있다. 필자가 민족과 민족주의에 대해 논의하고 의문을 가진 이래 많은 이들이 필자가 알지 못

했던 문헌을 일깨워주거나 아이디어와 자료를 제공해주었다. 그중에서도
헬싱키 경제발전연구소의 자야와르데네(Kumari Jayawardene) 및 남아시
아 학자들 그리고 이 주제를 함께 토론한 뉴욕 사회과학대학원의 동료
교수 및 학생들을 꼽을 수 있다. 이 책을 위한 연구 중 많은 부분은
Leverhulme Emeritus 연구지원금에 의해 이루어질 수 있었던바, 풍부한
지원을 해준 Leverhulme Trust에 감사드린다

　'민족문제'는 논쟁적이기로 악명높은 주제다. 필자는 이 문제의 논쟁성
을 덜어보려고 하지 않았다. 그러나 필자는 이 강의의 출판으로 필자가
분석코자 했던 역사적 현상에 대한 연구가 진전되기를 바란다.

1989년 런던에서

　마지막 장은 초판이 완성된 이후의 사건들을 설명하기 위해 보완되었
고, 대부분 다시 씌어졌다.

1992년 3월 런던에서

차 례

지도

서 론

핵전쟁이 일어난 뒤 어느 날, 은하간의 역사를 연구하는 한 역사가가 먼 곳에서 일어난 작은 파국이 자기 은하계의 감지기에 포착되자 그 원인을 조사하기 위해 이미 멸망해버린 행성에 왔다고 가정해보자. 그 또는 그녀는──필자는 외계의 생리적 재생산 문제에 대해 추측하고 싶지 않다──재산을 파괴하기보다는 인명을 살상토록 계획되었던 고도의 핵무기 기술 덕택에 핵전쟁을 견뎌낸 지구도서관과 사료실을 뒤진다. 우리의 관찰자는 얼마간의 조사를 마친 뒤, 지난 2세기 동안의 지구 인류사는 '민족' 용어와 이로부터 파생된 어휘를 모르면 이해할 수 없다고 결론지을 것이다. 그에게 이 용어는 인류사의 중대한 어떤 것을 표현하고 있는 듯이 보인다. 그런데 그것이란 정확히 무엇을 말하는가? 여기에 미스터리가 존재한다. 이 역사가는 월터 배저트(Walter Bagehot)의 책을 읽을 것이다. 배저트는 19세기사를 '민족형성'의 역사로 보았을 뿐 아니라 평소 갖고 있던 생각을 다음과 같이 말했다. "우리는 질문을 받지 않을 때는 그것이 무엇인지 알고 있으나, 그것을 아주 빨리 설명하거나 정의할 수는 없다."[1] 이 말은 배저트와 우리에게는 맞을지 모르나 '민족'

---

1) Walter Bagehot, *Physics and Politics* (London 1887), 20~21면.

관념을 그처럼 설득력있는 것으로 만들어주었다고 여겨지는 인간 경험이
없는 외계의 역사가에게는 그렇지 않다.

필자의 생각으로는, 현재 우리는 지난 15~20년간의 문헌에 힘입어 그
같은 역사가가 하고자 하는 분석을 도와줄 간략한 도서목록을 제공할 수
있게 되었으며, 당시까지 씌어진 이 분야의 문헌 대부분을 담고 있는 앤
터니 스미스(A. D. Smith)의 「민족주의: 연구동향과 참고문헌」을 보완할
수 있다. [2] 과거에 씌어진 많은 문헌을 모두 추천할 필요는 없다. 우리의
도서목록에는 19세기 자유주의의 고전시대에 씌어진 몇 안 되는 책자가
실릴 텐데, 이는 나중에 명백히 밝혀질 이유 때문이기도 하지만, 몇몇
민족주의적·인종차별적 수사가 그때 씌어졌기 때문이다. 그리고 당시에
씌어진 최고의 작품은 사실 아주 짧다. 존 스튜어트 밀(John Stuart Mill)
의 『대의정부론』에 나오는 관련 구절들이나 에르네스뜨 르낭(Ernest
Renan)의 '민족이란 무엇인가?'라는 유명한 강의가 그러한 예이다. [3]

추천도서 목록은 이 주제에 대해 냉철한 분석을 한 최초의 주요한 저
작 중에서 임의로 선택된 몇가지 문헌뿐만 아니라 역사적으로 필수적인
부분, 즉 제2인터내셔널의 맑스주의자들이 소위 '민족문제'를 둘러싸고
벌인, 이제껏 평가절하되어온 중대한 논쟁들을 포함하고 있다. 뒤에서
우리는 왜 국제사회주의운동 내 최고의 지성들이 —— 그중 몇몇은 고도
로 강력한 지성의 소유자들이었다 —— 이 문제에 전념했는가를 살펴볼
것이다. 카우츠키(K. Kautsky)와 룩셈부르크(R. Luxemburg), 오토 바우

---

2) A. D. Smith, "Nationalism, A Trend Report and Bibliography," *Current
   Sociology* XXI/3, The Hague and Paris 1973. 또한 스미스의 *Theories of National-
   ism*(London, 제2판 1983)과 *The Ethnic Origins of Nations* (Oxford 1986)도 참
   조하라. 앤터니 스미스 교수는 현재 영어권 독자에게 이 분야의 주요 지침을
   주고 있다.
3) Ernest Renan, *Qu'est ce que c'est une nation?* (1882년 3월 2일에 소르본느 대
   학에서 한 강연, Paris 1882); John Stuart Mill, *Considerations on Representa-
   tive Government* (London 1861), 제16장.

어(Otto Bauer)와 레닌(V. I. Lenin)은 그들 중의 극히 일부이다. [4] 아마도 우리의 추천도서 목록에는 바우어의 『민족문제』는 물론이고 카우츠키의 일부 저술도 포함될 것이다. 그러나 또한 우리는 스딸린의 저작 『맑스주의와 민족 및 식민지 문제』를 포함시킬 필요가 있다. 이유는 스딸린의 평범하지만 무시할 수 없는—— 만일 다소 부차적이라면—— 지적 매력이라기보다 그가 남긴 정치적 영향력 때문이다. [5]

필자가 보기에는, 제1차 세계대전 이후 민족주의에 대한 학술적 연구의 '양대 수립자'로 불리는 칼튼 헤이즈(Carleton B. Hayes)와 한스 콘 (Hans Kohn)의 시기에서는 취할 만한 문헌이 많지 않다. [6] 유럽의 지도가 처음이자 마지막으로 민족의 원칙(principle of nationality)에 따라 다시 그려졌던 때, 그리고 한스 콘이 적어도 상당한 관심을 기울인 새로운 식민지 해방운동이나 제3세계의 주장에 유럽 민족주의의 어휘가 차용(借用)된 시기에 민족주의라는 주제가 관심을 끌어야 하는 것은 너무나 당연하였다. [7] 이 시기의 저술들이 과거 문헌의 많은 자료를 포함하고 있기

---

4) 편리한 입문서로는 Georges Haupt, Michel Lowy 그리고 Claudie Weill 등, 당시의 주요 맑스주의 저술가들의 글을 뽑아 실은 *Les Marxistes et la question nationale 1848~1914* (Paris 1974)를 보라. Otto Bauer의 *Die Nationalitäten-frage und die Sozialdemokratie* (Vienna 1907, 1924년의 제2판은 새롭고 중요한 서론을 담고 있다)는 왜 그런지 이제껏 영어로 번역되지 않았다. 최근의 저술은 Horace B. Davis, *Toward a Marxist Theory of Nationalism* (New York 1978).

5) 스딸린의 1913년의 저술은 후기 저작과 함께 *Marxism and the National and Colonial Question* (London 1936)의 한 권으로 출간되었다. 이 저작은 맑스주의자들뿐 아니라 특히 종속세계에서 상당한 국제적 영향력을 발휘하였다.

6) Carleton B. Hayes, *The Historical Evolution of Modern Nationalism* (New York 1931)과 Hans Kohn, *The Idea of Nationalism. A Study in its Origin and Background* (New York 1944)는 귀중한 역사 자료를 담고 있다. '수립자'라는 구절은 언어학적·개념적 역사 연구에서 귀중한 다음의 저술에서 빌려온 것이다. A. Kemiläinen, *Nationalism. Problems Concerning the Word, the Concept and Classification* (Jyväskylä 1964).

7) Hans Kohn, *History of Nationalism in the East* (London 1929); *Nationalism and*

때문에 일차자료를 읽어야 하는 연구자들의 부담을 상당히 덜어주고 있음은 의심의 여지가 없다. 일차자료를 읽는 것이 상당정도 줄어든 주된 원인은 맑스주의자들이 흔히 예상한 그 시기의 주요 발전이 민족주의자들을 제외한 모두에게 상식이 된 데 있다. 오늘날 우리는 민족이——헤이즈-콘 시대의 노력을 통해——배저트가 생각했듯이 "역사만큼 오랜" 것이 아님을 안다. [8] 다소 이전에 그 말이 쓰였다 해도 민족의 근대적 의미는 18세기 이후에야 생겨났다. 그후 몇십년 동안 민족주의에 관한 학술적 문헌은 배증하였으나 큰 발전은 없었다. 어떤 이들은 민족형성에서 상호소통의 역할을 강조한 칼 도이취(Karl Deutsch)가 주요한 업적을 추가했다고 평가하지만, 필자는 이를 필수불가결하다고 생각하지 않는다. [9]

민족 및 민족주의에 관한 문헌이 왜 약 이십년 전에 그토록 풍요로운 단계에 진입했는가의 문제에 대한 답이 아주 명쾌한 것은 아니다. 사실 이 의문은 그러했다고 믿는 이들에게 제기될 뿐이다. 이것은 아직 보편적으로 확립된 견해가 아니다. 이 문제는 마지막 장에서 그리 상세하게는 아니나 논의될 것이다. 아무튼 필자의 견해로는, 민족 및 민족운동이 무엇인가 그리고 역사발전에서 그것은 어떠한 역할을 하는가라는 문제를 진정으로 밝히는 저술들은 1968~88년 동안에 그 이전의 사십년 기간보다도 왕성하게 출간되었다. 필자는 본문에서 그중 특별히 흥미로운 저술들을 논의할 것이지만 편의상 지금 몇가지 중요한 것을 소개하려 한다. 여기에는 이 주제에 관한 필자 자신의 저술을 모두 포함시키지 않고 단지 하나만 넣었다. [10] 아래의 간략한 목록은 이 분야의 입문서들이다. 흐로흐(M. Hroch)를 제외하면, 이는 저자의 알파벳순으로 되어 있다. 필자

Imperialism in the Hither East (New York 1932).

8) Bagehot, *Physics and Politics*, 83면.

9) Karl W. Deutsch, *Nationalism and Social Communication. An Enquiry into the Foundations of Nationality* (Cambridge MA 1953).

10) 그밖에 이 주제에 관한 필자의 글들은 다음과 같다. *The Age of Revolution*

가 흐로흐를 목록의 맨 앞에 든 이유는 그의 저술이 민족해방운동의 구
성을 분석하는 데서 새로운 시대를 열었다고 보기 때문이다.

Hroch, Miroslav. *Social Preconditions of National Revival in Europe* (Cam-
　bridge 1985). 이 책은 1968년과 1971년에 프라하에서 출간된 흐로흐의 저
　작 두 권의 연구결과를 합친 것이다.
Anderson, Benedict. *Imagined Communities* (London 1983).
Armstrong, J. *Nations before Nationalism* (Chapel Hill 1982).
Breuilly, J. *Nationalism and the State* (Manchester 1982).
John W. Cole and Eric R. Wolf. *The Hidden Frontier: Ecology and Ethnicity
　in an Alpine Valley* (New York and London 1974).
J. Fishman (ed.) *Language Problems of Developing Countries* (New York
　1968).
Ernest Gellner. *Nations and Nationalism* (Oxford 1983).
Hobsbawm, E. J. and Ranger, Terence (eds.) *The Invention of Tradition*
　(Cambridge 1983).
Smith, A. D. *Theories of Nationalism* (제2판, London 1983).
Szücs, Jenö. *Nation und Geschichte: Studien* (Budapest 1981).

1789~1848 (1962); *The Age of Capital 1848~1875* (1975); *The Age of Empire
1875~1914* (1987); "The attitude of popular classes towards national move-
ments for independence" (Celtic parts of Great Britain) in Commission Inter-
nationale d'Histoire des Mouvements Sociaux et Structures Sociales, *Mouve-
ments nationaux d'indépendence et classes populaires aus XIXe et XXe siècles en
Occident et en Orient*, 2 vols. (Paris 1971), vol. I, 34~44면; "Some reflections on
nationalism" in T. J. Nossiter, A. H. Hanson, Stein Rokkan (eds.), *Imagination
and Precision in the Social Sciences: Essays in Memory of Peter Nettl* (London
1972), 385~406면; "Reflections on 'The Break-Up of Britain'" (*New Left
Review*, 105, 1977); "What is the worker's country ? " (나의　책 *Worlds of
Labour* 중 제4장, London 1984); "Working-class internationalism" in F. van
Holthoon and Marcel van der Linden (eds.), *Internationalism in the Labour
Movement* (Leiden-New York-Copenhagen-Cologne 1988), 2~16면.

Tilly, C. (ed.) *The Formation of National States in Western Europe* (Princeton 1975).

위의 책들 이외에도 귄 윌리엄즈(Gwyn A. Williams)의 『웨일즈 역사 속의 웨일즈 사람들』(London and Canberra 1982)에 실린 「웨일즈는 언제 존재했는가?」(When was Wales?)를 빼놓을 수 없다. 이 글은 한 '민족' 과 주관적으로 동일시한 상태에서 씌어졌지만 보기 드물게 민족을 그 역 사적 맥락과 순응성의 측면에서 다룬 역작이다.

위의 목록에 실린 글 대부분은 민족이란 무엇인가라는 주제를 다루고 있다. 인간 집단을 이처럼 분류하는 방식의 두드러진 특징은, 어느 한 민족에 속한 논자들이 민족은 여러가지 점에서 구성원의 사회적 존재나 개인의 정체성을 형성하는 데 원초적이라고 주장하는 데도 불구하고, 많 은 인간 집합체 가운데 그 어느 집단을 민족이라고 불러야 하는가에 대 해서는 만족할 만한 기준을 찾지 못하는 데 있다. 이는 그 자체로서 놀 라운 일이 아니다. 왜냐하면 만일 우리가 '민족'을 인류사에서 극히 최근 에 등장한 것이며 특수하고도 어쩔 수 없이 지방화된 또는 지역적인 역 사적 상황의 산물로 본다면, 그것은 세계에 널리 산재한 사람들에서라기 보다 몇몇 정착 거주지역에서 먼저 생겨나리라고 예상할 수 있기 때문이 다. 그러나 문제는, 우리가 앞에서 말한 외계 역사가에게 새를 식별하거 나 도마뱀과 쥐를 분간하는 방법을 말해줄 수는 있지만 민족을 다른 집 단과 선험적으로 구별하는 방법은 일러줄 수 없다는 점이다. 민족을 연 구하는 일이 새를 관찰하는 것과 같다면 문제는 간단해진다.

'민족성'(nationhood)의 객관적 기준을 세우거나 또는 왜 어떤 집단은 민족이 되고 다른 집단은 그렇지 않은지에 대해 설명하려는 시도는 종종 이루어져왔는데, 그것은 언어나 종족(ethnicity) 같은 단일한 기준 또는 언어, 공유 거주지역, 공통의 역사, 문화적 특성 등등의 기준의 조합에 기초를 두었다. 아마도 그중에서 스딸린의 정의는 유일하지는 않으나 가장 잘 알려진 정의일 것이다.[11] 그러한 모든 객관적 정의들은 아래의 명백한 이유 때문에 실패하였다. 즉, 그러한 정의들에 부합하는 많은 집단 중 단지 일부 성원만이 언제나 '민족'으로 기술될 수 있기 때문에 예외가 언제나 발견될 수 있다는 것이다. 정의에 부합하는 사례들은 명백히 (아직) '민족'이라 할 수 없거나 민족적 열망을 갖지 않았으며, 의심할 바 없이 분명한 '민족'은 위의 기준이나 기준의 조합에 들어맞지 않는다. 역사적으로 새롭고 생성하고 변천하며 심지어 오늘날에도 보편적 실체라 할 수 없는 민족을 항구 보편성의 틀에 꿰맞추려 하기 때문에 이는 당연한 귀결이라 할 수 있다.

더구나 나중에 볼 것처럼 이러한 목적에 쓰이는 언어, 종족 등등의 판단 기준들 자체가 애매모호하고 변화무쌍하여, 구름 모양이 여행객이 길을 가는 데 소용없는 것과 같이, 쓸모가 없다. 물론 이로 인해 그러한 기준들은 서술의 목적과는 별도로 선전 및 정치적 목적에는 아주 편리하다. 최근에 아시아 정치에서 그러한 '객관적인' 정의를 민족주의적으로 이용한 것이 그 명백한 예증이다.

실론 섬의 타밀어를 쓰는 사람들은 민족성을 판별하는 모든 기초적 기준에 의해 싱할라인과는 다른 민족을 구성한다. 첫째, 그들은 싱할라인과 마찬가지로 독자적인 오랜 영광의 역사를 지녔다. 둘째, 타밀어는 싱할라어와 완전히 다른 언어로서 그 훌륭한 고전적 유산과 근대적 발전에 힘입어 현대적 필요에 완전히 적합하게 되어 있다. 마지막으로 그들은 한정된 지역에서 함께 거주해왔다.[12]

---

11) "민족은 언어, 영토, 경제생활 및 문화 공동체 내에 구현된 심리구조 등을 지닌 역사적으로 진화한 안정된 공동체이다." Joseph Stalin, *Marxism and the National and Colonial Question*, 8면. 원본은 1912년.

12) Ilankai Tamil Arasu Kadchi, "The case for a federal constitution for Ceylon," Colombo 1951 (Robert N. Kearney, "Ethnic conflict and the Tamil separatist movement in Sri Lanka," *Asian Survey*, 25, 9 September 1985), 904면에서 재인용.

위 인용문이 목적으로 하는 바는 명백하다. 즉 그것은 타밀 민족주의를 근거로 스리랑카 '섬의 3분의 1 이상'을 점하는 지역의 독립 또는 자치를 요구하는 것이다. 그밖의 다른 것은 아닌 것 같다. 타밀 민족주의는 그 지역의 거주지가 서로 다른 배경의 타밀어를 쓰는 사람들(토착 노동과 최근의 인도 이주노동)이 사는, 지리적으로 분리된 두 지역으로 구성되어 있다는 사실을 흐려놓는다. 또한 이는 연속적인 타밀 거주지역 중 어떤 지역에는 싱할라인이 3분의 1, 그리고 자신들을 타밀 민족으로 여기지 않고 이슬람교도(무어인)로 자처하는 타밀어 사용인이 41%에 이른다는 사실도 흐려놓는다. 실제로 이주 노동자의 중심지역은 제쳐두고라도 연속된 주요 타밀 지역, 즉 확고한 타밀 거주지(71%에서 95%를 차지하는 Batticaloa, Mullaitivu, Jaffna)와 스스로 타밀인이라고 생각하는 인구가 20% 또는 33%가 되는 지역(Amparal, Trincomalee)들을 순수하게 지도적 의미를 제외하고 하나의 단일한 공간으로 보아야 하는가는 그리 명백치 않다. 사실, 1987년 스리랑카 내전을 종식시킨 협상의 결정은 타밀 민족주의자들의 요구를 받아들이는 정치적 양보에 의해 가능했다. 앞서 보았듯이, '언어적 실체'는 토착 타밀인, 이주 인도인 그리고 무어인 등이 언어학적 의미를 떠나서는 동질의 민족이 아니며, 나중에 보겠지만, 심지어 이러한 의미에서조차 그렇지 않다는 사실을 은폐한다. 한편 '고유한 과거 역사'란 말도 거의 시대착오적이고 문제회피적이거나 애매하기 때문에 의미가 없다. 물론 명백히 선전적인 강령이 마치 사회과학에 기여하는 것인 양 검토되어서는 안된다고 반론을 제기할지 모르나, 문제의 핵심은 그처럼 의도를 지닌 객관적 기준을 근거로 하여 어떤 공동체를 '민족'으로 분류하는 것은 대부분 '민족'임을 다른 기준에서도 입증할 수 없는 한 마찬가지의 반론에 부딪힌다는 것이다.

그러면 다른 기준이란 무엇을 말하는가? 객관적 정의의 대안은 주관적 정의이다. 그것은 "민족이란 일상의 국민결의(plebiscite)이다"라고 말한 르낭의 주장처럼 집단적이거나, 오스트리아 맑스주의자들이 말하는 것처럼 개인적이다. 오스트리아 맑스주의자들에게 '민족'(nationality)은 어디에 사는가, 누구와 사는가와는 무관하게 소속 성원의 의사에 달려 있다. [13] 이 두 가지 견해 모두 방식은 다르지만 '민족' 정의를 상이한 언어를 쓰거나 그밖의 '객관적' 기준이 서로 다른 사람들이 공존하는 지역에 맞춤으로써 선험적인 객관주의의 한계를 벗어나고자 한다. 프랑스와 합스부르크제국의 국민은 그 역사적 실례이다. 이 주장은, 민족을 그 구성원의 소속의식에 의해 정의하는 것은 동어반복이며 민족이 무엇인가의 문제에 대해 사후적 지침만을 제공할 뿐이다라는 반론에 봉착한다. 더구나 그들의 정의는 부주의한 이들을 극단의 주의주의(voluntarism)로 이끌어갈 수 있는데, 이는 민족이 되거나 그것을 창조 또는 재창조하는 데 필요한 모든 것은 하나가 되려는 의지뿐임을 뜻한다. 만일 와이트 (Wight) 섬의 많은 주민들이 와이트 민족을 형성하기를 바란다면 그렇게 되는 것이다.

주관주의는 특히 1960년대 이후 의식 배양을 통한 민족형성의 시도로 발전했지만, 그것이 민족은 객관적 요소들도 공유한다는 것을 너무나 잘 인식하고 있던, 오토 바우어와 르낭만큼 정교한 관찰자에 대한 정당한 비판은 아니다. 그러나 의식 또는 선택을 민족의 구성요건이라고 주장하는 것은 인간들이 스스로를 집단의 구성원으로 정의하고 재정의하는 복잡다단한 방식들을 '민족' 또는 '국적'의 선택과 같은 하나의 선택으로 보는 무감각한 소치이다. 여권을 발급하거나 인구조사를 통해 언어에 대해 질문하는 국가에서 살고 있기 때문에 정치적으로나 행정적으로 오늘날 그러한 선택이 이루어지고 있음은 분명하다. 그러나 심지어 오늘날에도 슬라우(Slough)*에 거주하는 사람이 상황에 따라 자신을 영국인, 또는

---

13) 칼 레너는 특히 개인의 민족적 소속감과 그(그녀)의 종교적 소속감을 비교했다. 즉 그것은 "성년에 도달한 개인에 의해, 그리고 미성년자의 경우 그들의 법적 대리인에 의해 적법하고도 자유롭게 선택된" 지위이다. Synopticus, *Staat und Nation* (Vienna 1899), 7면 이하.

(다른 피부의 사람을 만났을 때는) 인도인, 또는 (다른 인도인을 만났을 때는) 구자라트인(Gujarati),*¹ 또는 (힌두교인이나 이슬람교인을 대할 때는) 자이나교인(Jain),*² 또는 특정 카스트나 혈족의 일원, 또는 가정에서는 구자라트어보다 힌디어를 쓰는 사람으로 각각 다르게 인식할 수 있다. 사실 '국적'조차도 정치적, 문화적 등등의 단일 차원으로 환원시킬 수 없다(물론 국가의 강제력에 의하지 않는 한). 유대인은 이스라엘인과 종교, 언어, 문화, 전통, 역사적 배경, 혈연집단 관계 또는 이스라엘 국가에 대한 태도를 공유하지 않더라도 자신을 유대인으로 생각할 수 있다. 또한 이것이 '민족'의 순수하게 주관적인 정의를 의미하지는 않는다.

이처럼 객관적, 주관적 정의들은 만족스럽지 못하며 오도하고 있다. 어떻든 이 분야를 연구하는 학자의 최상의 태도는 불가지론에서 출발하는 것이며, 따라서 이 책에서는 무엇이 민족을 구성하는가에 대해 어떠한 선험적인 정의도 가정하지 않는다. 하나의 실용적인 가정으로서, 꽤 큰 집단의 사람들이 자신들을 한 '민족'의 구성원으로 생각하고 있다면, 그렇게 간주될 것이다. 그러나 그 집단이 자신을 그렇게 보는가 아닌가는 단순히 이 집단에 대해 민족의 지위를 요구하는 논객이나 정치가의 생각을 알아봄으로써 결정될 수는 없다. '민족 관념'을 내세우는 일군의 정치가의 등장이 중요하지 않은 것은 아니나, 오늘날 '민족'이라는 용어가 너무나 광범위하고도 부정확하게 쓰이기 때문에 민족주의라는 어휘를 사용하는 것이 사실상 거의 의미가 없다.

그러나 '민족문제'에 접근할 때, "'민족'이 지칭하는 실체보다는 '민족' 즉 '민족주의'의 개념에서 출발하는 것이 유익하다. 그 이유는 "민족주의

---

* 슬라우는 잉글랜드 남부 Bershire주 동부에 있는 도시이다 — 역자.

*1 구자라트는 인도 서부 나르바다(Narbada)강 북쪽에 있는 지방이다 — 역자.

*2 자이나교는 인도에서 기원전 6세기경 시작된 비브라만(非 Brahaman) 계통의 종교로, 엄격한 계율생활과 고행의 실천을 통한 윤회로부터의 해탈을 설파한다 — 역자.

가 표상하는 '민족'은 전망적 인식이 가능하지만, '민족'의 실체는 사후적
으로만 인식되기 때문이다."[14] 이것이 이 책의 접근방식이다. 필자는 특
히 19세기 말부터 나타나는 민족 개념의 변화 및 변형에 주로 관심을 기
울일 것이다. 개념들은 물론 무예속 상태의 철학적 담론이 아니라 사회
적, 역사적 그리고 지역적으로 제약받는 것이기 때문에 후자가 담고 있
는 실체에 의해 설명되어야 한다.

   그밖에 필자의 입장은 다음과 같이 요약할 수 있다.

   (1) 필자는 '민족주의' 용어를 어니스트 겔너(Ernest Gellner)가 규정한
의미로, 즉 "기본적으로 정치적·민족적 단위가 일치해야 한다는 원칙의
의미로 사용한다."[15] 덧붙여 이 원칙은 또한 루리테이니아(Ruritanian)*
민족을 포괄하고 대표하는 정체에 대한 루리테이니아인들의 정치적 의무
는 여타의 공공 의무, 그리고 (전쟁과 같은) 극단적인 경우에는 모든 다
른 의무에 앞선다는 점을 함축한다. 이 함의는 우리가 또한 살피게 될
요건이 덜 까다로운 다른 형태의 민족적 또는 집단적 일체감과 근대 민
족주의를 구분짓는다.

   (2) 대부분의 진지한 연구자들과 마찬가지로, 필자는 '민족'을 원초적
이거나 불변의 사회적 실체로 보지 않는다. 민족은 역사적으로 최근의
특정 시기에만 나타난다. 그것은 특정한 종류의 근대적 영토국가, 즉 민
족국가(nation-state)에 관련될 때에 한해서만 사회적 실체이다. 따라서
민족(nation, nationality)을 민족국가와 관련시키지 않고 논의하는 것은
의미가 없다. 나아가, 겔너와 마찬가지로 필자는 민족형성에 개입된 가
공, 발명, 그리고 사회공학 등의 요인을 강조한다. 민족을 인간을 분류

---

14) E. J. Hobsbawm, "Some reflections on nationalism," 387면.

15) Ernest Gellner, *Nations and Nationalism*, 1면. 이처럼 기본적으로 정치적인
    정의는 또한 몇몇 다른 저자들에 의해서도 받아들여지고 있다. 예를 들자면,
    John Breuilly, *Nationalism and the State*, 3면.

 * 루리테이니아는 유럽 중부에 있는 것으로 여겨졌던 가공의 로맨틱한 왕국이다
    ─ 역자.

하는 자연적 신법, 다시 말해 본래적 … 정치적 운명으로 보는 것은 신화
이다. 민족주의는 때때로 이전의 문화를 취하여 민족으로 바꾸며, 어떤
때는 그러한 문화를 만들며, 종종 이전 문화를 말살한다. 바로 이것이
실체이다. [16] 요컨대, 분석을 위해서는 민족주의가 민족에 앞선다. 민족
이 국가와 민족주의를 만드는 것이 아니라 그 반대다.

(3) 구세대 맑스주의자들이 명명한 '민족문제'는 정치, 기술 그리고 사
회변화 등이 교차하는 지점에 위치한다. 민족은 특수한 형태의 영토국가
또는 그것 —— 광의로 말하자면 프랑스혁명의 시민국가 —— 을 수립하려
는 열망의 함수로서 존재할 뿐 아니라 특정 단계의 기술 및 경제 발전의
맥락 속에 있다. 오늘날 대부분의 학자들은 구어든 문어든간에 표준 국
어는 인쇄와 대중적인 문자해득 그리고 그에 따른 대중교육이 이루어지
기 전에는 그 자체로서 생겨날 수 없다고 입을 모은다. 어떤 학자는, 심
지어 20세기 언어가 가정 및 직접대화 영역 밖에서 필요로 하는 것을 표
현할 수 있는 대중언어로서의 이딸리아어는 현재 전국적으로 텔레비전
프로그램을 짤 필요에 의해 만들어지고 있다고 주장한다. [17] 그러므로 민
족과 그와 연관된 현상들은 정치적, 기술적, 행정적, 경제적 및 여타 조
건들과 요구에 의해 분석되어야 한다.

(4) 이 때문에, 필자가 보기에는 민족은 양면 현상이다. 그것은 본질
적으로 위로부터 만들어지는 것이지만, 또한 아래로부터 분석되지 않으
면 이해할 수 없는 것이다. 즉 민족은 반드시 민족적이지는 않고 훨씬
덜 민족주의적인 일반인의 가정, 희망, 필요 및 이해의 측면에서도 분석
되어야 한다. 이 때문에 필자는 겔너가 선호하는 위로부터의 근대화 시
각이 아래로부터의 시각에 적절한 관심을 기울이기 어렵게 한다는 점에
서 그를 비판한다.

---

16) Gellner, *Nations and Nationalism*, 48~49면.

17) Antonio Sorella, "La televisione e la lingua italiana" (*Trimestre. Periodico di Cultura*, 14, 2-3-4, 1982), 291~300면.

아래로부터의 시각, 즉 정부와 민족주의 (또는 비민족주의) 운동의 주
창자들이 아니라 그들의 행위나 선전의 대상인 대중이 인식하는 민족은
참으로 발견하기 어렵다. 다행스럽게도 평민들의 생각, 여론 및 감정 등
의 역사에 대한 사회사가들의 연구 덕분에 오늘날 우리들은 과거 역사가
들이 습관적으로 혼동했던 것과는 달리, 상류사회의 신문사설과 대중여
론을 훨씬 덜 혼동한다. 우리가 많은 것을 알지 못한다는 것은 사실이나
다음 세 가지는 분명하다.

첫째, 우리는 가장 충직한 시민이나 지지자의 마음마저도 국가 및 민
족주의 운동의 공식 이데올로기를 통해서는 읽을 수 없다. 둘째, 그리고
더 특별하게는, 대부분의 사람에게 민족적 일체감이 —— 그것이 존재한
다면 —— 사회적 존재를 구성하는 그밖의 일련의 일체감을 배제하거나
언제나 그보다 우월하다고 가정할 수 없다. 사실, 민족적 일체감은 다른
종류의 일체감보다 우세할지라도 항상 그것과 결합되어 있다. 셋째, 민
족적 일체감과 그것이 함축하는 것은 극히 짧은 역사과정 속에서도 변한
다. 필자가 보기에는, 이것이 민족 연구에서 오늘날 가장 시급히 숙고하
고 탐구할 필요가 있는 분야이다.

(5) 영국이나 프랑스 등 오랜 역사를 지닌 국가들에서의 민족 및 민족
주의의 발전은 오늘날 관심을 끄는 것과는 달리 이제까지는 매우 철저히
연구돼오지 않았다. 이러한 간극이 있음은, 아일랜드 민족주의는 제쳐두
고라도 스코틀랜드나 웨일즈 민족주의에 대한 관심에 비해, 영국 민족주
의 —— 많은 사람들에게 이 용어 자체가 낯설다 —— 와 연관된 여하한
문제도 영국에서 등한시되어온 사실에 잘 나타나 있다. [18] 반면, 소규모
유럽 민족주의 운동에 대한 흐로흐의 이정표적인 비교연구 이후, 최근

---

18) 이에 대해서는 Raphael Samuel (ed.), *Patriotism. The Making and Unmaking of
British National Identity* (3 vols., London 1989). 필자는 린다 콜리의 다음 글이
특히 인상적이었다. Linda Colley, "Whose nation? Class and national con-
sciousness in Britain 1750~1830" (*Past and Present*, 113, 1986), 96~117면.

국가를 지향하는 민족주의 운동 분야에서 괄목할 만한 성과가 있었다. 필자는 호로흐의 탁월한 분석에서 두 가지 점을 취하였다. 첫째, '민족 의식'은 한 나라의 사회집단간, '지역'간에 불균등하게 발전한다는 점이다. 그러나 과거에는 이같은 지역적 다양성과 그 이유가 현저히 무시되었다. 대부분의 학자들은 '민족의식'에 사로잡힌 사회집단들의 본질이 무엇이든간에, 민중 —— 노동자, 하인, 농민 —— 은 좀처럼 그것에 영향받지 않을 것 같다는 데 동의한다. 둘째, 그리고 첫째 사항의 결과, 필자는 호로흐가 민족주의 운동사를 세 단계로 유용하게 구분한 것을 따랐다. A단계는 19세기 유럽에서 발전했으며, 순전히 문화적, 문자적 및 민속적이며, 집시연구회(Gypsy Lore Society)의 (집시가 아닌 사람들에 의한) 연구가 집시에게 아무런 특수한 정치적 또는 심지어 민족적 의미가 없듯이, 마찬가지로 그것은 해당 민족에게 아무런 정치적 또는 민족적 의미를 갖지 않는다. B단계에 오면 '민족적 관념'의 개척자와 주창자들 그리고 이를 위한 정치적 시도가 나타난다. 호로흐의 연구는 주로 B단계와 그 소수 활동가들의 출신, 구성 및 분포에 집중된다. 본서의 관심은 C단계에 있다. 이 단계에서 민족주의적 프로그램은 대중의 지지 또는 민족주의자들이 자기들이 대표한다고 주장하는 대중의 지지를 약간이나마 획득한다. 민족주의 운동사에서 B단계에서 C단계로의 이행은 분명히 결정적인 계기를 이룬다. 아일랜드에서처럼 C단계는 때때로 민족국가가 형성되기 이전에 온다. 그러나 더 많은 경우 C단계는 민족국가 수립의 결과로서 나타난다. 소위 제3세계에서처럼, 어떤 경우 C단계는 국가가 형성된 후에도 존재하지 않는다.

끝으로, 민족과 민족주의를 연구하는 진지한 역사가가 정치적 민족주의자여서는 안된다는 점을 덧붙이고 싶다. 그러나 성경을 문자 그대로 믿는 신봉자가 진화론에 기여할 수는 없다 하더라도, 고고학과 유대 언어학에 기여할 수 없는 것은 아니다. 민족주의는 빤한 거짓에 너무 많은 신념을 요구한다. 르낭은 "역사를 왜곡하는 것이 민족형성의 일부를 이

루고 있다"[19]고 말한다. 역사가는 직업상 역사를 왜곡하지 말아야 하며
또는 적어도 그러지 않으려고 노력해야만 한다. 아일랜드인임을 그리고
그 땅에 속함을 자랑스러워하는 것——심지어 카톨릭 아일랜드인이나
개신교 얼스터 아일랜드인(Ulster-Protestant Irish)[*1]임을 자랑스러워하는
것조차——자체가 아일랜드 역사를 진지하게 연구하는 것과 모순되지는
않는다. 필자의 견해로는, 시온주의자가 되는 것이 진지한 유대인의 역
사를 쓰는 것과 양립할 수 없는 것처럼 페니어회원(Fenian)[*2] 또는 오렌
지당원(Orangeman)[*3]이 되는 것도 마찬가지이다. 그러나 역사가가 연구
를 위해 도서관에 들어갈 때나 연구를 시작할 때 그의 신념을 털어버린
다면 위의 둘은 양립하게 된다. 일부 민족주의적 역사가들은 이제껏 그
럴 수가 없었다. 다행히 이 책을 구상하면서 필자는 비역사적인 신념을
떨쳐버릴 필요가 없었다.

---

19) Ernest Renan, *Qu'est que c'est une nation?* 7~8면: "L'oubli et je dirai même
l'erreur historique, sont un facteur essentiel de la formation d'une nation et c'est
ainsi que le progrès des études historiques est souvent pour la nationalité un
danger."

*1 1921년 아일랜드 자유공화국의 독립은 남부 카톨릭 지역에 한정되었다. 종교
적으로 개신교가 지배적인 북부 아일랜드 지역은 1925년의 국민투표를 통해 영
국에 남기로 결정하였다. 아일랜드 내전은 종교적 이유 외에 역사적으로 경제
발전이 불균등하게 이루어짐으로써 일어났다 — 역자.

*2 페니어회는 영국의 아일랜드 식민통치에 반대하기 위해 1858년 아일랜드인
및 아일랜드계 미국인 등이 미국 뉴욕에서 조직한 비밀결사체로서, 그후 무장
투쟁을 통해 아일랜드공화국을 수립하려 했다 — 역자.

*3 오렌지당은 1795년 북아일랜드에 조직된 당으로서 기장이 오렌지색 리본이다
— 역자.

제 1 장

새로운 것으로서의 민족
혁명에서 자유주의까지

근대 민족 및 이와 관련된 모든 것의 기본적인 특징은 근대성이다. 이 점은 이제 잘 이해되고 있다. 그러나 그 정반대의 가정, 즉 민족적 동일성(national identification)은 역사에 선행할 정도로 자연적이고 원초적이며 영구하다는 가정이 너무 광범위하게 퍼져 있는 만큼 주제가 되는 어휘 자체의 근대성을 예시하는 것이 유용할 것 같다. 이를 위해 『스페인 왕립학술원 사전』(*The Dictionary of the Royal Spanish Academy*)의 여러 판본을 조사한바, [1] 1884년 이전 판에는 근대적인 의미의 국가, 민족 그리고 언어 등이 실려 있지 않았다. 1884년 판에서 우리는 처음으로 국어(lengua nacional)는 "일국의 공식적인 문자어이며 일반적으로 쓰이는 말로서 방언 및 다른 나라의 언어와 구분되는 것"임을 알게 된다. '방언'이라는 표제어 밑에 기술된 내용은 방언과 국어가 이와같은 관계였음을 입증해준다. 1884년 이전까지 민족(nación)이란 단어는 단순히 "한 지방, 한 나라 또는 한 왕국 등의 거주민의 집합체"뿐 아니라 "외국인"까지도 의미하는 것이었다. 그러나 오늘날 민족은 "공통의 정부인 최고 중앙을

---

1) Lluis Garcia i Sevilla, "Llengua, nació i estat al diccionario de la real academia espanyola" (*L'Avenç*, 16 May 1979), 50~55면.

인정하는 국가 또는 정체" 그리고 또한 "그 국가와 개별국민으로 구성되어 하나의 전체로 간주되는 영토"라고 기술되어 있고, 이제부터 공통의 최고 정부는 적어도 이베리아반도 내에서는 민족을 정의하는 데 중심적인 요소가 될 것이다. 민족(nación)은 "하나의 정부에 의해 다스려지는 국가에 사는 사람들의 총체"이다(강조는 인용자). [2] (최신판) 브라질 백과사전(Enciclopédia Brasileira Mérito)[3]에서는 민족(nação)은 "동일한 정체나 정부 아래 살며 공통의 이익을 갖는 시민 공동체, 공통의 전통과 열망 및 이익을 가지며 그 집단의 통일성을 유지하는 중앙권력에 종속된 지역 거주민의 집합체(강조는 인용자), 한 국가의 지배권력을 제외한 인민"이라고 정의해놓았다. 나아가, 『스페인 학술원 사전』의 최종판은 1925년에 와서야 '민족'을 "종족적 기원이 동일하고 일반적으로 동일한 언어를 쓰며 공통의 전통을 지닌 사람들의 집합체"로 기술하였다.

그러므로 정부(gobierno)는 1884년까지 민족(nación) 개념과 특별한 관계를 갖지 않았다. 왜냐하면 언어학이 보여주듯 '민족'이라는 용어의 첫째 의미는 출신 또는 혈통을 뜻하기 때문이다. 고대 프랑스어 사전은 "나는 에이노 지방에 있는, 내가 태어나고 내 혈통이 있는 땅으로 돌아왔다"는 프롸싸르뜨(Froissart)의 말을 인용하여 민족을 '뿌리, 가문, 신분'으로 기술하였다. [4] 그리고 출신이나 혈통 등이 일단의 사람에 해당하는 특성이라면, 이는 (지배층이나 그 혈족이 아닌 한) 국가를 형성한 사람들의 특성일 리 없다. 민족이 영토와 결부되는 한, 그것은 단지 우연에 의한 정치적 단위일 뿐 결코 그리 큰 단위는 아니었다. 1726년의 초판 스페인어 사전을 보면 '조국'을 뜻하는 patria 또는 한층 보편적으로

---

2) *Enciclopedia Universal Ilustrada Europeo-Americana* (Barcelona 1907~34), vol. 37, 854~67면: 'nación'.

3) (São Paulo-Rio-Porto Alegre 1958~64), vol. 13, 581면.

4) L. Curne de Sainte Pelaye, *Dictionnaire historique de l'ancien langage françois* (Niort n.d.), 8 vols.; 'nation'.

쓰이는 tierra는 단지 "자신이 태어난 곳, 마을, 땅" 또는 "한 영주나 국가의 지역, 지방 또는 구역"을 뜻하였다. 현대 스페인어 용법에서는 patria chica 즉 '작은 조국'에서와 같은 넓은 의미와 구별하기 위해서나 사용하는 좁은 의미의 patria는, 고대 로마의 지식을 지닌 고전적인 식자층을 제외하면, 19세기 이전에 어느정도 보편적으로 사용되었다. 1884년이 될 때까지 tierra는 국가와 결부되지 않았다. 그리고 patria를 "애국자들이 충성을 바치는 과거, 현재 및 미래의 물질과 정신의 총합인 우리자신의 민족"으로 정의하는 현대 애국주의는 1925년까지 등장하지 않았다. 알려진 바처럼, 19세기의 스페인은 엄밀히 이념적 진보의 전위가 아니었지만 까스띨랴(Castile) ── 그리고 우리는 까스띨랴어에 대해 언급하고 있다 ── 는 '민족국가'라고 칭하는 것이 완전히 비현실적이지만은 않은 유럽 초기 왕국들 중의 하나였다. 여하튼 18세기의 영국과 프랑스가 아주 다른 의미의 '민족국가'였는지 의문을 가져볼 수도 있다. 따라서 그와 관련된 어휘의 발전은 보편적인 중요성을 지닐지도 모른다.

로망스어*에서 'nation'이라는 단어는 토착어이다. 다른 지역의 경우, 그 단어가 사용된다 해도 그것은 외국에서 빌려온 것이다. 이로써 우리는 용법상의 차이를 좀더 명확히 추적할 수 있다. 북부 및 남부 독일어에서 Volk(people)라는 용어는 분명히 오늘날 natio에서 파생된 단어들과 동일한 관련을 갖기는 하지만 그 상호작용은 복잡하다. 중세 북부 독일어에서 natie가 사용되는 한 ── 그리고 이 단어가 라틴어에서 파생된 사실에서 식자층이나 왕족, 귀족 또는 좋은 가문의 사람들 사이에서만 이 말이 쓰였음을 추론할 수 있다 ── natie가 아직 Volk의 의미를 함축하지 않음은 명백하다. 16세기가 되어서야 natie는 이러한 의미를 갖기 시작하였다. 중세 프랑스어와 마찬가지로 natie는 혈통 및 가계(Geschlecht)를 의미한다. [5]

---

* 로망스어는 라틴어에서 발전한 언어로서 이딸리아어, 프랑스어, 스페인어 따위를 말한다 ── 역자.

다른 곳에서처럼, nation이라는 용어는 공존하는 타집단과 구별할 필요가 있는 길드 또는 기타 자치체 같은 더욱 큰 규모의 자족적인 집단을 기술하는 방향으로 나아갔다. 그리하여 예를 들어 스페인어에서 'nations'는 외국인을 의미하여, 외국 상인들의 'nation'(특히 도시에 거주하며 도시의 특권을 누리는 상인들의 공동체),[6] 고대 대학의 학생들의 'nation' 등과 같이 쓰였다. 또한 덜 알려진 것으로서는 "룩셈부르크(Luxemburg) nation에서 온 한 무리"라는 것도 있다.[7] 그러나 출생지를 강조하는 방향으로 변화가 일어난 것은 분명한 듯싶다. 한 예로, 프랑스의 오랜 민족 정의에서의 고국(pays natal)은 적어도 후세의 사전 편찬자들에게는 쉽사리 '지방'과 같은 것이 되어버린다.[8] 다른 한편 공통의 가계를 강조하는 쪽으로의 변화는 종족의 방향으로 발전하여 네덜란드 사람들은 natie의 기본적인 의미가 "같은 '종족'(stam)에 속한다고 생각되는 이들의 총체"임을 강조하였다.

어느 쪽이든, 그처럼 확장된 그러나 토착적인 '민족'과 국가의 관계는 여전히 숙제로 남았다. 왜냐하면 종족적·언어적 측면이나 그밖의 측면에서 모든 국가는 크기와 상관없이 동질적이지 않으며 따라서 국가가 단순하게 민족과 동일시될 수 없음은 명백한 듯이 보였기 때문이다. 네덜란드어 사전은, 프랑스와 영국 사람들이 '민족'을 국가에 소속된 국민 —— 그들이 같은 언어를 쓰지 않을 때조차 —— 의 뜻으로 사용하는 것은 양국의 특수성이라고 지적한다.[9] 이 의문을 푸는 데 큰 도움이 된 논의가 18세기 독일에서 있었다.[10] 1740년 독일의 백과사전 학자, 요한 하

---

5) Dr E. Verwijs and Dr J. Verdam, *Middelnederlandsch Woordenboek*, vol. 4 (The Hague 1899), col. 2078.

6) *Woordenboek der Nederlandsche Taal*, vol. 9 (The Hague 1913), cols. 1586~90.

7) Verwijs and Verdam, *Middelnederlansch Woordenboek*, vol. 4.

8) L. Huguet, *Dictionnaire de la langue française du 16e siècle*, vol. 5 (Paris 1961), 400면.

9) *Woordenboek* (1913), col. 1588.

인리히 쩨들러(Johann Heinrich Zedler)에게 민족(nation)은 실제적이고 원초적인 의미에서 관습, 도덕 및 법률을 공유한 시민(Bürger, 18세기 중엽의 독일에서 이 말의 의미는 극히 모호하다)의 총합을 의미했다. 이렇게 볼 때 민족은 영토적 의미를 가질 수 없다. 왜냐하면 상이한 민족 성원들이('생활양식[Lebensarten]과 관습의 차이'로 구분되는) 수는 아주 적다 하더라도 동일한 지방에 함께 살 수 있기 때문이다. 만일 민족이 영토와 내재적인 관계를 갖는다면, 독일에 거주하는 벤트인(Wende)*을 독일인으로 불러야 할 것이다. 그러나 벤트인은 명백히 독일인이 아니다. 이 예증이 독일어권내에 사는 최후의 —— 지금도 잔존하는 —— 슬라브족에 대해 잘 알고 있는 색슨계 학자의 머리에 떠오른 것은 자연스럽다. 벤트인을 '소수민족'으로 명명하는 것은 그가 보기에 문제를 회피하는 것이다. 쩨들러에게, 동일한 지방이나 국가 안에 거주하는 모든 '민족'의 모든 사람을 기술하는 단어는 Volck이다. 그러나 애석하게도 용어의 간편함으로 인해 실제로는 'Nation'이란 말이 'Volck'와 종종 같은 의미로 쓰인다. 그리고 어떤 경우에는 'Nation'이 사회의 '신분'(Stand, ordo)과 동의어로, 또다른 경우에는 그밖의 다른 조합이나 공동체(Gesellschaft, societas)와 동의어로 쓰인다.

'민족'이 지닌 '본래의 적절한' 의미 또는 기타 다른 의미가 무엇이든 그 용어는 여전히 민족의 근대적 의미와는 분명히 다르다. 따라서 우리는 이 문제에 더 파고들 필요 없이 민족 개념은 근대적이고 기본적으로 정치적인 의미에서 매우 짧은 역사를 지닌 것임을 인정할 수 있다. 사실 이 점은 언어학 분야의 또하나의 업적인 『신영어사전』(New English Dictionary)에 의해서 강조되었다. 1908년에 이 사전은 민족이라는 용어

---

10) John. Heinrich Zedler, *Grosses vollständiges Universal-Lexicon aller Wissen-schaften und Künste*···, vol. 23 (Leipzig-Halle 1740, repr. Graz 1961), cols. 901 ~3.

* 벤트인은 독일의 색슨지방에 거주하는 슬라브족을 말한다 — 역자.

의 오랜 의미는 주로 종족적 단일체를 뜻하였으나 최근의 용법은 "정치적 통일성과 독립"을 강조한다고 기술하였다.[11]

근대의 '민족' 개념이 역사적으로 새로운 것임을 고려할 때 그 본질을 가장 잘 파악하는 길은 혁명의 시대(the Age of Revolution) 동안 그리고 특히 1830년경부터 '민족의 원칙'(the principle of nationality)이라는 이름 아래 자신들의 정치적 및 사회적 담론 내에서 민족 개념을 체계적으로 운용하기 시작한 학자들을 추적하는 것이라고 생각한다. 그러나 이와같은 개념사(Begriffsgeschichte)의 탐구는 두 가지 이유에서 쉽지 않다. 즉, 우리가 나중에 볼 것처럼, 동시대인들은 자신들이 그같은 단어들을 사용하는 것에 대해 의식하지 못하며, 동일한 단어는 동시에 완전히 다른 의미들을 지녔거나 그럴 수 있기 때문이다.

'민족'의 일차적 의미, 그리고 관련 문헌에서 가장 빈번히 등장하는 의미는 정치적인 것이었다. 그 의미는 '인민'(people)과 국가를 미국 및 프랑스 혁명의 방식대로 등식화했다. 이 등식은 '민족국가', '국제연합'(United Nations) 등의 문구, 또는 20세기 후반의 대통령들의 수사에서 흔히 나타난다. 초기 미국의 정치담론은 '민족' 용어의 중앙집중적 및 단일적 함의가 연방에 속한 주의 권리를 침해하지 않도록 하기 위하여 '인민', '연방'(union), '연합'(confederation), '공동국가'(our common land), '공중'(public), '공공복지'(public welfare), '공동체'(community) 등의 용어를 선호하였다.[12] 왜냐하면 프랑스어에서 민족은 '불가분의 하나'이어야 한다는 것이 혁명의 시대에 민족 개념의 일부이었거나 또는 곧 그렇게 되었기 때문이다.[13] 여기서의 '민족'은 시민집단으로서, 그들은 자신

---

11) *Oxford English Dictionary*, vol. VII (Oxford 1933), 30면.

12) John J. Lalor (ed.), *Cyclopedia of Political Science* (New York 1889), vol. II, 932면: 'Nation'. 관련 항은 대개 더 일찍 나온 프랑스 책에서 발췌하거나 번역한 것이다.

13) "이 정의로부터 한 민족은 오직 한 국가만을 형성하게 되어 있고 하나의 불가분의 전체를 구성한다고 추론된다"(같은 책 923면). 위의 정의에 따르면 민족

들의 집합적 주권으로 자신들의 정치적 표현인 국가를 구성한다. 왜냐하면 민족이 그밖의 다른 어떤 것을 말하든, 시민과 대중참여 또는 선택은 민족에 없어서는 안될 요소이기 때문이다. 존 스튜어트 밀은 민족을 단지 민족적 감정의 존재만으로 정의하지 않았다. 그는 또한 민족의 구성원들이 "동일한 정부하에 속하고 정부가 자신들 또는 그중 일부에 의한 정부이기를 원한다"는 점을 덧붙였다. [14] 우리는 밀이 민족의 관념을 한권의 독립된 책으로 쓰지 않고 대의정부나 민주주의에 관한 소논문에서 간략히 그나름으로 논술한 것을 이상하게 받아들이지 않는다.

민족=국가=인민 특히 주권인민의 등식은 명백히 민족을 영토에 결부시켰다. 그 까닭은 국가의 구조와 정의가 이제 본질적으로 영토에 기초를 두었기 때문이다. 이 등식은 또한 그와같이 구성된 민족국가가 내부석으로 복잡함을 의미하며, 실제로 이는 인민의 자결의 필연적 소산이다. 1795년의 프랑스의 권리선언(French Declaration of Rights)에는 다음과 같이 씌어 있다.

각 인민은 그 구성 수와 그들이 차지하는 영토에 관계없이 자립적이고, 주권을 갖는다. 이 주권은 양도할 수 없는 것이다. [15]

그러나 권리선언은 무엇이 '인민'을 구성하는지에 대해서는 거의 아무것

은 "같은 말을 하고, 동일한 관습을 가지며, 비슷한 부류의 다른 집단과 구분되는 특정 도덕규범을 지닌 사람들의 총합임"을 '추론해볼' 수 있다. 이는 민족주의적 주장이 종종 빠져드는 문제회피 기법의 많은 예 중의 하나이다.

14) J. S. Mill, *Utilitarianism, Liberty and Representative Government* (Everyman edition, London 1910), 359~66면.

15) 혹자는 1789년 또는 1793년의 권리선언에 인민 주권이나 자립에 대한 언급이 없다고 주장한다. Lucien Jaume, *Le Discours jacobin et la démocratie* (Paris 1989), 부록 1~3, 407~14면을 보라. 그러나 1793년 선언에 대해 본문과 같은 견해를 표명한 O. Dann and J. Dinwiddy (eds.), *Nationalism in the Age of the French Revolution* (London 1988), 34면.

도 말하지 않았다. 특히 한편의 영토국가의 시민집단과 다른 한편의 종족적, 언어적 및 기타 기준에 따른 또는 집단 성원임을 집합적으로 인지할 수 있게 해주는 특성을 가진 한 '민족'의 일체감 사이에는 논리적 연관이 없다. 이 때문에 사실, 프랑스혁명은 "민족의 원칙이나 감정과 전혀 관계가 없으며 심지어 그것에 적대적이기까지 했다"고 주장되어왔다.[16] 네덜란드의 사전 편찬자가 명민하게 언급했듯이, 언어는 원리상 영국인 또는 프랑스인이라는 사실과 아무런 관계가 없다. 실제로 앞으로 살펴볼 것처럼, 프랑스 전문가들은 입말을 민족의 판별 기준으로 하려는 것에 대해 끝끝내 투쟁했다. 그들은 프랑스 시민권이 민족의 판별기준이라고 주장하였다. 알자스어나 가스꼬뉴어는 프랑스 인민의 구성원이라는 그 지방사람들의 지위와 무관하게 잔존했던 것이다.

사실, 대중적-혁명적 관점에서 보아 '민족'에 어떤 공통적인 것이 있다 할지라도 그것은 본질적으로 종족, 언어 등──이것이 집단소속의 표징은 될 수 있을지라도──은 아니다. 삐에르 빌라르(Pierre Vilar)가 지적한 것처럼,[17] 밑으로부터의 시각에서 본 국민(nation-people)을 특징짓는 것은 정확히 말하면 특수이익에 대한 공동이익, 특권에 대한 공공선을 말한다. 실제로 이는 1800년 이전에 미국인들이 민족(nationhood)이라는 단어 자체는 쓰지 않으면서 그것을 지칭하기 위해 썼던 말에서 드러난다. 이러한 혁명적-민주적 시각에서 보면 종족집단간의 차이는 나중의 사회주의자들에서처럼 부차적이다. 명백히, 조지왕 및 그 세력과 미국 식민주의자들을 구분지은 것은 언어나 인종이 아니었다. 역으로, 프랑스공화국은 영국계 미국인 토마스 페인(Thomas Paine)을 어렵지 않게 국민회의에 보낼 수 있었다.

---

16) Maurice Block, "Nationalities, principle of" in J. Lalor (ed.), *Cyclopedia of Political Science*, vol. II, 939면.

17) P. Vilar, "Sobre los fundamentos de las estructuras nacionales," *Historia*, 16/ Extra V (Madrid, April 1978), 11면.

그러므로 우리는 혁명적인 '민족' 개념에서, 19세기 이론가들이 격렬하게 논쟁을 벌인 종족, 공통 언어, 종교, 영토 그리고 공통의 역사경험 (존 스튜어트 밀이 그랬듯이)[18] 등의 기준에 의해 민족국가를 수립하려는 훗날의 민족주의자들의 프로그램 같은 것은 찾을 수 없다. 앞서 말한 것처럼, 그 범위가 정해지지 않았던 영토(그리고 아마도 피부빛)를 제외하면 위의 그 어느 것도 신생국 미국을 통합하지 않았다. 나아가 프랑스의 '위대한 민족'이 혁명전쟁 및 나뽈레옹전쟁으로 확장한 영토가 프랑스가 된 것이 후일의 민족기준에 의하지 않았던 것처럼, 위의 기준들은 민족구성의 기초가 아니었다.

그러나 후에 국가 없는 민족에 대한 정의를 발견하는 데 이용된 다양한 요인들은 명백히 존재하였으며, 이는 혁명적 민족 개념과 관련되거나 또는 그것에 문제를 야기했다. 그리고 혁명적 민족이 불가분의 단일성을 내세울수록 내부의 이질성은 더 많은 문제를 낳았다. 대부분의 자꼬뱅이 프랑스어를 할 줄 모르는 프랑스 사람을 의심쩍어했고 실제로 종족-언어적 기준이 종종 적용되었던 것은 거의 확실하다. 바레르(Bertrand Barère de Vieuzac)는 언어에 대해 다음과 같이 공안위원회에 보고했다.

오-랭과 바-랭 도(department)에서 누가 매국노들과 내통하여 프러시아인과 오스트리아인들을 우리의 국경지방에 불러들였는가? 그 지방(알자스) 사람들이다. 이들은 적들과 같은 말을 사용하며 따라서 그들은 다른 말과 관습을 가진 프랑스 사람보다 우리의 적을 자기들의 형제요 이웃시민으로 생각한다.[19]

---

18) John Stuart Mill, *Utilitarianism, Liberty and Representative Government*, 359 ~66면.

19) 인용처는 M. de Certeau, D. Julia, and J. Revel, *Une Politique de la langue. La Révolution Française et les patois: L'enquête de l'Abbé Grégoire* (Paris 1975), 293면. 프랑스 혁명 및 민족어의 일반적인 문제에 대해서는 Renée Balibar and

혁명 이래 프랑스인들은 실제로 눈에 띄게 언어적 동일성에 대해 주장해
왔으나 당시로서 이는 매우 이례적이었다. 이 부분은 다시 논의할 것이
다. 그러나 문제는 이론상 어떤 사람을 프랑스인이게 하는 것은 프랑스
어를 모국어로서 사용하는 것이 아니라── 혁명 자체가 프랑스에서 실
제로 프랑스어를 사용하는 이가 얼마나 적은가를 보여주는 데 그토록 많
은 시간을 보냈을 때는 어떻게 할 것인가? [20] ── 기타 자유와 법 그리
고 프랑스 자유인의 공통 특징 가운데서, 프랑스어를 습득하려는 의지이
다. 어떤 의미에서 프랑스어 습득은 영어 습득이 미국 시민이 되는 데
필요한 것처럼 완전한 프랑스 시민(그러므로 국적 획득)의 한 조건이었
다. 극단적인 형태일망정, 민족에 대한 기본적으로 언어적인 정의와 프
랑스인 간의 차이를 예시하기 위해 독일의 한 언어학자를 생각해보자.
이 학자는 국가의 쎈서스 작업에 언어에 관한 설문조항을 삽입할 필요가
있음을 국제통계학회에서 주장했다(이 책 133~34면 참조). 1860년대의 영
향력있는 저술에서 리하르트 뵈크(Richard Böckh)는 언어만이 민족의 유
일한 지표라고 주장했는데, 이는 독일 민족주의에 잘 부합하는 견해였
다. 왜냐하면 독일인은 중부 및 동부 유럽에 매우 광범위하게 산재해 있
었기 때문이다. 뵈크의 주장대로라면 독일 및 폴란드에 거주하는 유대인
(Ashkenazic Jews)은 독일인으로 분류되어야 했다. 이디쉬어는 중세 독
일어에서 파생된 방언이기 때문이다. 뵈크가 잘 알고 있던 것처럼, 이
결론은 독일의 반유대주의자들에게 받아들여질 수 없었다. 그러나 프랑
스 혁명파는 유대인을 프랑스 민족 내에 통합하려 했기 때문에 위의 주
장을 필요로 하지도, 이해하지도 않았다. 그들이 볼 때 중세 스페인어를

Dominique Laporte, *Le Français national. Politique et pratique de la langue
nationale sous la Révolution* (Paris 1974). 알자스 문제에 대해서는 E. Philipps,
Les Luttes linguistiques en Alsace jusqu'en 1945 (Strasbourg 1975) 그리고   P.
Lévy, *Histoire linguistique d'Alsace et de Lorraine* (2 vols., Strasbourg 1929).

20) De Certeau, Julia and Revel, *Une Politique de la langue*, passim.

쓰는 이베리아반도의 유대인과 이디쉬어를 쓰는 독일・폴란드의 유대인 들이 —— 프랑스에는 둘 다 있었다 —— 프랑스어 사용을 포함한 프랑스 시민권의 조건들을 받아들인다면 똑같이 프랑스인이었다. 반대로 드레퓌 스(Dreyfus)가 유대계이기 때문에 '진짜' 프랑스인이 될 수 없다는 주장 이 프랑스혁명의 정수와 프랑스 민족에 대한 그 정의에 도전하는 것으로 이해된 것은 옳았다.

그러나 바레르의 보고서에는 두 가지 상이한 민족 개념이 교차하고 있 는데, 그것은 혁명적-민주적 개념과 민족주의적 개념이다. 국가=민족= 인민이라는 등식은 양자 모두에 적용된다. 그러나 민족주의적 개념에서 정치체제의 형성은 외국인과 구분되는 특정한 공동체가 선험적으로 존재 하는 데서 연유하는 반면, 혁명적-민주적 관점의 중심 개념은 주권적 시 민-인민=국가로서, 이는 인류의 나머지에 대하여 '민족'을 구성한다. [21] 또한 우리는 그후 국가가 어떻게 구성되든간에 지배의 대상을 고려해야 했다는 점을 잊어서는 안된다. 혁명의 시대에는 그들을 지배하는 것이 더욱 어려워졌기 때문이다. 그리스의 해방자 콜로코트로네스(Kolo- kotrones)가 말했듯이 "인민이 왕을 지상의 신으로 생각하고 왕의 지배 가 올바르다고 말하도록 강제되었던" 것은 더이상 진실이 아니었기 때문 이다. [22] 신성은 이제 더이상 사람들을 속박하지 못했다. 프랑스의 샤를 르 10세(Charles X)가 1825년 랭스(Rheims)에서 고대 대관식과 (마지못 해) 마법 치료의 의식을 부활했을 때, 왕의 손길로 연주창을 고치러 나 온 사람은 고작 120명이었다. 바로 그 전 1774년의 최후 의식에 참여한 사람은 2400명이었다. [23] 앞으로 보겠지만, 1870년 이후 민주화로 인해

---

21) "국가와의 관계에서 시민은 인민을 구성하는 한편, 인류에 대해서는 민족을 구성한다." J. Hélie, "Nation, definition of," in Lalor, *Cyclopedia of Political Science*, vol. II, 923면.

22) 인용처는 E. J. Hobsbawm, *The Age of Revolution 1789~1848* (London 1962), 91~92면.

23) Marc Bloch, *Les Rois thaumaturges* (Paris 1924), 402~4면.

이러한 정통성과 시민동원의 문제가 절박하고 첨예해졌다. 국가=민족=
인민이라는 등식에서 정부의 중심항은 분명히 국가였다.

그러나 19세기 유럽사, 특히 '민족의 원칙'이 유럽의 지도를 가장 극적
으로 변화시켰던 시기, 즉 1830년부터 1880년까지의 시기에 자신들(자유
주의적 부르조아지 및 그 지식인들)의 지배를 가장 확고히했던 사람들의
이론적 담론에서 민족의 위상 또는 각항의 배열에 관계없이 국가=민족=
인민 등식의 위상은 어떤 것인가? 자유주의적 부르조아지와 그 지식인
들은 그 50년 동안 민족문제를 생각지 않을 수 없었다. 그때는 서쪽의
벨기에서부터 남동유럽의 오스만제국을 계승한 국가들(그리스, 세르비
아, 루마니아, 불가리아)에 이르기까지 수많은 소정치체가 민족에 기반
을 둔 인민으로서 새로운 지위를 누릴 독립국가로 인정받은 것은 말할
것도 없고 민족원칙에 기초를 둔 두 강대국(독일과 이딸리아)의 출현과
동일한 원칙에 따른 또 한 강대국의 분할(1867년 타협에 따른 오스트리
아-헝가리), 그리고 민족국가로의 재구성을 주창한 폴란드인의 두 차례
에 걸친 민족봉기 등으로 유럽의 세력균형이 바뀌었던 시기였다. 부르조
아들은 이 문제를 회피하려 하지도 않았다. 월터 배저트에게 '민족형성'
은 19세기 역사발전의 중핵을 의미했다. [24]

그러나 19세기 초에는 민족국가의 수가 적었기 때문에 지식인들의 명
백한 과제는 이러저러한 근거로 '민족'(nationality)으로 분류할 수 있는
많은 유럽의 주민들 중에서 어떤 부분이 국가형태를 취하고(또는 좀더
미약한 형태의 독립된 정치적 또는 행정적인 인정), 현존의 다수 국가들
중 어떤 것이 '민족'의 성격을 띠는가 하는 것이었다. 잠재적 또는 실재
적 민족임을 판별하는 기준의 목록은 본질적으로 이 목적을 위해 작성되
었다. 모든 국가가 민족과 일치하지 않으며 또한 모든 민족이 국가와 일
치하지도 않는다는 것은 분명한 듯하였다. 한편으로 "왜 홀란드는 민족

24) Walter Bagehot, *Physics and Politics* (London 1887), '민족형성'에 관해서는
제3장과 제4장 참조.

인 데 반해 하노버와 빠르마 대공국은 그렇지 않은가?"[25]라는 르낭의 유명한 질문은 일련의 분석적 문제들을 야기하였다. 다른 한편, 민족국가의 수립은 ① 실행가능해야 하며 ② 민족 자신이 원하는 것이어야 한다는 존 스튜어트 밀의 관찰은 또다른 분석적 문제들을 낳았다. 이는 자신들의 민족이나 국가에 관한 한 이 두 종류의 의문에 대한 확실한 답을 가지고 있었던 중기 빅토리아 시대의 민족주의자들에게조차 그러했다. 왜냐하면 그들마저 자신들이 다른 민족이나 국가들의 주장은 한층 냉정한 눈으로 대하고 있음을 발견했기 때문이다.

그러나 이 점을 넘어 19세기의 자유주의적 담론을 대할 때 우리는 놀라울 정도로 지적 애매함이 있음을 발견하게 된다. 문제는 자유주의가 민족문제를 충분히 성찰하지 못한 데 있는 게 아니라 민족문제는 이미 자명하기 때문에 거론할 필요가 없다는 자유주의적 가정에 있다. 따라서 자유주의적 민족이론의 많은 부분은 자유주의적 저술가의 담론에서 변두리를 차지할 뿐이다. 더구나 자유주의의 이론적 담론의 한 중심 분야는 '민족'에 대한 지적 성찰을 어렵게 만들었다. 이 장의 나머지는, 고고학자들이 매장되어 있던 동전더미로 교역로를 재구성하듯이, '민족'에 대한 일관성있는 자유주의적 부르조아 이론을 재구축하는 데 할애된다.

가장 좋은 방법은 가장 만족스럽지 못한 '민족' 개념, 즉 아담 스미스 (Adam Smith)가 그의 위대한 저술의 제목에 사용한 단어의 의미로 시작하는 것이 될 것이다. 왜냐하면 스미스의 맥락에서 민족은 명백히 영토국가 이상이 아니었기 때문이다. 또, 19세기 초 북미를 방황했던 스코틀랜드의 예리한 지성인, 존 레이(John Rae)가 스미스를 비판한 바에 따르면, 그의 민족 개념이 "모든 독자적인 공동체, 사회, 민족, 국가 또는 인민(우리의 주제에 관한 한 동일한 용어들로 간주될 수 있다)"을 의미했기 때문이다.[26] 그러나 위대한 자유주의 정치경제학자의 사상은 다른

---

25) Ernest Renan, "What is a nation?" in Afred Zimmern (ed.), *Modern Political Doctrines* (Oxford 1939), 192면.

시각에서 '민족'을 보는 자유주의적 중간계급 사상가들에게, 비록 그들이 밀처럼 경제학자도 아니고 배저트와 같이 『이코노미스트』지의 편집인은 아니었음에도 불구하고, 적합하였음이 분명하다. 우리는 다음과 같이 물을 수 있다. 자유무역이 지배하던 자유주의의 고전시대가 배저트가 자기 세기의 중심적인 현상이라고 본 '민족형성'과 일치하는 것은 역사적 우연인가? 다시 말해서, 민족국가는 자본주의의 발전과정에서 그 자체 특수한 기능을 했던가? 또는 당시의 자유주의적 분석가들은 이 기능을 어떻게 보았는가?

왜냐하면 역사가의 눈에 국경에 의해 규정되는 경제의 역할이 중요했다는 사실은 명백하기 때문이다. 19세기의 세계경제는 세계동포주의적 (cosmopolitan)이라기보다는 국제적(international)이었다. 세계체제론자들은, 자본주의가 다른 지역이 아닌 유럽대륙에서 전지구적 체제로 성장한 것은 단일의 '세계제국'을 형성하지도 않았고 그것의 일부도 아니었던 유럽의 정치적 다원주의에 기인함을 보여주려 해왔다. 16~18세기에 경제발전은 영토국가를 기반으로 이루어졌고 각 국가는 하나의 통일된 전체로서 중상주의 정책을 추구하였다. 더욱 분명히하자면, 우리가 19세기 및 20세기 초의 세계자본주의를 말할 때 그것은 발전된 세계에 속한 국가들의 발전을 의미한다—— 영국의 산업, 미국 경제, 프랑스 자본주의와 구별되는 독일 자본주의 등등. 18세기에서 제2차 세계대전 직후까지의 오랜 기간 동안, 자본주의 세계의 발전에 그토록 커다란 역할을 했고 오늘날 또다시 왕성한 활동을 하는 순수히 초영토적, 초국적 또는 다대륙적 단위체들—— 예를 들어 14세기의 뤼베크(Lübeck)과 겐트(Ghent), 오늘날 다시 생겨난 싱가포르와 홍콩과 같이 크기나 자원에 비해 경제적 중요성이 큰 작은 독립국들—— 의 활동 공간 및 영역은 전지구적 경제

---

26) John Rae, *The Sociological Theory of Capital, being a complete reprint of The New Principles of Political Economy by John Rae* (1834) (ed.) C. W. Mixter (New York 1905), 26면.

에서 거의 없었던 것 같다. 사실 근대 세계경제의 발전을 돌아보면, 경제발전이 수많은 발전된 영토국가들의 '국민경제'와 완전히 연결된 단계가 본질적으로 초국가적인 두 시대 사이에 있음을 알 수 있다.

문제는 19세기 자유주의 경제학자 또는 고전 정치경제학의 논의를 수용했으리라 여겨지는 자유주의자들이 민족의 경제적 중요성을 이론이 아니라 실천으로 인식할 수 있었을 뿐이라는 데 있다. 고전 정치경제학, 특히 아담 스미스의 경제학은 '중상주의 체제'에 대한 비판, 다시 말해, 정부가 국민경제를 국가 노력과 정책에 의해 발전되어야 하는 총체로서 다루는 체제에 대한 비판으로서 공식화되었다. 스미스에 의해 역효과적이라고 비판된 중상주의적 국민경제 발전은 자유무역과 자유시장의 대칭 개념으로 놓여졌다. 이처럼 자유주의 경제이론은 기업의 개별 단위 —— 사람이나 회사 —— 를 기반으로 하여 독특하게 발전되었다. 이들 개별 단위는 특정한 공간적 확장이 없는 시장에서 합리적으로 이익을 극대화하고 손실을 극소화한다. 합리적 경제활동의 최종 무대는 세계시장일 수밖에 없다. 아담 스미스는 경제에 적합한 정부의 특정한 기능에 반대하지는 않았으나 그의 경제성장 일반이론에는 민족이나, 기업 이상의 어떤 집합체가 들어설 자리가 없었고 그에 대해 많이 연구하려 하지 않았다.

자유주의의 절정기에 활동한 케언즈(J. E. Cairnes)는 심지어 10페이지를 할애하여 개인간의 거래와 분명히 구별되는 국제무역 이론은 필요치 않다는 주장을 진지하게 고려하였다. [27] 그는 국제무역은 확실히 지속적으로 쉬워지고 있지만 아직도 무역마찰이 많기 때문에 국가간의 교역을 분리해 다룰 필요가 있다고 결론지었다. 독일의 자유주의 경제학자 쉰베르크(Gustav Schönberg)는 '국민소득'(national income) 개념이 어떤 의미를 지니는가에 대해 의문을 가졌다. 피상적 개념에 만족하지 않는 학자는 이처럼 회의했을지도 모른다. 그러나 '국부'(national wealth)의 화폐

---

27) J. E. Cairnes, *Some Leading Principles of Political Economy Newly Expounded* (London 1874), 355~65면.

환산이 잘못됐다 할지라도 그들의 생각은 지나친 것이다. [28] 아담 스미스의 '민족'이 오로지 한 국가의 영토에 거주하는 개인들의 집합을 의미한다고 본 에드윈 캐넌(Edwin Cannan)[29]은 백년 안에 이 모든 사람이 죽는다는 사실 때문에 '민족'을 영속적 실체라 할 수 없는지 반문하였다. 정책적 측면에서 이는 오로지 시장을 통한 자원배분만이 최적이며 시장의 작동에 의해 개인의 이익은 자동적으로 전체의 이익을 낳을 것이라는 신념을 의미했다——이론적으로 공동체 전체의 이익과 같은 개념이 가능하다면 말이다. 반대로, 존 레이는 1834년의 저술에서 스미스에 반하여 개인과 민족의 이익은 동일하지 않다고, 즉 개인의 자기이익 추구를 이끄는 원칙이 필연적으로 국부를 극대화하지는 않는다고 주장하였다. [30] 앞으로 보겠지만, 스미스를 무조건 수용하기를 거부한 이들이 그냥 무시되어서는 안되기는 하나 그들의 경제이론은 고전학파와 상대가 되지 못했다. 팔그레이브(Palgrave)의 『정치경제학 사전』(*Dictionary of Political Economy*)은 '국민경제'(national economy) 항목을 독일 경제이론과 관련해서만 기술하였다. '민족'이라는 용어 자체는 1890년대의 프랑스 정치경제학 사전에서는 사라졌다. [31]

그러나 여전히 가장 순수한 고전 경제학자들마저도 국민경제의 개념을 쓰지 않을 수 없었다. 쌩-씨몽주의자인 미셸 슈발리에(Michel Chevalier)는 꼴레주 드 프랑스의 정치학 교수 취임 강연에서 변명조 또는 조롱조로 다음과 같이 선언하였다.

28) Dr Gustav Schönberg (ed.), *Handbuch der politischen Oekonomie*, vol. I (Tübingen 1882), 158면 이하.

29) Edwin Cannan, *History of the Theories of Production and Distribution in English Political Economy from 1776 to 1848* (London 1894), 10면 이하.

30) Rae, *The Sociological Theory of Capital*.

31) *Nouveau Dictionnaire d'Economie Politique* (ed.), Léon Say and Joseph Chailley (Paris 1892).

우리는 인간사회의 일반이익에 관여하도록 명령받고 있으며, 그리고 우리가 살고 있는 사회의 특수한 상황을 고려하는 것은 금지되지 않는다. [32]

또는 로빈스(Robbins)경은 다시금 고전 경제학자들의 입장을 다음처럼 평했다. "그들이 정책의 기준인 민족의 이익에 대해 검토하지 않았다는 증거는 없으며 국민결합을 해체하려고 준비했다는 증거는 더더구나 없다."[33] 간단히 말해 그들은 '민족' 개념을 멀리 할 수도 없었고 또 그러기를 원하지도 않았다. 포터(G. R. Porter)는 1835년 이후 '민족' 개념이 발전하는 것을 관찰하면서 자족했다. 왜냐하면 그가 보기에 사람들은 "어떤 인간공동체도 다수의 민족 중에서 특출나게 해주는 수단을 확보하고" 싶어했기 때문이다. 덧붙일 필요도 없이 그에게 '어떤 공동체'란 바로 '개개인 자신의 공동체'를 의미했다. [34]

민족국가의 경제적 기능과 심지어 그 혜택을 어떻게 부인할 수 있었겠는가? 화폐를 독점관리하고 공공재정 및 이에 따르는 재정정책을 시행하는 국가가 존재하는 것은 하나의 사실이었다. 국가의 경제개입이 낳는 해악을 없애고 싶어하는 이들조차도 이러한 경제활동을 제거할 수는 없었다. 나아가, 몰리나리(Gustave de Molinari)를 위시하여 극단적인 자유주의자들도 "인류를 자율적인 민족들로 나누는 것이 본질적으로 경제적인 것임"을 받아들일 수 있었다. [35] 왜냐하면 국가 —— 혁명 이후 시대의

---

32) Michel Chevalier, *Cours d'economie politique fait au Collège de France*, vol. I (Paris 1855), 43면. 강좌는 원래 1841년에 있었다.

33) L. Robbins, *The Theory of Economic Policy in English Classical Political Economy* (제2판, London 1977), 9~10면. 그렇지만 진정으로 세계적인 벤섬은 예외임이 틀림없다.

34) George Richardson Porter, *The Progress of the Nation, in its various social and economic relations, from the beginning of the nineteenth century to the present time*, 2 pts (London 1836), 서문.

35) Molinari in *Dictionnaire d'economie politique* (Paris 1854) repr. in Lalor, *Cyclopedia of Political Science*, vol. II, 957면: 'Nations in political economy'.

민족국가——는 결국 재산과 계약의 안전을 보장해주었기 때문이다. 쎄,
이(J. B. Say)가 말한 것처럼——그는 공공기업을 철저히 반대했다——
"어느 민족도 정식 정부를 갖지 못하는 한, 일정 수준의 부를 지닌 적이
없었다."[36] 심지어 자유주의 경제학마저도 자유경쟁의 이름으로 정부기
능을 합리화할 수 있었다. 이처럼 몰리나리는 "아주 강력한 경제적 경쟁
을 유발하는 한, 인류가 민족으로 나뉘는 것은 유익하다"고 주장했다.[37]
몰리나리는 자기 주장을 뒷받침하기 위해 1851년의 박람회를 예로 들었
다. 그러나 그러한 정당화가 아니더라도 경제발전에서 정부가 하는 기능
은 인정되었다. 쎄이는 국가간 통상과 일국내 지역간 거래에 차이가 없
다고 보았으면서도, 프랑스——프랑스 국가 및 정부——가 국내자원의
개발은 소홀히하면서 해외정복에 치중한다고 비난하였다. 간단히 말해,
가장 극단적인 자유주의적 경제학자조차 국민경제를 무시하거나 그냥 지
나칠 수 없었다. 자유주의 경제학자들은 단지 그것에 관해 말하고 싶지
않거나 어떻게 말해야 할지 몰랐을 뿐이다.

그러나 우월한 영국 경제에 대항하여 민족의 경제발전을 추구했던 나
라에서 스미스의 자유무역은 그리 매력적이지 않았던 것 같다. 이들 나
라에는 많은 이들이 국민경제를 하나의 통일체로 논하려고 하였다. 필자
가 앞에서 언급한 스코틀랜드계 캐나다 사람인 레이는 그들 중 주목받지
못한 사람의 하나였다. 레이는 1950년대 유엔 라틴아메리카 경제위원회
(UN Economic Commission for Latin America)가 주장한 수입대체와 기술
수입 이론의 선구자일지도 모른다. 더욱 분명한 예는 미국의 위대한 연
방주의자 알렉싼더 해밀턴(Alexander Hamilton)이다. 민족, 국가 그리고
경제를 한 고리로 연결된 것이라 보았던 해밀턴은 지방분권주의자에 반
대하여 강력한 국민정부를 제창했다. 후일 미국의 교과서에 실린 그의
글 「국민」(Nation)에 열거된 '위대한 국민 책략'은 온통 경제적이다. 그

---

36) 같은 책, 958~59면.
37) 같은 책, 957면.

책략은 중앙은행의 창설, 주정부 채무의 연방정부 책임론, 국채 발행, 고관세 부과에 의한 국민 제조업의 보호, 그리고 강제적인 물품세 등이다. [38] 해밀턴은 위의 모든 방책을 통해 "민족의 근원을 계발하려 했거나", 그렇지 않으면 민족에 아랑곳없이 경제를 염두에 두었던 다른 연방주의자와 마찬가지로 해밀턴은 연방정부가 경제발전을 도모한다면 민족문제는 저절로 처리될 것이라고 생각했을지도 모른다. 어느 경우든 민족은 국민경제와 국가에 의한 국민경제의 체계적인 성장을 뜻했으며, 이는 19세기 당시 보호주의를 의미했다.

19세기 미국의 개발경제학자들은 일반적으로 가련한 캐리(Henry Charles Carey) 등등이 그랬던 것처럼 해밀턴주의를 이론화하려 했으나 그러기에는 이론적 수준이 너무 낮았다. [39] 그러나 해밀턴 이론은 프리드리히 리스트(Friedrich List)를 위시한 독일 경제학자들에 의해 명쾌하고 장대하게 발전되었다. 리스트가 1820년대 국민경제 논쟁에 참여할 당시 미국에 체류하며 해밀턴의 영향을 받은 것은 분명하다. [40] 리스트가 경제학——독일인들은 '정치경제학'보다는 '민족경제'(Nationalökonomie) 또는 '국민경제'(Volkswirtschaft)라고 했다——의 과제로 본 것은 "민족의 경제발전을 이룩하고 미래의 보편적 사회로의 진입을 준비하는 것"이었다. [41] 이 발전이 정력적인 부르조아지가 힘차게 이끌어가는 자본주의적 산업화의 형태를 띨 것임은 덧붙일 필요가 없다.

---

38) 같은 책, 933면.

39) J. Schumpeter, *History of Economic Analysis* (Oxford 1954), 515~16면을 참조하라.

40) 리스트는 『미국 정치경제 개론』(*Outline of American Political Economy*, Philadelphia 1827)을 썼다. 미국에 있을 때의 리스트에 대해서는 W. Notz, "Friedrich List in Amerika" (*Weltwirtschaftliches Archiv*, 29, 1925, 199~265면 및 vol. 22, 1925), 154~82면과 "Frederick List in America" (American Economic Review, 16, 1926), 249~65면을 보라.

41) Friedrich List, *The National System of Political Economy* (London 1885), 174면.

그러나 우리의 관점에서 볼 때, 리스트 및 그에 감화된 후기 독일의 '역사학파' 경제학자에 흥미로운 점은——아일랜드의 아서 그리피스 (Arthur Griffith)같이 다른 나라의 경제적 민족주의자가 그러했듯이[42]——통상 당연한 것으로 가정되어온 '자유주의적' 민족 개념의 한 가지 특성이 리스트에 의해 명백히 정식화되었다는 것이다. 한 민족이 경제발전을 이룩하려면 충분한 규모를 갖추어야만 했다. 이에 못 미치면 민족은 역사적 정당성을 얻지 못한다. 이는 너무 자명하여 논증이 필요없을 정도여서 완결된 논증이 거의 없다. 1843년 가르니에-빠제스(E. J. L. Garnier-Pagès)가 펴낸 『정치학 사전』(Dictionnaire politique)에는 벨기에와 포르투갈은 그 규모가 명백히 너무 작기 때문에 그것들이 독립국임을 주장하는 것은 '사리에 맞지 않다'고 기술해놓았다.[43] 존 스튜어트 밀은 아일랜드는 어떤 면에서도 "상당한 민족이 될 만큼 인구가 많다"는 근거에서 아일랜드 민족주의는 결코 부정할 수 없는 것이라고 정당화했다.[44] 다른 이들, 그중에서도 마찌니(Mazzini)와 까부르(Cavour)는 민족원칙의 주창자들이기는 했지만 이에 동의하지 않았다. 사실, 『신영어사전』은 '민족'이라는 용어를 영국에서 존 스튜어트 밀에 의해 익숙해진 일상적인 의미로 단순히 정의하지 않고 요구조건에 부합되는 "사람들의 외연적 총합"으로 정의했다(강조는 인용자).[45]

리스트는 분명히 다음과 같이 언급했다

많은 인구와, 다양한 민족적 자원을 가진 광대한 영토는 정상적 민족의 필

---

42) 그리피스의 견해를 잘 요약한 것으로는 E. Strauss, *Irish Nationalism and British Democracy* (London 1951), 218~20면.

43) Elias Regnault의 'Nation', 가르니에-빠제스의 서론이 담긴 *Dictionnaire politique*(Paris 1842), 623~25면. "N'y-a-t-il pas quelque chose de dérisoire d'appeler la Belgique une nation?"

44) *Considerations on Representative Government* in *Utilitarianism*, 365면.

45) *Oxford English Dictionary*, VII, 30면.

수조건이다. … 인구나 영토가 제한된 민족, 특히 그 민족이 독자적 언어를 소유한다면, 그것은 단지 불구의 문학, 예술과 과학을 함양하는 데 필요한 제도를 불구의 상태로 가지고 있을 뿐이다. 작은 국가는 결코 그 영토 안에 다양한 생산부문을 완비할 수 없다.[46]

구스타프 콘(Gustav Cohn) 교수는 대형국가(Großstaaten)의 경제적 이점은 영국과 프랑스의 역사에 의해 증명된다고 말했다. 그 이점은 분명히 단일한 세계경제의 이점보다 적었지만 불행히도 세계통합은 아직 이룩될 수 없었다. 한편 "인류가 모든 인간 종족을 위해 갈망하는 모든 것은 현시점에 이미(zunächst einmal) 인류의 상당부분, 즉 3천만~6천만의 사람들에게 갖춰졌다." 그래서 "앞으로 오랫동안 문명세계의 앞날은 대형국가의 형성(Großstaatenbildung)이라는 형식을 취하게 될 것이다."[47] 다시 논의하겠으나 덧붙이자면, 세계통합의 차선으로서 '민족'이 항상 가정된다는 것이다.

이는 이 분야의 진지한 사상가들에 의해 거의 보편적으로 수용되었다. 그들은 독일의 사상가들이 역사적인 이유 때문에 그랬던 것처럼 명시적으로 공식화하지 않을 때마저 위의 주장을 받아들였다. 이 주장은 두 가지의 결과를 낳았다.

첫째, 실제로 '민족의 원칙'은 오로지 일정 규모의 민족에게만 적용되었다. 따라서 이 원칙의 주창자였던 마찌니가 아일랜드의 독립을 상상할 수 없었던 사실은 놀라운 일이 아니다. 더 작은 민족이나 잠재적인 민족 —— 시칠리아인(Sicilians), 브르따뉴인(Bretons), 웨일즈인(Welsh) —— 의 경우, 그들의 주장은 훨씬 덜 심각하게 다루어질 필요가 있었다. 사실, 소국가체제(Kleinstaaterei)라는 용어는 의도적인 조롱의 산물이었다.

---

46) 같은 책, 175~76면.
47) Gustav Cohn, *Grundlegung der Nationalökonomie*, vol. I (Stuttgart 1885), 447~49면.

독일의 민족주의자들은 소국가체제를 반대하였다. 이전에 터키 제국이었던 영토가 여러 독립된 소국가들로 분할된 데서 생겨난 '발칸화'(Balkanization)라는 말은 여전히 부정적인 의미를 담고 있다. 두 용어는 정치적 모욕의 어휘다. 이 '규모의 원칙'(threshold principle)은 1857년 마찌니 자신이 작성한 유럽 민족의 미래 지도에 의해 훌륭히 설명된다. 그것은 단지 열두 국가들 및 연방으로 구성됐으며 그중 하나(물론 이딸리아)만이 명백히 후일의 기준에 따른 다민족국가로 분류되지 않는다. [48] 제1차 세계대전 이후 평화조약들을 지배했던 윌슨원칙을 따른 '민족의 원칙'에 의해 유럽에는 26개 국가—— 잠시 수립되었던 아일랜드자유국을 합치면 27개 국가—— 가 존재하게 되었다. 서유럽의 분리주의 운동에 대한 최근의 연구는 42개 분리운동을 언급했는데, [49] 이는 '규모의 원칙'이 폐기될 경우 어떤 일이 일어날 수 있는지를 말해준다.

그러나 문제는 자유주의적 민족주의의 고전시대에는 아무도 규모의 원칙을 포기할 생각을 하지 못했다는 사실이다. 민족자결은 존립할 능력—— 문화적 그리고 어느정도 경제적인 생존력(그 능력이 정확히 무엇을 말하든간에)—— 이 있다고 여겨지는 국가들에만 적용되었다. 이처럼 민족자결에 대한 마찌니의 생각과 밀의 생각은 기본적으로 윌슨 대통령의 생각과 달랐다. 뒤에서 이 변화의 원인을 말할 것이다. 그러나 내친 김에, 윌슨의 시대에도 '규모의 원칙'이 완전히 포기되지는 않았음을 말해두는 것이 좋을 것 같다. 양차 대전 사이에 룩셈부르크(Luxemburg)와 리히텐슈타인(Liechtenstein)의 존재는, 이 정치체들이 우표 수집가에게 아무리 환영을 받았다 하더라도, 얼마간 난처한 일이었다. 단찌히 자유시(the Free City of Danzig)의 존재는 아래의 두 부류에게 유쾌한 일이 아니었다. 단찌히를 자기의 영토 안에 편입시키기를 바랐던 두 인근 국

48) Denis Mack Smith (ed.), *Il Risorgimento* (Bari 1968), 422면을 보라.
49) Jochen Blaschke (ed.), *Handbuch der westeuropäischen Regionalbewegungen* (Frankfurt 1980).

가가 첫째 부류이다. 둘째 부류는, 한층 일반적으로, 한자동맹 시대와는 달리 20세기에는 도시국가가 생존할 수 없다고 생각한 사람들이었다. 오스트리아로 남게 된 지역의 거주민은 거의 모두가 독일과의 통합을 원했다. 그 까닭은 단순히 그들과 같은 소국가는 독립적인 하나의 경제 ('lebensfähig')로 생존할 수 없다고 믿었기 때문이다. 도미니카 (Dominica) 또는 맬다이브(Maldives)*1 또는 안도라(Andorra)*2 등이 독립국가로서 인정받기 시작한 것은 오직 1945년 이후, 더 나아가 식민지 해방 이후의 일이다.

둘째 결과는, 민족형성이 불가피하게 팽창의 과정으로 인식되었다는 점이다. 이 때문에 아일랜드 사례나 기타 다른 순수하게 분리주의적인 민족주의는 돌연변이로 취급되었다. 앞에서 본 바처럼, 인간의 사회적 단위가 가족과 부족으로부터 군과 주로, 지방에서 지역, 전국 그리고 마침내는 세계로 규모가 확장되었다는 사회적 진화론이 이론으로서 인정되었다. 그러므로 다른 조건이 모두 동일하다면, 민족은 그것이 인간사회의 규모를 확장시키는 한에서만 역사발전과 부합한다.

> 만일 우리의 주장을 하나의 명제 형식으로 요약해야 된다면, 아마도 우리는 일반적으로 민족의 원칙은 그것이 산재한 인구집단을 하나의 정합된 전체 내에 통합할 때 정당하며, 국가를 분리시킬 때는 정당하지 못하다고 말해야 할 것이다. 50)

실제로 이는 민족주의 운동이 민족 통일 또는 팽창 운동으로 발전하리라고 예상되었음을 의미했다. 모든 독일인 및 이딸리아인은, 그리스인 모

---

*1 맬다이브는 인도 남서쪽의 인도양에 있는 섬들로 이루어진 공화국이다 — 역자.
*2 안도라는 삐레네 산맥 사이에 있는 스페인·프랑스 공동 보호하의 공국이다 — 역자.
50) Maurice Block in Lalor, *Cyclopedia of Political Science*, vol. II, 941면.

두가 그러했듯이, 한 국가에서 함께 살기를 희망했다. 세르비아인 (Serbs)은 크로아티아인(Croats)과 합하여 단일한 유고슬라비아를 건 했으며(역사적 선례가 없는 일이다), 나아가 더 큰 국가를 만들고자 하 는 이들은 발칸연방을 꿈꾸었다. 발칸연방은 제2차 세계대전이 끝날 때 까지 공산주의 운동의 이상이었다. 체코인(Czechs)이 슬로바키아인 (Slovaks)과 연합하고 폴란드인은 리뚜아니아인(Lithuanians) 및 루테니 아인(Ruthenes)*¹과 통합하며 —— 사실, 폴란드의 분할 이전 이미 후자 는 하나의 큰 국가를 형성하고 있었다 —— 몰다비아(Moldavia)의 루마니 아인은 왈라키아(Wallachia) 및 트란실바니아(Transylvania)*²의 루마니 아인과 융합한다는 것이다. 이것은 명백히 종족, 언어 또는 공통의 역사 에 기초를 둔 민족 정의와 어긋난다. 앞에서 논의한 것처럼, 종족, 언어 또는 공통의 역사 등은 자유주의적 민족형성의 결정적인 판단기준은 아 니다. 어쨌든 아무도 영국, 프랑스 및 스페인 등 가장 오래고 가장 의심 의 여지가 없는 민족국가의 실제적인 다민족성, 다중언어 또는 다종족성 을 부인할 수 없었다.

유럽의 많은 지역에 그리고 세계의 다른 여러 곳에 다민족이 동일한 영토 안에 공존했던 것과 같이 '민족국가' 내에 상이한 민족들이 이처럼 공존한다는 사실은 쉽게 받아들여졌으며 순전히 영토를 판단 기준으로 하여 민족을 분류한다는 것은 정말 비현실적이었다. 이는 훗날의 오스트 리아 맑스주의에서와 같이 민족을 판단하는 데서 기초가 되었다. 오스트 리아 맑스주의는 민족의 성립요건을 영토가 아니라 인민(people)에서 찾 았다. 이같은 해석의 단초가 주로 오스트리아 사회민주당 내의 슬로베니 아인으로부터 시작된 것은 우연이 아니다. 슬로베니아 맑스주의자들이

---

*1 루테니아인은 갈리시아, 루테니아 등에 살고 있는 우끄라이나인을 말한다 —
  역자.
*2 왈라키아는 알프스와 다뉴브강 사이에 위치한 남부 루마니아이고 트란실바니
  아는 루마니아 중부와 북서부 지방으로 1918년 전에는 헝가리에 속했다 — 역자.

살고 있던 슬로베니아 지방과 독일인 거주지역은 종종 경계가 불확실하거나 이동하는 변경이나 고립지역에 위치하여, 특히 분류하기 어려웠다. [51] 그러나 민족국가 내 다양한 민족이 혼재함은 결국 인정되었다. 그 까닭은 무엇보다도 약소민족, 특히 후진적인 약소민족들은 더욱 큰 민족으로 통합됨에 따라 모든 면에서 이득을 보며 이를 통해 인류에 기여할 수 있을 것 같았기 때문이다. 분별있는 이들의 합의를 분명하게 표현한 밀은 "경험"상 "한 민족이 다른 민족으로 흡수 통합될 수 있음이 입증된다"고 말했다. 그 까닭은 뒤처지고 열등한 민족이 통합으로 매우 많은 이익을 얻기 때문이다.

누구도 브르따뉴인이나 나바르 프랑스(French Navarre)의 바스끄인(Basque)이… 프랑스 민족의 일원이 되어 프랑스 시민의 모든 권리를 똑같이 누리는 것이… 세계의 보편적 움직임에 미동 않은 채 자기 자신의 보잘것없는 지적 틀 속에서 맴돌며 과거의 반(半)야만적 유물에 대해 불평하는 것과 마찬가지로 이롭지 않다고 생각할 수 없다. 이 말은 영국 민족의 구성원으로서의 웨일즈인이나 스코틀랜드 고지인(高地人)*에게도 해당된다. [52]

독자적 또는 '참된' 민족이 또한 해당 기준에 부합하는 능력을 소유함이 일단 인정되면 몇몇 약소 민족 및 언어 등은 그 자체로 소멸하게 마련이라는 결론에 이른다. 프리드리히 엥겔스는 위대한 독일을 주장한 국수주의자로 호된 비판을 받아왔는데, 그 까닭은 그가 민족(people)으로서의 체코인은 소멸할 것이라고 예언하고 그외의 꽤 많은 다른 민족들의 미래에 대해서도 비하하는 말을 하였기 때문이다. [53] 그는 사실 자신이

---

51) 민족주의 강령을 정교하게 만든 브르노 당대회에 에트빈 크리스탄이 기여한 바에 대해서는 Georges Haupt, Michel Lowy and Claudie Weill, *Les Marxistes et la question nationale 1848~1914* (Paris 1937), 204~7면을 보라.

52) Mill, *Utilitarianism, Liberty and Representative Government*, 363~64면.

* 스코틀랜드 북부 및 서북부에 사는 켈트족 사람을 말한다―역자.

독일인임을 자랑스럽게 생각했으며 혁명전통을 제외하고는 독일 민족이
다른 민족에 비해 우월하다고 봤다. 또한 체코인 및 몇몇 다른 민족들에
대한 그의 인식은 의심할 나위 없이 잘못된 것이었다. 그러나 19세기 중
엽에 편파적이지 않은 관찰자 모두가 공유했던 그의 기본적인 입장을 빌
미로 엥겔스를 비판하는 것은 완전한 시대착오이다. 몇몇 약소 민족과 언
어 등에는 독자적인 미래가 없었다. 일반적으로 그렇게 받아들여졌고 심
지어 원칙적으로 또는 실제적으로 민족해방을 전혀 반대하지 않았던 사
람들도 그렇게 생각했다.

그러한 일반적인 태도에 국수주의 같은 것은 없었다. 진보법칙(당시
그렇게 불리곤 했다)의 그같은 집단적 희생물의 언어와 문화가 적대적인
것으로 취급받지는 않았다. 반대로 국가-민족(state-nationality) 및 국가
-언어(state-language)의 최고우위성이 도전받지 않은 나라에서 주요 민
족은 그것의 거대민족적 빨레뜨 위에 놓인 다양한 색상을 과시하려는 듯
약소민족의 민속적·역사적 전통과, 방언 및 소수언어를 보존하고 장려
할 수 있었다. 더구나 더 큰 국가에 통합되는 것을 긍정적으로 받아들인
── 또는 혹자는 진보법칙을 따랐다고 말할지도 모른다 ── 약소민족
또는 심지어 민족국가조차 미시문화와 거시문화 간의 차이를 화해불가능
하다고 느끼지 않았거나, 그렇지 않으면 근대에 적응할 수 없는 것은 잃
어버릴 수밖에 없다고 여겼던 것이다. 1707년 영국에 합방된 후 '북부
브리튼'(North Briton)이라는 용어를 만든 것은 잉글랜드인(the English)
이 아니라 바로 스코틀랜드인이었다.[54] 종교와 시(詩)의 강력한 전달 매
체였던 자신들의 언어가 19세기 문화의 모든 목적에 부합하는지에 대해
회의한 것은 19세기 웨일즈에서 웨일즈어를 쓰고 옹호한 이들이었다. 즉

53) Roman Rosdolsky, "Friedrich Engels und das Problem der 'geschichtslosen
Völker'" (*Archiv für Sozialgeschichte*, 4/1964), 87~282면.
54) Linda Colley, "Whose nation? Class and national consciousness in Britain 1750
~1830" (*Past and Present*, 113, 1986), 96~117면을 보라.

그들은 두 가지 언어를 사용하는 것이 필요하고 장점을 지니고 있다고 생각했던 것이다. [55] 물론 그들이 영어를 사용함으로써 생겨날 완전한 브리튼 경력을 모른 것은 아니었지만, 이것이 고대적 전통과의 정서적 유대를 약화시키지는 못했다. 이 점은 고유어가 종국에는 소멸할 것이라는 사실을 받아들일 수밖에 없었던 사람들에게마저 명백했다. 그 가운데 브레크녹(Brecknock)에 있는 비국교도 대학의 그리피스(Griffiths) 목사는 다음과 같이 자연적 소멸론을 주장했다.

그것[웨일즈어]이 공정하고, 평화롭게 그리고 당당히 사라지게 하자. 이 말에 애착을 가진 이 중에서 그것의 안락사를 지연시키고 싶은 사람은 거의 없을 것이다. 그러나 어떠한 희생도 그것이 살해되는 것을 막을 만큼 위대하게 간주되지는 않을 것이다. [56]

40년 후 약소민족의 또다른 구성원인 사회주의 이론가 칼 카우츠키(Karl Kautsky) —— 체코 태생 —— 는 그리피스 목사와 마찬가지로 체념적이긴 하나, 감정적인 투로 다음과 같이 말했다.

민족어의 사용은 점차 가정의 영역에 국한될 것이며 여기서조차 유산으로 물려받은 고가구처럼 취급될 것이다. 고가구는 실제 사용되지는 않지만 소중히 간직되는 것이다. [57]

그러나 이러한 것들은 독립적 미래가 불확실한 약소민족의 문제였다.

---

55) Ieuan Gwynedd Jones, "Language and community in nineteenth-century Wales" in David Smith (ed.), *A People and a Proletariat: Essays in the History of Wales 1780~1980* (London 1980), 41~71면, 특히 59~63면.

56) Inquiry on Education in Wales, *Parliamentary Paper,* 1847, ⅩⅩⅦ, part Ⅱ (Report on the Counties of Brecknock, Cardigan and Radnor), 67면.

57) Haupt, Lowy and Weill, *Les Marxistes,* 122면.

잉글랜드인은 영국의 섬들에서 사용되는 외래어를 칭송하긴 했지만 웨일 즈인과 스코틀랜드인의 주된 관심사는 거의 고려하지 않았다. 더 큰 민 족에 거역하지 않은 약소민족을 환영한 정형화된 아일랜드인(stage-Irish) 이 이내 발견했듯이, 그들이 잉글랜드인이 아닌 것처럼 행동하면 할수록 아일랜드 또는 스코틀랜드의 전통을 간직했다고 더욱더 칭송되었다. 마 찬가지로 범게르만주의자들은 실제로 저지(低地)독일인이나 프리즐랜드 인의 문학활동을 장려하였다. 왜냐하면 이들은 고지 독일인(High German)의 경쟁상대라기보다 부속인구로 안전하게 정리되었기 때문이 다. 이딸리아 민족주의자들은 벨리(Belli), 골도니(Goldoni) 그리고 나뽈 리 노래를 자랑스럽게 여긴다. 이런 까닭에 벨기에의 프랑스어 사용지역 에서 플랑드르어를 말하고 쓰는 벨기에인은 배척받지 않았다. 프랑스어 를 배척한 것은 플랑드르인이었다. 사실 주도민족(Staatsvolk)이 능동적 으로 소수민족의 언어와 문화를 억압한 경우가 있지만, 이는 19세기 후 반까지 프랑스 외에는 드문 일이었다.

이처럼 일부 민족집단(people, nationality)은 완전한 민족이 될 운명이 아니었다. 다른 민족집단은 완전한 민족성(nationhood)을 갖게 되었거나 가질 수 있었다. 그러나 어떤 집단에게는 미래가 있고 어떤 집단에게는 그렇지 못했는가? 이 문제를 푸는 데 민족의 특성 —— 영토, 언어, 종 족 등등 —— 이 무엇으로 구성됐는지에 대한 논쟁은 큰 도움이 안 된다. '규모의 원칙'이 당연히 더욱 유용한데, 그 까닭은 많은 약소민족을 제외 시키기 때문이다. 그러나 앞서 보았듯이, 그것 또한 결정적이지 못하다. 왜냐하면 아일랜드 민족주의 운동을 들지 않더라도 매우 작은 크기의 의 심할 바 없는 '민족'이 있기 때문이다. 아일랜드가 민족국가로서 생존능 력이 있는가에 대해서는 의견이 양분된다. 하노버와 빠르마 대공국에 대 해 르낭이 던진 의문의 요점은 결국 그것들을 모든 민족과 대조하는 것 이 아니라 비슷한 소규모의 다른 민족국가, 예를 들어, 네덜란드나 스위 스와 대조하는 것이었다. 나중에 보듯이, 대중의 지지를 받고 관심을 끄는 민족주의 운동이 출현하면 판단을 상당히 달리해야 할 것이나, 고전 자유주의 시대의 운동은 오스만제국을 제외하면 그 어느것도 아직 다양한 종류의 자치권을 요구하는 것과는 구별되는, 독립 주권국가로서의 인정을 요구한 것 같지는 않다. 언제나 그런 것처럼, 이 점에서도 아일랜드의 경우는 이례적이었다 —— 하여간 브리튼으로부터 독립하지 않으면 안되는 아일랜드공화국을 요구한 페니어회원들의 출현으로 이례적인 경우가 되었다.

한 민족의 숫자가 충분하여 민족형성의 기준 또는 단계를 통과했을 경우를 항상 가정할 때 실제로 그들을 민족으로 구분하는 기준은 단지 세 가지가 있었다. 첫째 기준은 해당 민족의 현국가와의 역사적 연관성 또는 어느정도 장기적인 최근 과거와의 관련성을 말한다. 잉글랜드인이나 프랑스 국민(nation-people), (대)러시아 사람 또는 폴란드인 등의 존재에 대해서는 이견이 없으며, 그리고 스페인 밖에서 볼 때 스페인 민족이 잘 알려진 민족 특성을 갖추었다는 데도 이견이 없다. [58] 민족과 국가가 일치하는 경우 외국인들은 당연히 국가-민족에 속하는 사람들이 한 나라의 유일한 민족이라고 생각하는데, 이 버릇은 아직도 스코틀랜드인의 심사를 뒤틀리게 한다.

둘째 기준은 확고한 기성 문화 엘리뜨의 존재였다. 이들은 민족 문어와 행정 전문어를 구사할 수 있는 계층을 의미한다. 이것이 바로 이딸리아인과 독일인이 각기 일체감을 느낄 수 있는 단일한 국가를 갖지는 못했으나 민족임을 주장한 근거였다. 양국 모두에서 소수만이 일상목적에 민족어를 사용하고 —— 이딸리아의 경우 통일 당시 2.5%로 추정[59] —— 나머지는 다양한 그리고 때때로 서로 이해할 수 없는 지역적·계급적 방

---

58) 스페인 내에서 아라곤 왕국의 국민과 까스딸랴 왕국의 국민 간에는 분명히 문화적, 언어적 및 제도적 차이가 있다. 아라곤 왕국을 제외하면, 스페인 제국 내의 차이는 훨씬 더 심각하다.

59) Tullio de Mauro, *Storia linguistica dell'Italia unita* (Bari 1963), 41면.

언을 씀에도 불구하고, 민족적 동일성은 결국 언어에 강한 기반을 두었다. [60]

불행히도 언급해야만 하는 셋째 기준은 입증된 정복 능력이었다. 프리드리히 리스트가 익히 알고 있던 것처럼, 사람들로 하여금 집합적 존재를 의식케 하는 데 제국의 민족만한 것은 없다. 이외에 19세기의 정복은 사회적 종족이 다윈적 진화에서 성공했음을 보여주는 것이었다.

민족의 여타 후보들이 선험적으로 단순히 배제되지는 않았으나 그렇다고 그들의 후보 자격이 선험적으로 가정되지도 않았다. 민족 후보들에게 가장 안전한 방법은 아마 어떠한 정치적 실체에 속하는 것이었을 텐데, 그것은 19세기 자유주의의 기준으로 볼 때 상궤를 벗어나고 구식이며 역사와 진보에 의해 사라질 것이었다. 오스만제국은 이러한 종류의 가장 명백한 진화적 화석이었다. 그러나 합스부르크제국 또한 같은 운명이라는 사실이 점차 분명해졌다.

이것이 의기양양한 부르조아 자유주의 시대의, 즉 1830년부터 1880년까지의, 이데올로그들이 가진 민족 및 민족국가 개념이었다. 이 개념은 두 가지 면에서 자유주의 이데올로기의 일부였다. 첫째, 민족의 발전은 의심할 나위 없이 작은 집단에서 큰 집단으로, 가족에서 종족 그리고 지역으로, 나아가 민족으로, 그리고 마지막으로 미래의 통합된 세계로 진행하는 인류 진화 또는 진보의 한 단계였기 때문이다. 피상적이고 따라서 그 시대에 전형적인 로우즈 디킨슨(G. Lowes Dickinson)의 말을 빌리면, 미래의 통합세계가 도래하면 "인류의 유아 단계에 속하는 민족이라는 장애물은 과학과 예술의 빛을 받아 녹아 없어질 것이다."[61]

---

60) "그들 모두가 '독일'(Deutsche Nation)이라는 제국 속에 같이 살았다 할지라도 그들에게는 공동의 구어(口語)조차 없었다는 사실을 직시해야만 한다." Hans-Ulrich Wehler, *Deutsche Gesellschaftsgeschichte*, vol. I (Munich 1987), 50면.

61) B. Porter, *Critics of Empire. British Radical Attitudes to Colonialism in Africa, 1895~1914* (London 1968), 331면. 인용문은 G. Lowes Dickinson의 *A Modern Symposium* (1908).

이 세계는 심지어 언어적으로도 통합될 것이다. 미국의 율리씨즈 그랜트(Ulysses S. Grant) 대통령과 카우츠키는 단일 세계어를 꿈꾸었는데, 이는 가정에서 감정을 표현하는 데 쓰일 뿐인 민족어와 의심할 나위 없이 공존하게 된다.[62] 이제 우리가 아는 것처럼, 그와같은 예측이 과녁을 완전히 벗어난 것은 아니었다. 1870년대의 국제전신 및 통신 규약에 이어 1880년대에 시작된, 세계어를 인위적으로 만들려는 시도는 사실상 실패했다. 그러나 그중 하나인 에스페란토(Esperanto)는 국제 사회주의 운동에서 생겨난 일부 정권(regime)의 보호하에 소수의 열성주의자들 사이에 아직 살아 남아 있다. 다른 한편, 현명하게도 카우츠키는 그와같은 시도에 대해 의심스러워했고 주요 언어 중의 하나가 사실상의 세계어가 될 것이라고 예측했는데, 이는 실제로 옳았다. 영어가 각 민족언어를 대체하기보다는 보완한다 해도 이제 그것은 바로 전지구의 언어가 되었다.

이처럼 자유주의 시각에서 보면, 민족(즉 생존력을 지닌 대민족)은 19세기 중반에 도달한 진화의 단계였다. 그러므로 앞에서 본 바와 같이 '진보로서의 민족'이라는 동전의 이면은 논리적으로 작은 공동체나 민족이 큰 공동체나 민족으로 동화됨을 말한다. 이것이 반드시 오래 지녀온 충성심과 감정의 포기를 의미하지는 않는다. 물론 그렇게 될 수도 있다. 과거를 되돌아볼 만큼 아주 바람직한 전통은 아무것도 갖고 있지 않고 지리적, 사회적으로 유동하는 이들은 옛날의 충성과 감정을 기꺼이 포기할지도 모른다. 두드러진 예는 동화를 통해 완전한 평등을 제공한 나라에 거주하는 유대인 중산계급이었다. 그들에게 빠리는 앙리 4세보다 훌륭한 충성의 대상이었다. 그들은 19세기 말 이후, 그들을 받아들이는 민족이 그들을 완전히 수용할 태세가 되어 있지 않다면 무조건적으로 동화할 준비를 하는 것만으로는 충분치 않다는 것을 깨달을 때까지 동화하고자 했다. 다른 한편, 원하는 사람에게 무조건 '민족'의 신분을 준 유일한

---

62) 그랜트 대통령의 취임사 중에서 위와 관련된 부분은 E. J. Hobsbawm, *The Age of Capital 1848~1875* (London 1975), 제3장의 제사(題辭).

국가는 미국만이 아니었고 '민족'은 계급보다 열려 있었다는 사실을 잊어
서는 안된다. 1914년 이전의 세대는 위대한 민족을 외친 국수주의자들로
가득하다. 이 세대의 어머니는 말할 것도 없고 아버지조차 아들이 선택
한 언어를 쓰지 않았다. 슬라브계 또는 마자르계 독일어 또는 슬라브어
로 된 아들의 이름이 그 세대가 큰 국가로의 동화를 선택했음을 입증한
다. 동화로 주어지는 보상은 꽤 클 수 있었다.

  그러나 근대 민족은 또다른 점에서 자유주의 이데올로기의 부분이다.
자유와 평등이 형제애와 연관이 되듯, 근대 민족은 논리적 필연성이 아
니라 긴 연관에 의해 위대한 자유주의의 여타 슬로건과 연결되었다. 다
시 말하면, 민족 자체는 역사적으로 새로운 현상이기 때문에 이에 대해
보수주의자나 전통주의자 들은 반대했으며 따라서 이는 그 반대편에게는
매력적인 것이었다. 민족주의와 자유주의, 두 사상체계간의 연관은 민족
갈등이 첨예했던 모라비아(Moravia)에서 태어난 오스트리아 출신의 전형
적인 범게르만주의자의 예에서 드러난다. 아르놀트 피클러(Arnold
Pichler)[63]는 1901년에서 1938년 동안의 정치적 변혁에 아랑곳없이 꾸준
히 빈 경찰에 근무했고 전생애에 걸쳐 열성적인 독일 민족주의자, 반체
코, 반유대주의자였으며 —— 그의 반유대주의자 동료들이 제안하는 대로
모든 유대인을 강제수용소로 보내는 데는 반대했지만[64] —— 어느정도는
여전히 그러하다. 동시에 그는 열성적인 반성직자였으며 심지어 정치적
으로는 자유주의자에 속했다. 즉 그는 언제나 제1공화국의 빈 일간지 중
에서 가장 자유주의적인 신문에 기고했던 것이다. 그가 남긴 글을 보면,
민족주의와 유전학적 사고는 산업혁명에 대한 열망과 공존하며, 더욱 놀
라운 것은 '세계시민'(Weltbürger)의 집합체를 만들려는 열망과 공존한다

---

  63) Franz Pichler, *Polizeihofrat P. Ein treuer Diener seienes ungetreuen Staates.*
    Wiener Polizeidienst 1901~1938 (Vienna 1984). 이 자료를 소개해준 Clemens
    Heller에게 감사드린다.
  64) 같은 책, 19면.

는 것이다. 그의 '세계시민' 개념은 소읍의 지방주의 및 교회 첨탑에 한정된 지평선에서 벗어나 이전에 지역에 갇혀 있던 이들에게 전지구를 개방함을 의미한다. [65]

이상이 부르조아 자유주의 극성기의 자유주의적 사상가가 품은 '민족'과 '민족주의'의 개념이었다. 이 시대는 또한 '민족의 원칙'이 처음으로 국제정치의 주요 쟁점이 됐던 시대이기도 하다. 앞으로 살펴보겠지만, 이 원칙은 본질적인 점에서 윌슨의 민족자결의 원칙과 다르다. 그리고 윌슨의 원칙은 또한 이론적으로 레닌적 원칙으로서 19세기 말 이래 현재까지 이 분야의 논쟁을 지배해왔다. 자유주의 시대의 민족의 원칙은 무조건적이지는 않다. 이 점에서 그것은 앞서 인용한 프랑스혁명의 권리선언에서 천명된, '규모의 원칙'을 거부하는 급진적-민주적 입장과도 다르다. 그러나 실제로 강탈적인 주변 강대국은 주권과 자결이 이처럼 보장된 군소민족(mini-peoples)의 권리 행사를 일반적으로 허용하지 않았으며 또한 대부분의 군소민족 중에는 1795년의 원칙에 호의적인 이가 많지 않았다. 사람들은 스위스의 (보수적인) 자유 산악 칸톤은 그 시대에 인권선언을 기초한 루쏘의 독자들의 생각과 크게 다르지 않다고 생각한다. 그러나 그러한 공동체에 좌익 자치주의 혹은 독립 운동의 시대는 아직 도래하지 않았다.

자유주의적 시각에서 볼 때──그리고 자유주의만이 아니라 맑스와 엥겔스의 예가 보여주듯──'민족' 개진의 논거는 민족이 인류 역사발전의 한 단계를 대표하는 데 있으며, 특정 민족국가의 형성 논거는, 관련 구성원의 주관적 감정이나 관찰자의 사적 동의와는 별도로, 국가형성이 역사 발전과 진보에 상응하는가 또는 그것을 촉진하는가에 달려 있다. [66]

---

65) 같은 책, 30면.

66) 발칸의 슬라브인에 대해 엥겔스가 베른슈타인에게 보낸 서한(1882년 2월 22~25일자, *Werke*, vol. 35, 278면 이하)을 참조하라. "이러한 자들이 월터 스콧이 칭송한 스코틀랜드 고지인만큼 장하다 할지라도──또다른 무서운 소도둑떼── 우리들이 할 수 있는 최선은 오늘날 사회가 그들을 취급하는 방식을 비난하는 일이다. 만일 우리가 권력을 잡으면 우리 또한 그 일부 유산인 도적떼를

필자가 아는 한, 스코틀랜드 고지인(Scots highlanders)에 대한 보편적인 부르조아의 칭송은 독립적인 스코틀랜드 민족에의 요구로 발전하지 않았다. 심지어 주로 서부 스코틀랜드인의 지지를 받았던 찰즈 황태자[1]의 지배하에서 스튜어트 왕조의 부활이 실패한 것을 애도했던 감상주의자들조차도 스코틀랜드 민족의 독립을 요구하지는 않았다.

　그러나 유일하게 역사적으로 정당화될 수 있는 민족주의가 진보에 조응하는 것이라면, 다시 말해서 인간의 경제와 사회 및 문화의 규모를 제약하는 게 아니라 확장시키는 것이라면, 불가피한 역사진보에 거스르는 보수적 표현이나 압도적 사례로서 나타나는 현상인, 약소민족과 약소민족의 언어와 전통을 지키는 것은 어떻게 해석해야 하는가? 약소 민족, 언어 또는 문화는 오로지 그것이 큰 단위의 국가에 복속되거나 또는 경쟁에서 물러나 향수 등 감정의 납골당이 되는 한에서만 진보에 따르는 것이다. 간단히 말해, 카우츠키가 부여한 오래된 가구의 지위를 받아들이는 것이다. 물론, 이는 세계의 그 많은 소수 공동체와 문화가 수용한 것처럼 보였다. 자유주의 식자층은 왜 게일어(Gaelic)[2]를 쓰는 사람이 노섬벌랜드(Northumberland)[3] 방언을 쓰는 사람과 다르게 행동해야 한다고 생각했을까? 그 무엇도 위의 두 부류의 사람이 각기 상이한 두 언어를 말하는 것을 막지 못한다. 영어 방언을 쓰는 이는 표준 국어에 반대해 자기의 언어를 사용하는 게 아니고 방언과 표준어는 각각의 가치와 자리를 갖고 있다고 보기 때문에 사용하는 것이다. 그리고 만일 시간이 지남에 따라 지방 방언이 일부 주변적 켈트어의 운명처럼 표준어에 눌려

___

다루어야 할 것이다. "
*1 영국왕 제임스 2세(재위 1685~88년)의 손자로 1745년 프랑스에서 스코틀랜드로 들어가 1714년에 단절된 스튜어트 왕조를 지지하는(Jacobite) 반란을 주도했으나 1746년 실패하자 다시 프랑스로 망명했다 ─ 역자.
*2 게일어는 현재의 아일랜드·스코틀랜드 방언의 기본이 된 켈트어에 속하는 고대 아일랜드의 언어를 말한다 ─ 역자.
*3 노섬벌랜드는 잉글랜드의 가장 북쪽에 있는 주다 ─ 역자.

쇠퇴하거나 사라진다면(콘월*¹지방의 말(Cornish)과 맨 섬*²의 말(Manx)
등은 18세기에 이미 사용되지 않았다) 분명히 이는 애석하나마 불가피한
일이다. 그러한 언어는 아픔 없이 사라지지 않는다. 그러나 '민속'
(folklore)의 개념 및 용어를 만든 세대는 살아 있는 현재와 과거의 잔재
간의 차이를 말할 수 있었다.

이처럼 고전 자유주의 시대의 '민족'을 이해하자면 '민족형성'이 아무리
19세기에 중심적이었다 해도 일부 '민족'에만 적용되었음을 알아야 한다.
그리고 실제로 '민족의 원칙'을 적용하려는 요구 또한 보편적이지 않았
다. 그것은 국제적 문제이자 국내의 정치적 문제로서, 이미 민족의 원칙
이 명백히 정치를 지배했던 합스부르크 같은 다언어, 다종족국가에서조
차 제한된 사람들과 지역에만 영향을 끼쳤다. 서서히 분열중이던 오스만
제국을 항상 제외하면, 1871년 이후에 유럽 지도가 실제로 더 바뀌리라
고 예상하거나 영속적인 폴란드 문제말고 다른 민족문제가 발생하리라고
생각한 이는 거의 없었다고 해도 지나친 말이 아닐 것이다. 사실 발칸
지역 외에, 독일 제국의 수립에서 제1차 세계대전 사이에 유럽 지도에
일어난 유일한 변화는 스웨덴으로부터 노르웨이가 독립한 것이었다. 나
아가 1848년부터 1867년까지의 민족적 소동을 겪은 후 오스트리아-헝가
리 제국에서마저 열정이 식었다고 보아도 무방하다. *³ 이를 예상한 합스
부르크제국의 관리들은, 1873년에 쌍뜨 뻬쩨르스부르끄에서 국제통계학
회가 미래 쎈서스에 언어설문을 포함시키기로 결의한 것을 (마지못해)

---

*1 콘월(Cornwall)은 잉글랜드 남서쪽 끝에 있는 주다 — 역자.
*2 맨 섬(Isle of Man)은 아이리시해에 있는 영국의 섬이다 — 역자.
*3 1848년 프랑스 2월 혁명의 여파로 그간 오스트리아 합스부르크가의 지배하에
   있던 폴란드인·체코인·마자르인·슬라브인 등의 민족주의 운동이 분출했던 시
   기. 오스트리아는 1866년 프로이센-오스트리아 전쟁(보오전쟁)에서 패배함으로
   써 독일에서의 패권을 프로이센에 넘겨주고 베네찌아 지역을 이딸리아에 넘겨
   주었다. 중대한 위기에 직면한 오스트리아는 결국 1867년 마자르귀족과 타협하
   여 오스트리아-헝가리 2중 제국을 수립했다. — 역자.

수용하기로 마침내 결정하는 한편, 여론이 진정될 시간을 벌고자 1880년까지 실행은 연기할 것을 제안했다. [67] 그들의 예측은 전연 엉뚱하였다.

또한 대체로 이 시기 동안 민족 및 민족주의는 '다민족적'이라고 (시대착오적으로) 분류될 수 없었던 민족국가가 아닌 제국에 심각한 문제였던 반면, '민족국가'의 지위에 도달한 정치체의 경우에는 그것이 근대적 기준에서 아무리 이질적인 민족으로 구성되었다 해도 중요한 국내 문제가 아니었다. 이 점에서 라인강 서쪽 유럽의 어느 국가도 그때까지 심각한 문제에 봉착하지 않았다. 다만 영국만이 항상 이례인 아일랜드인 문제에 시달리고 있었다. 이것이, 정치가들이 까딸루냐인이나 바스끄인, 브르따뉴인이나 플랑드르인, 스코틀랜드인과 웨일즈인 등의 문제를 의식 못했음을 뜻하지는 않으며, 그들은 그러한 민족들을 주로 일정한 전국적 정치세력의 힘을 더하거나 빼는 문제로 보았다. 스코틀랜드인과 웨일즈인은 자유주의를 강화하는 기능을, 브르따뉴인 및 플랑드르인은 전통주의적 카톨릭을 강화하는 기능을 했다. 물론 민족국가라는 정치체제는 선거민주주의가 확립되지 못한 데서 여전히 혜택을 입었다. 19세기 자유주의의 다른 많은 것이 선거민주주의에 의해 붕괴되었듯이, 민족에 대한 자유주의 이론과 실제 또한 그에 의해 위태로워졌다.

이는 왜 자유주의 시대에 민족주의에 대한 심오한 이론적 문헌이 적고 그것에 자못 무심했던가를 말해준다. 밀과 르낭 등의 관찰자는 '민족감정'을 구성하는 요소인 종족(ethnicity) —— 인종에 대한 빅토리아 시대의 열정적인 관심에도 불구하고 —— 언어, 종교, 영토, 역사, 문화 등에 대해 꼼꼼히 따져보지는 않았다. 왜냐하면 정치적으로 그때까지는 아직 구성요소간의 경중이 그리 문제 되지 않았기 때문이다. 그러나 1880년대 이후부터 '민족문제' 논쟁은 특히 사회주의자간에 심각하고 강렬해졌다.

67) Emil Brix, *Die Umgangsprachen in Altösterreich zwischen Agitation und Assimilation. Die Sprachenstatistik in den zisleithanischen Volkszählungen 1880~1910* (Vienna-Cologne-Graz 1982).

잠재적 또는 실제적 투표인 대중이나 대중 정치운동의 지지자에게 민족적 슬로건을 호소하는 것이 이제 현실의 실천 문제였기 때문이다. 그리고 민족구성의 이론적 기준과 같은 문제에 대한 논쟁은, 여하한 해답도 특수한 형태의 정치적 전략, 투쟁 그리고 프로그램을 의미한다고 여겨졌기 때문에 감정적으로 되었다. 이는 다양한 형태의 민족적 열망 또는 요구에 직면한 정부뿐만 아니라 민족적, 비민족적 또는 대안의 민족적 호소를 기반으로 지지층을 확보하려 한 정당에도 중요한 문제였다. 중부 및 동부 유럽의 사회주의자에게 민족 및 그 장래가 어떤 이론적 기반 위에서 정의되는가는 매우 중대했다. 밀과 르낭과 마찬가지로 맑스와 엥겔스 역시 위와같은 문제를 주변적인 것으로 보았다. 제2인터내셔널 내에서 그러한 논쟁은 중심적이었으며 논쟁에 참여했던 일단의 탁월한 인물 또는 후일 그렇게 된 인물——카우츠키, 룩셈부르크, 바우어, 레닌 그리고 스딸린——등은 그에 관한 중요한 저술을 남겼다. 그러나 그러한 문제가 맑스주의 이론가의 관심사였다면, 또한 남부 슬라브 민족을 어떻게 규정하는가는 크로아티아인과 세르비아인, 마케도니아인과 불가리아인에게 첨예한 실제적 중요성을 지닌 문제였다.[68]

1830년부터 1878년까지의 시기에 외교가의 논쟁거리이며 유럽의 지도를 바꿔놓았던 '민족의 원칙'은 유럽 민주화와 대중정치의 시대에 점차 중요해진 민족주의의 정치적 현상과는 완전히 달랐다. 마찌니 시대에는 대부분의 이딸리아인이 통일(Risorgimento)의 성취를 그다지 중요하게 여기지 않았다. 마씨모 다쩰리오(Massimo d'Azeglio)의 다음과 같은 말은 당시 이딸리아인의 통일관을 예시해주고 있다. "우리는 이딸리아를 만들었으나 이제는 이딸리아인을 만들 차례이다."[69] 아마도 대다수의 폴

---

68) Ivo Banac, *The National Question in Yugoslavia: Origins, History, Politics* (Ithaca-London 1984), 76~86면을 참조하라.

69) 새로이 통일된 이딸리아 왕국의 의회가 처음으로 회합을 가졌을 때 한 발언 (E. Latham, *Famous Sayings and Their Authors*, Detroit, 1970).

란드어를 말하는 농민이(다른 방언을 사용했던 1772년 이전의 Rzsec-
spopolita인의 3분의 1은 그만두고라도) 여전히 자신들을 폴란드 민족주
의자라고 느끼지 않았던 사실은 심지어 '폴란드 문제'를 고려한 이에게조
차 문제가 안 되었다. 폴란드 최후의 해방자, 필수드스키(Pilsudski) 대
령의 아래 귀절은 그가 이 점을 인식하고 있었음을 보여준다. "국가가
민족을 만드는 것이지 민족이 국가를 만드는 것이 아니다."70) 그러나
1880년 이후 평범한 남녀가 민족을 어떻게 느끼는가가 점차 문제가 되었
다. 그러므로 정치적 민족주의의 새로운 호소가 바탕으로 하는 이러한
부류의 산업화 전 단계의 사람들에게서 감정 및 태도를 고려하는 것이
중요하다. 이 점은 다음 장에서 논할 것이다.

---

70) H. Roos, *A History of Modern Poland* (London 1966), 48면.

제 2 장

대중적 원형민족주의

'민족적 애국주의'(national patriotisam)와 같이 대다수 인간의 실제 경험과 동떨어진 개념이 왜 그리고 어떻게 그토록 빨리, 그처럼 강력한 정치적 힘이 될 수 있었는가? 서로를 집합체 또는 공동체의 일원으로 인식하며 따라서 다른 이를 이방인으로 인식하는 것이 집단에 소속된 인간의 보편적인 경험이라고 설명하는 것만으로 충분치 않음은 명백하다. 문제는 하나의 국가로서 또는 그러한 국가 건설을 염원하는 인간 집합체로서의 근대 민족이 대부분의 역사를 통해 인간이 일체감을 느껴온 실제 공동체와는 규모, 범위 및 본질의 면에서 다르며 그들에게 상당히 다른 요구를 한다는 데서 비롯된다. 베네딕트 앤더슨(Benedict Anderson)의 유용한 표현을 빌리면, 근대 민족은 '상상된 공동체'(imagined community)이다. 의심할 나위 없이 이는 실제 인간 공동체와 그 네트워크의 부재 또는 퇴각이나 분열에 따른 감정의 공백을 메운다. 그러나 실제의 공동체를 상실한 사람들이 왜 이 특수한 형태의 대체물을 상상해야만 하는가 하는 의문은 여전히 남는다. 한 가지 이유는 세계의 많은 곳에서 국가 및 민족운동이 기존의 집단적 소속감의 어떠한 변형을 동원할 수 있었다는 데 있을지도 모른다. 그 감정은 말하자면 근대 국가와 민족에 조응할 수 있는 거시정치적 범위에서 잠재적으로 작용할 수 있었다. 필자는 지금부터 이러한 결속을 '원형민족적'(proto-national) 결속이라고 기술할 것이다.

원형민족적 결속에는 두 가지 종류가 있다. 첫째, 초지방적 형태의 대중적 일체감이 있는데, 이것은 사람들이 삶의 대부분을 보내는 실제 공간을 초월한다. 마치 나뽈리 주민 집단에 관련되는 대부분의 일의 경우, 성 야누아리우스(St. Januarius)*1 ── 나뽈리시에 재앙이 닥치지 않게 하려면 그의 피가 매년 액화돼야 하는 (그리고 영구히 보장되는 기적에 의해 액화되는) ── 가 훨씬 더 직접적으로 적실할지라도, 성처녀 마리아가 나뽈리의 신도를 더 넓은 세계로 이어주는 것과 동일한 이치이다. 둘째, 국가 및 제도와 더 직접적으로 연결된 선택된 집단의 정치적 결속과 어휘가 있는데, 이는 결국 일반화, 확장 그리고 대중화될 수 있다. 둘째 유형은 근대 '민족'과 약간 더 많은 공통점을 지니고 있다. 그러나 위의 둘 중 그 어느 것도 그것들의 직계로서의 근대 민족주의와 같을 수 없다는 것은 합당하다. 왜냐하면 둘 모두는 오늘날 우리가 '민족'으로 이해하는 것의 결정적인 기준인 영토적·정치적 조직의 단위와 필연적인 관계를 맺고 있지 않기 때문이다.

두 가지의 명백한 예만 들어보자. 아메리카대륙에서 일반적으로 종교적인 디아스포라(diaspora)*2를 형성하고 있는 작은 거류민군은 차치하더라도, 독일어를 쓰는 사람들 ── 그들의 엘리뜨는 표준 독일 문어를 썼다 ── 은 1945년까지 그리고 일부는 오늘날까지 중앙유럽의 주요 지역

---

*1 성 야누아리우스는 디아클레티아누스 황제의 기독교 박해 때 순교한 이딸리아 사람으로, 유적은 나뽈리에 있고 '혈의 기적'을 보인다고 말해진다 ── 역자.
*2 디아스포라는 바빌론 유수 이후 팔레스타인 이외의 동방 및 서방에 정착한 유대인의 거주지역을 뜻하는 말로, 이교국에 산재한 기독교도를 가리키기도 한다 ── 역자.

에서 거주해왔을 뿐 아니라, 동부 및 남동부 유럽 전역에 걸친 농촌지역
에서도 지배계급으로서, 도회지인으로서 살아왔다. 그들은 11세기부터
18세기에 걸쳐 동쪽으로 볼가강 하류까지 전개된 정복, 이주 그리고 식
민의 물결을 따라 흩어져 살아왔다. (19세기의 이민은 다소 상이한 현상
으로 제외된다.) 확실히 그들 모두는 그들과 공존하는 타집단으로부터
자신들을 구분하여 스스로 '독일인'이라 여겼다. 지역 독일인과 다른 종
족집단 간에, 특히 독일인들이 발트해 지역에서 지주 지배계급으로서 그
랬던 것처럼 어떤 중요한 기능을 독점했던 곳에서는 종종 갈등이 일어났
으나, 필자는 19세기 이전에 독일인들이 비독일계 지배자 밑에 산다는
것을 깨달은 까닭에 중요한 정치적 문제가 발생한 경우는 알지 못한다.
수천년 동안 지구 곳곳에 흩어져 산 유대인은 어느 곳에 살든지간에 자
신들을 다양한 비유대교도와 구분되는 특별한 사람들이라고 끊임없이 믿
어왔다. 그러나 다른 한편 적어도 바빌론 유수(幽囚)에서 풀려나 귀향한
이래, 새로이 대두한 서구 민족주의를 모방해 19세기 말 유대 민족주의
가 생겨날 때까지 그들은 영토국가는 고사하고 여하한 정치국가도 꿈꾸
지 않았다. 고대 이스라엘 땅에 대한 유대인의 연대감, 성지 순례의 공
덕 또는 구세주가 재림했을 때의 —— 구세주가 유대인이 생각하던 대로
오지 않은 것은 분명하지만 —— 귀향 희망을, 모든 유대인이 모여 고대
성지에 근대 영토국가를 건설해 함께 살려는 욕구와 동일시하는 것은 전
혀 정당하지 않다. 메카로의 성지 여행이 최고 소원인 선량한 이슬람교
도가 그렇게 함으로써 스스로 이제 사우디 아라비아가 된 땅의 시민임을
현실적으로 선언하려 한다고 주장하는 편이 더 낫다.

　대중적 원형민족주의(proto-nationalism)는 정확히 무엇으로 구성되어
있는가? 이는 참으로 답하기 어려운 질문이다. 왜냐하면 20세기 이전
세계인구의 절대다수를 차지한 문맹자의 감정을 알아야 하기 때문이다.
우리는 읽고 쓰는 문자해득층의 —— 또는 적어도 그들 일부의 —— 생각
을 알고 있다. 그러나 엘리뜨의 생각을 대중 속에, 문자해득층의 그것을

문맹층의 사고 속에 외삽하는 것은, 비록 양자가 완전히 분리될 수 없고
문자가 글을 모르는 사람들의 사고에 영향을 주었다 하더라도, 명백히
정당치 않다.[1] 헤르더(Herder)가 민족(Volk)에 대해 고찰한 것이 베스트
팔렌 농민의 사고를 말해준다고 할 수는 없다. 다음의 예는 문자해득층
과 문맹층 간의 이러한 간극이 얼마만큼 벌어질 수 있는지를 보여준다.
발트해 지역에서 도회지인과 문자해득층 그리고 봉건영주 계급을 이루고
있던 독일인은 자연스레 "민족적 복수가 다모클레스의 칼[*1]처럼 그들의
머리 위에 걸려 있음"을 느꼈는데, 그 까닭은 크리스티안 켈히(Christian
Kelch)가 1695년에 그의 책 『리보니아 역사』(Livonian History)[*2]에서 지
적하였듯이, 에스또니아 및 라뜨비아 농민에게는 독일인을 증오할 이유
가 충분히 있었기 때문이다('Selbige zu hassen wohl Ursache gehabt'). 그
러나 에스또니아 농민이 그와같은 민족적 개념을 지녔었다는 증거는 없
다. 첫째로, 그들은 자신들을 종족-언어적 집단으로 인식하지 않았던 것
같다. '에스또니아인'이란 말이 사용되기 시작한 것은 1860년대에 들어서
면서부터다. 그 전에는 농민은 자신을 가리켜 'maarahvas', 즉 '촌사람'
이라고 불렀다. 둘째, saks(Saxon) 용어의 주된 의미는 '영주'(lord) 또
는 '주인'(master)이었고 '독일인'(German)은 부차적인 의미일 뿐이었다.
(탁월한 에스또니아 역사가가 설득력있게 주장한 바에 의하면) (독일인)
문자해득층은 문서상에서 그것을 '독일인'으로 읽은 데 비해 농민층은 대

---

1) Roger Chartier, *The Cultural Uses of Print in Early Modern France*
(Princeton 1987)의 서론. 또한 대중적 문화와 헤게모니 문화 간의 관계에 대
해서는 E. J. Hobsbawm, *Worlds of Labour* (London 1984), 39~42면을 참조
하라.

*1 Damoclean sword는 기원전 4세기 인물인 다모클레스가 왕의 행복을 찬양하
자 왕이 그를 연회에 초청, 왕좌에 앉히고 말총으로 칼을 매달아 머리 위에 늘
어뜨려 영광 속에도 위험이 뒤따른다는 것을 가르친 데서 비롯된, 행복의 절정
에 달하여 있을 때에도 생명을 위협하는 위험이 따른다는 말이다 — 역자.

*2 리보니아(Livonia)는 발트해 연안의 에스또니아와 라뜨비아를 말한다 — 역
자.

부분의 경우 아마 그것을 단순히 '영주' 또는 '주인'으로 받아들였을 것이
다.

18세기 말 무렵부터 지방의 성직자들은 에스또니아의 정복에 관한 계몽주의
자들의 저술을 읽을 수 있었으며 (농민층은 그러한 책들을 읽지 못했다) 농
민의 말을 자기 자신들의 사고방식에 맞추어 해석하는 경향이 있었다.[2]

그러므로 우리는 공공의 문제를 체계적으로 인식하지 못하고 결코 그
것을 문서화할 수 없는 사람들의 사고를 정리하려 한 몇 안 되는 시도
중의 하나인 미하일 체르니아프스끼(Michael Cherniavsky)의 책 『짜르와
백성』(*Tsar and People*)[3]에서부터 시작해보자. 이 책에서 체르니아프스끼
는 다른 무엇보다도 '성스러운 러시아' 또는 '성스러운 러시아 땅'이라는
개념을 논하면서, 다른 곳에서는 이와 유사한 용어가 상대적으로 거의
발견되지 않으며 가장 가까운 예가 있다면 그것은 '성스러운 아일랜드'라
고 주장한다. 그는 재미있게 비교하고 대조하기 위해 '성스러운 땅 티롤'
(das heil'ge Land Tirol)*을 추가할 수 있었을 것이다.

체르니아프스끼를 따른다면, '성스러운'(holy)이라는 수식어는 한 나라
가 세계경제에서 독자적인 구원(救援)을 내세울 수 있을 때 비로소 붙을
수 있었다. 예를 들어, 러시아의 경우에 이는 15세기 중엽 로마제국이

---

2) 자료 및 인용은 Juhan Kahk, "Peasants' movements and national
   movements in the history of Europe" (*Acta Universitatis Stockholmensis.
   Studia Baltica Stockholmensia,* 2, 1985), "National movements in the Baltic
   Countries during the 19th century," 15~16면.
3) Michael Cherniavsky, *Tsar and People. Studies in Russian Myths* (New
   Haven and London 1961). 또한 Jeffrey Brooks, *When Russia Learned to
   Read* (Princeton 1985), 제6장, "Nationalism and national identity," 특히,
   213~32면.
* 티롤은 오스트리아 서부에서 이딸리아 북부에 걸친 알프스 동부지방이다 — 역
   자.

끝을 고하게 된 콘스탄티노플의 붕괴와 교회의 재통합 시도로 러시아가
세계의 유일한 정교국가로, 모스끄바가 제3의 로마로 되었을 때, 다시
말하면 러시아가 인류 구원의 유일한 근거가 되었을 때부터 시작되었다.
적어도 이는 짜르의 시각이다. 그러나 그같은 견해가 엄밀히 말해 적절
한 것은 아니다. 왜냐하면 그 귀절은 17세기 초, 짜르와 국가가 사실상
사라진 혼란기가 올 때까지 널리 쓰이지 않았기 때문이다. 사실, 짜르
및 국가가 계속 존재했더라도 그들이 위 귀절이 보편적으로 사용되는 데
기여하지는 못했을 것이다. 왜냐하면 짜르, 관료제, 정교 또는 모스끄바
세력의 이데올로그 등은 혼란기 이전이나 이후에도 결코 그 귀절을 사용
한 것 같지 않기 때문이다. [4] 간단히 말해 성스러운 러시아는 아마 대중
의 생각을 표현한 대중 용어였을 것이다. 그 말이 어떻게 쓰였는지는 돈
강 유역의 까자흐인이 지은 17세기 중엽의 서사시 (터키인의) 「아조프
포위(包圍)에 관한 설화」 *에 의해 예시된다. 다음은 까자흐 포로의 노
래이다.

우리는 결코 다시는 성스러운 러시아에 돌아가지 못할 것이다. 우리는 죄많
은 죽음을 사막에서 맞으리라. 우리는 기적을 행하는 우리의 성상을 위해,
그리스도의 신념을 위해, 짜르의 이름과 모든 모스끄바 국가를 위해 죽는
다. [5]

그러므로 성스러운 러시아 땅은 성상, 신앙, 짜르, 국가에 의해 정의
된다. 그것은 강하게 결합되어 있다. 왜냐하면 성상, 즉 국기와 같은 가
시적인 상징은 상상할 수 없는 것을 상상하게 하는 방법 중에서 아직도
가장 광범하게 사용되는 것이기 때문이다. 그리고 성스러운 러시아는 위

---

4) Cherniavsky, *Tsar and People*, 107, 114면.
* 아조프해(Sea of Azov)는 크리미아 동쪽의 흑해만이며 돈강은 아조프해로 유
  입한다 — 역자.
5) 같은 책, 113면.

로부터 만들어지지 않은 것이며 명백히 민중적이고 비공식적인 힘이다. 체르니아프스끼가 그의 선생 칸토로비츠(Ernst Kantorowicz)[6]에게서 받은 통찰력과 정교함으로 고찰했듯이, '러시아'라는 말에 대해 생각해보자. 정치적 단위인 짜르의 제국은 로씨야(Rossiya)였다. 이는 16~17세기에 만들어진 새로운 말로서 뾰뜨르 대제(Pyotr the Great) 이후 공식화되었다. 성스러운 러시아 땅은 언제나 고대 러시아(Rus)였다. 오늘날까지도 러시아인이 되는 것은 루스끼(Russky)가 되는 것이다. 공인된 로씨야에서 파생된 어떤 단어도—— 그리고 몇가지는 18세기에 그 범위를 정하기 위해 시험적으로 사용되었다—— 러시아 인민(people)이나 민족 또는 그 구성원을 서술하는 것으로 인정받는 데 성공하지 못했다. 체르니아프스끼가 상기시켜주듯, 루스끼가 되는 것은 호기심을 끄는 이중어 농민-크리스찬(krestianin-christianin)의 구성원이 되는 것 그리고 '신실한 신자' 또는 정교 신도가 되는 것을 의미했다. 성스러운 러시아인의 이처럼 본질적으로 대중적 또는 민중주의적인 의미는 근대 민족과 상응할 수도 안 할 수도 있다. 러시아에서 성스러운 러시아인이 교회 및 국가의 수장과 동일시된다는 사실이 그러한 동일시를 조장한 것은 분명하다. 성스러운 티롤 땅에서는 그렇지 않았다. 왜냐하면 트렌또 종교회의 이후 땅-성상-신앙-황제-국가의 결합이 새로이 대두한 독일인이나 오스트리아인 개념 또는 여하한 '민족'보다도 로마 카톨릭 교회와 합스부르크 황제(또는 티롤의 백작)를 선호했기 때문이다. 티롤 농민의 1809년 봉기가 적으로 삼은 대상은 프랑스인이 아니라 인접한 바이에른 사람(Bayern)이라는 사실을 잊어서는 안된다. 그러나 '성스러운 땅의 사람들'이 후일의 민족과 동일시될 수 있든 없든, 전자의 개념은 분명히 후자에 선행한다.

그러나 우리는 성스러운 러시아, 성스러운 티롤 그리고 아마도 성스러운 아일랜드 등의 기준에서 현재의 민족정의와 결정적이지는 않다 해도

---

6) 다음의 개척적 업적을 보라. Ernst Kantorowicz, *The King's Two Bodies. A Study in Medieval Political Theology* (Princeton 1957).

밀접히 연관되는 두 요소——언어 및 종족——가 누락됐음을 본다.

언어는 무엇인가? 언어는 한 부류의 사람들을 다른 부류의 사람들과 구분짓고, '우리'를 그들과, 참다운 인간을 참된 언어는 쓰지 못하고 이해할 수 없는 잡음만을 내는 야만인과 구분지어주는 본질적인 것이 아닐까? 성경을 읽는 이는 누구나 바벨탑에 대해 배우지 않는가? 그리고 '십벌리스'(shibboleth)*의 정확한 발음으로 친구와 적을 구분하는 법에 대해 배우지 않는가? 그리스인은 자신들을 다른 사람 즉 '야만인'에 대해 이와같이 원형민족적으로 정의하지 않았을까? 타집단의 언어를 모르는 것이 의사소통의 가장 명백한 장애가 되고, 그래서 집단 분리의 가장 명백한 기준이었던 것이며, 따라서 특수 은어를 만들어내고 쓰는 것이 아직 그 사용자로 하여금 다른 하위문화 또는 공동체 전체로부터 자신이 속한 하위문화를 분리하도록 만드는 것이 아닐까?

인접해 살면서도 서로 이해할 수 없는 언어를 사용하는 사람들 각각은 자신들을 한 언어의 사용자로 그리고 다른 공동체의 성원을 다른 언어의 사용자 또는 적어도 그들 자신의 언어를 사용하지 않는 사람들 (barbaroi, 또는 슬라브인 용법의 nemci)로 분별한다는 점은 부정할 수 없다. 그러나 문제는 이것이 아니다. 문제는 그러한 언어적 장벽이 단순히 상호 언어소통이 안 되는 집단들이 아닌 잠재적 민족(nationalities) 또는 민족(nations)으로 간주될 수 있는 실체들을 분리시킨다고 생각할 수 있느냐 하는 것이다. 이러한 의문에서 우리는 내집단(in-group) 성원의 기준으로서 토착어(vernacular languages)가 지니는 성격 및 그 사용에 대해 성찰하게 된다. 이 두 가지를 조사하는 데서 우리는 거의 유일한 자료원이 되는 문자해득층의 논쟁과 문맹층의 논쟁을 다시는 혼동하지 말아야 하며 20세기의 용법을 과거로 소급시키는 일은 시대착오임을 명심해야 한다.

---

* 십벌리스는 'sh'를 발음할 수 없었던 에브라임 사람을 길르앗 사람과 구별하기 위해 썼던 시험하는 말이다 — 역자.

비문어 토착어는 언제나 지리적 인접도에 따라 이해하기 쉽고 어려운 정도는 천차만별이지만 서로 통하는 지방적 변종 또는 사투리들의 복합체이다. 특히 고립되기 쉬운 산악지대의 어떤 사투리는 마치 완전히 다른 어족에 속하는 것마냥 이해할 수 없기도 하다. 예를 들어 남부 웨일즈의 사투리를 이해하는 데 어려움을 겪는 북부 웨일즈인, 또는 토스크 (Tosk) 사투리를 알아 듣기 어려운 게그 알바니아인 (Gheg Albanians) 등에 관한 농담들이 이들 나라에 있다. *1 언어학자에게 까딸루냐어가 바스끄어보다 프랑스어에 더 가깝다는 사실은 대단히 중요할지 모르나, 바욘이나 부 항구*2에 정박하여 그것을 처음 들은 노르만 뱃사람에게는 어느 지방의 말이나 똑같이 모호하다. 오늘날까지 예를 들면 킬(Kiel) 출신의, 독일어를 쓰는 교육받은 토박이는 심지어 일상회화에 명료한 독일어를 쓰는 교육받은 스위스인을 이해하는 데도 더없이 큰 어려움을 겪을지도 모른다.

이처럼 초등교육이 보편화되기 이전의 시대에는 '민족적' 구어가 사용되지도 될 수도 없었다. 문어체로 된 또는 구어체로 고안되고 변형된 문학어나 행정어 등은 예외에 속한다. 이러한 언어로는 방언 사용자간에 서로 의사소통을 할 수 있게 해주는 프랭커어(lingua franca) *3 또는 —— 아마 우리의 논의에 좀더 적실한 —— 좀더 광범한 문화 지역에 공통적인 노래나 시의 전파자 또는 낭송인의, 방언의 경계를 넘어 민중을 청중으로 한 말이 있다. 7) 이처럼 잠재적 의사 소통이 가능한 영역 범위는 상당

---

*1 토스크는 남부 알바니아의 한 지역이고 게그는 북부 알바니아의 한 지역이다 — 역자.

*2 바욘(Bayonne)은 프랑스의 남서쪽 비스케만에 위치한 항구이고 부 항(Port Bou)은 그 정반대 쪽의 지중해에 위치한 스페인의 항구도시이다 — 역자.

*3 프랭커어는 국제혼성어, 국제어를 뜻한다 — 역자.

7) 이 복잡한 문제들에 대한 가장 유용한 입문의 논문은 Einar Haugen, "Dialect, language, nation" (*American Anthropologist,* 68, 1966), 922~35면. 사회언어학의 비교적 최근 분야에 대해서는 J. A. Fishman (ed.), *Contributions*

한 편차가 있다. 엘리뜨는 활동 분야와 지평에서 농민보다 지역적 제한을 덜 받으므로 그 범위가 더 넓다. 상당한 정도의 지리적 영역에서 피진어(pidgin)나 프랭커어(이는 물론 나중에 만능의 언어로 나아갈 수 있다)가 아닌, 순전히 구어에 기반을 둔 '민족어'가 나타나기 어렵다. 다시 말해서 실제적 또는 문자 그대로의 '모국어'(mother tongue), 즉 아동이 글을 모르는 엄마에게서 배워 일상용어로 사용하는 말이 결코 '민족어'가 아님은 명백하다.

필자가 이미 암시했듯이, 이러한 점이 마자르어를 말하는 사람들의 경우처럼 한 공동체에 특이하여 그것과 인접 공동체를 구별지어주는 언어 또는 공공연히 연관된 방언의 복합체와의 어떤 민중적 문화적인 일체감을 배제하는 것은 아니다. 그리고 이 정도에 한정되는 한, 후일의 민족주의는 참으로 민중적이고 언어적인 원형민족적 뿌리를 가질 수도 있다. 알바니아가 바로 이 예에 속한다. 알바니아인은 고대 이래 세 가지 또는 (지방에 뿌리박은 벡타시(Bektashi)라는 이슬람 종파를 포함하면) 심지어 네 가지 경쟁적인 종교 —— 이슬람교, 그리스 정교 및 로마 카톨릭 —— 로 분열된 채 상호 경쟁적인 문화들의 영향하에 있었다. 알바니아 민족주의의 개척자들이 언어에서 문화적 일체감을 찾은 것은 당연하였다. 왜냐하면 알바니아의 종교와 그외 거의 모든 것이 단결을 가져오기보다는 분열을 낳는 것이었기 때문이다.[8] 그러나 이와같이 분명한 경우

---

to the Sociology of Language, 2 vols. (The Hague-Paris 1972), 특히 편집자의 글, "The sociology of language: an interdisciplinary social science approach to language in society" in vol. I을 참조하라. 언어 발전 / 구성에 대한 구체적인 연구로서 개척적인 업적은 Heinz Kloss, Die Entwicklung neuer germanischer Kultursprachen von 1800 bis 1950 (Munich 1952).

8) "이렇듯 위대한 문학가들은…자신들의 작품에서 종교를 찬양하기는커녕, 민족 통일에 적대적인 여러 성직자들의 행동을 비난했다. 이는 본질적으로 언어문제와 관련된 것(문화적 정체성의 추구)으로 보인다." Christian Gut in Groupe de Travail sur l'Europe Centrale et Orientale. Bulletin d'Information, no. 2, June 1978, 40면 (Maison des Sciences de l'Homme, Paris).

에도 우리는 문자 기록에 너무 의존해서는 안된다. 19세기 말 그리고 20세기 초의 평범한 알바니아인이 어떤 점에서 또 얼마나 자신들을 그렇게 인식했는지 또는 다른 알바니아인과 친화성을 느꼈는지는 명확하지 않다. "남부 알바니아인은 그리스 정교를 믿는다"는 말을 들으며 자라난 북부 산악지방 출신의, 에디스 더램(Edith Durham)의 안내인은 다음과 같이 말했다. "그들은 기독교인이 아니고 토스크인이다." 이 말은 강한 집단적 일체감을 말해주지 않는다. 그리고 "미국으로 건너온 알바니아인의 정확한 숫자를 알 수 없는데, 그 까닭은 초기 이주민들이 종종 자신을 알바니아인으로 생각지 않았기 때문이다."[9] 나아가, 심지어 상호 반목하는 벌족 및 영주의 땅에서 민족(nationhood)을 주창한 이들은 민족적 단결을 위해 언어에 호소하기보다는 설득력있는 주장에 의존하였다. 나임 프라셰리(Naïm Frashëri, 1846~1900)의 다음과 같은 주장을 들어보자. "우리 모두는 단일 부족, 한 가족이다. 우리는 한 핏줄이고 한 언어를 갖고 있다."[10] 이처럼 언어가 민족구성에서 빠지지는 않지만 그 순위는 뒤처진다.

그러므로 민족어는 거의 언제나 반(半)인위적인 가공물이며 때때로 근대 헤브류어처럼 실제로 만들어졌다. 그것은 민족주의적 신화론자가 생각한 것과는 달리 민족문화의 원초적 바탕과 민족심의 모체가 아니었다. 보통 민족어는 실제 말해지는 다양한 언어 중에서 표준어 하나를 고안해 내려는 시도이다. 일단 표준어가 정해지면 그 나머지는 사투리로 격하된다. 이때 중요한 문제는 과연 어떤 방언을 표준화되고 동질화된 언어의 기반으로 선택하느냐 하는 것이다. 이후의 문제 즉 국민 문법과 철자법을 표준화하고 동질화하는 일은 부차적이다.[11] 실제로 모든 유럽어의 역

---

9) Edith Durham, *High Albania* (1909, 개정판, London 1985), 17면; S. Thernstrom et al., *Harvard Encyclopedia of American Ethnic Groups* (Cambridge and London 1980), 24면.

10) *Groupe de Travail*의 52면에서 인용.

사는 이러한 지역적 기반을 지니고 있다고 주장된다. 불가리아 문어는
서부 불가리아 방언에, 우끄라이나 문어는 동남 우끄라이나 방언에 기초
를 두고 있고, 헝가리 문어는 16세기에 여러가지 방언을 하나로 묶어 만
든 것이며, 라뜨비아 문어는 세 가지 방언 중 중간 것에, 리뚜아니아 문
어는 두 방언 중 하나에 기반을 두고 있다. 18세기 또는 19~20세기에
문어적 지위를 획득한 언어가 보통 그러하듯, 언어 창조자의 이름이 알
려진 곳에서는 이러한 선택이 (논쟁에 의해 정당화되기는 하지만) 자의
적일 수 있다.

  때때로 이 선택은 정치적이거나 또는 분명한 정치적인 함의를 지닌다.
크로아티아인은 세 가지 방언을 사용하였다(차카비안[cakavian], 카이
카비안(kajkavian), 슈토카비안[štokavian], 이 중 하나가 또한 세르비
아의 주요 방언이다). 그중에서 두 언어(카이카비안, 슈토카비안)가 문
자화되었다. 본래 카이카비안 크로아티아어를 쓰고 말하였던, 일리리아
주의(Illyrianism)*의 위대한 주창자 류데비트 가이(Ljudevit Gaj, 1809
~72)는 남부 슬라브인의 통합을 주장하기 위해 1838년 슈토카비안으로
글을 썼다. 그럼으로써 그는, 첫째 세르비아-크로아티아어가 얼마간 단

---

11) 이 분야의 유용한 논문으로 대다수 문화언어의 '인위성'을 예리하게 파악하고
   있는 것은 Marinella Lörinczi Angioni, "Appunti per una macrostoria delle
   lingue scritte de l'Europa moderna" (*Quaderni Sardi di Storia*, 3, July 1981-
   June 1983), 133~56면. 이 글은 특히 약소민족어와 관련하여 유용하다. 전
   통 플랑드르어와 1841년 이후 발전되어온 근대어의 차이점에 대해서는
   E. Coornaert, *Bulletin de la Société d'Histoire Moderne* 67e année, 8, 1968, 5
   면. 이 글에서 Coornaert는 다음 논문에 대해 논의한다. R. Devleeshouwer,
   "Données historiques des problèmes linguistiques belges". 또 유용한 글은
   Jonathan Steinberg, "The historian and the *Questione della lingua*" in
   P. Burke and Roy Porter (eds.), *The Social History of Language* (Cambridge
   1987), 198~209면.
 * 일리리아(Illyria)는 발칸반도 및 소아시아 지역을 말하며 이 지역에서 사용되
   었던 고대 일리리아어는 기록이 빈약하다 — 역자.

일한 문어로 발전하는 것을 보장했으며(비록 이를 카톨릭 크로아티아인
은 로마자로, 정교 세르비아인은 시릴 문자*로 표기하기는 했지만), 둘
째 크로아티아 민족주의를 손쉽게 언어로 정당화하는 것을 허용하지 않
으려 했고 셋째 세르비아인에게, 그리고 나중에는 크로아티아인에게까지
팽창주의의 근거를 제공하려 했다. 12) 다른 한편, 민족어를 만들려고 한
이들의 생각은 때때로 빗나갔다. 베르놀락(Anton Bernolák)은 1790년경
하나의 방언을 선택해 슬로바키아 문어의 기반으로 삼으려 하였으나 실
패했다. 그러나 몇십년 후 루도비트 슈튀르(Ludovit Štur)는 좀더 생존력
있는 기반으로 판명된 것을 선택했다. 노르웨이의 경우 민족주의자 베르
겔랑(Henrick A. Wergeland, 1808~45)은 덴마크어의 영향을 강하게 받
은 문어와 구별되는 순수한 노르웨이인의 노르웨이어가 필요하다고 보고
실제 새로운 언어(오늘날 뉘노르스크[Nynorsk]로 알려진 란츠몰[Land-
smál])를 즉각 만들었다. 뉘노르스크는 노르웨이가 독립한 후 공식적인
후원을 받았으나 소수언어 이상이 되지 못했고 1947년 이래 문어에 사실
상 두 가지 언어가 사용되면서 그 사용인구는 노르웨이인의 20%, 특히
서부 및 중부 노르웨이 거주민에 한정되었다. 13) 물론 좀더 오래된 몇몇
문어의 경우 그 선택은 역사의 요구에 따랐다. 예를 들어, 영국과 프랑
스에서 문어 선택의 기초는 왕의 행정지역과 직결된 방언이었고 또 아테
네어(Attic) 헬레니즘적 코이네(koiné) 또는 가 그리스 공통어의 기반이

---

* 시릴 문자(Cyrillic)는 19세기 슬라브인의 정교 사도였던 성 시릴(St. Cyril)의
창작 문자이다 — 역자.

12) 이 문제에 대해 잘 서술해 놓은 것으로는 Ivo Banac, *The National
Question in Yugoslavia: Origins, History, Politics* (Ithaca and London 1984)
가 있다. "세 가지의 방언을 혼용하였던 크로아티아의 독특한 상황은 … 언어가
민족정신의 가장 심오한 표현이라는 낭만적 신념과 조화를 이룰 수 없었다. 명
백히 한 민족은 세 정신을 가질 수 없었으며 또한 두 민족이 한 가지 언어를
쓸 수도 없었다."(81면).

13) Einar Haugen, *The Scandinavian languages: An Introduction* (London
1976).

된 것은 상업 해운상의 용례와 문화적 자부심 그리고 마케도니아의 지지
가 합쳐진 결과였다.

여기서 작지만 긴요한 문제, 즉 그와같이 존재하는 오래된 '민족' 문어
를 프랑스 학술원이나 존슨 박사가 상상치 못한 현대생활에 적합하게 어
떻게 근대화하느냐 하는 문제는 잠시 접어두자. 그 문제는 많은 경우
―― 특히 네덜란드인, 독일인, 체코인, 아이슬란드인 및 몇몇 민족들
사이에서 ―― 언어적 민족주의에 의해 복잡해지기는 하지만 보편적인 것
이다. 언어적 민족주의는 민족 어휘의 언어적 순수성을 강조하는 것인
데, 이는 독일 과학자들로 하여금 '산소'(oxygen)를 'Sauerstoff'로 적게끔
강제했으며 오늘날에는 극단적인 프랑스인으로 하여금 영어가 섞인 프랑
스어(franglais)의 맹위에 필사적으로 대항케 한다. 그러나 필연적으로
이 문제는, 문화의 주요 전달체는 아니나 고등교육 및 현대의 기술경제
적 통신매체가 되길 원하는 언어의 경우에 더욱 첨예하게 나타난다. 이
러한 문제의 심각성이 소홀히 다뤄져서는 안된다. 그리하여 웨일즈어는
16세기경으로 소급하는 가장 오래된 살아 있는 문어라고 내세운다. 이는
몇가지 근거에서 가능한 일이다. 그러나 1847년의 관찰은 아래와 같다.

> 영어를 모르는 웨일즈 지식인에게까지 의미가 완전히 전달되도록 정치와 과
> 학 분야의 많은 평범한 명제를 웨일즈어로 표현할 수는 없을 것이다.[14]

이처럼 지배층과 문자해득층을 제외하면 언어가 민족형성의 기준이 될
수 없음은 명백하다. 심지어 이들 계층에게도 성스럽거나 또는 고전적인
또는 이 두 성격을 다 지닌 더 알려진 언어들에 우선하여 하나의 민족어
(national vernacular)를 (표준화된 문어의 형태로) 선택하는 일이 필수적
이었다. 전자의 언어는 소수 엘리뜨에게 행정적 또는 지적 소통, 공적

---

14) Reports of the Commissioners of Inquiry into the State of Education in
Wales (*Parliamentary Papers* XXVII of 1847, part III, 853면 주).

논쟁, 또는 심지어 문예 창작의 더할 나위 없이 실용적인 수단이었다. 무갈(Mughal)제국의 고전 페르시아어와 일본 헤이안(平安) 시대의 고전 중국어 등이 그 역사적 실례이다. 다들 인정하듯이, 중국을 제외한 세계 모든 곳에서 멀지 않아 민족어에 대한 선택이 이루어졌다. 중국에서는 아마도 고전 교육을 받은 식자층의 프랭커어가 광대한 제국 내의 달리는 상호소통이 불가능한 방언간의 유일한 소통수단이 되었던 것 같고, 지금 그것은 구어화되고 있다.

언어 구분이 하나의 공동체를 여타 공동체와 구획짓는 몇몇 다른 기준들과 일치하는 경우를 제외하면, 왜 언어가 집단 성원을 구분짓는 기준이 되어야만 하는가? 하나의 제도로서 결혼 자체는 언어 공동체를 가정하지 않는다. 만일 그렇지 않다면, 족외혼은 제도화될 수 없었을 것이다. 우리는 언어 및 민족(peoples)의 다중성을 연구한 역사가의 다음과 같은 관찰에 반대할 근거를 지니고 있지 않다. 그에 의하면 "동일한 언어를 쓰는 인간들을 친구, 다른 언어를 쓰는 인간을 적으로 보는 관념은 극히 최근에 와서야 만들어졌을 뿐이다."15) 한 인간의 주변에 다른 언어가 존재하지 않을 때, 자신의 언어는 집단 성원 여부를 판별하는 기준이라기보다는 마치 다리처럼 모든 사람이 갖고 있는 어떤 것이다. 한 사람의 주위에 여러 언어가 공존할 때 몇가지 언어를 사용하는 것은 자연적인 현상이며, 그가 어떤 언어에 대해서만 일체감을 느낀다면 그것은 매우 자의적일 뿐이다. (이 때문에 그처럼 한 가지만을 배타적으로 선택하기를 요구하는 쎈서스는 언어에 대한 믿지 못할 정보원이 되어버린다.)16) 그러한 지역에서 언어 통계는 쎈서스마다 터무니없이 다르게 나

---

15) Arno Borst, *Der Turmbau von Babel: Geschichte der Meinungen über Ursprung und Vielfalt der Sprachen der Völker,* 4 vols. in 6 (Stuttgart 1957~63) 1913면.

16) Paul M. G. Lévy, "La Statistique des langues en Belgique" *Revue de l'Institut de Sociologie,* 18, Bruxelles, 1938), 507~70면.

타난다. 왜냐하면 한 방언과 일체감을 느끼는 것은 지식이 아니라 합스
부르크가하의 슬로베니아나 모라비아에서처럼 여타의 가변적 요인에 달
려 있기 때문이다. 또는 사람들은 이스트리아(Istria)*¹의 일부에서처럼
자신들의 언어와 공인되지 않은 프랭커어를 함께 사용할 수 있다.¹⁷⁾ 나
아가 이러한 언어들은 호환적이지 않다. 모리셔스(Mauritius)*²의 사람들
은 크레올어(creole)*³와 자신들의 토착어 중에서 자의적으로 선택하지
않는데, 그 까닭은 각각을 각기 다른 목적에 사용하기 때문이다. 이는
독일계 스위스인이 말할 때는 스위스투의 독일어(Schwyzerdütsch)를 쓰
고, 문어로는 표준 독일어(High German)를 사용하는 것, 그리고 요제프
로트(Josef Roth)의 감동적인 소설(*Radetzkymarch*)에 등장하는 슬로베니
아인 아버지가 합스부르크 장교에 대한 존경심에서 자신의 토착어가 아
니라 아들의 기대대로 '슬라브 군대가 상용하는 엄격한 독일어'¹⁸⁾로 젊은
장교가 된 아들을 칭찬하는 것에서도 드러난다. 사실, 여러 변종 및 불
완전한 방언들을 초월해 존재하는 언어라는 일종의 형이상학적(platonic)
관념을 민족과 신비롭게 동일시하는 것은 방언을 실제로 사용하는 기층
민중이 아닌 민족주의적 지식인의 이데올로기적 건축물의 특성을 나타낸
다. 그리고 헤르더는 이 경향의 효시였다. 그것은 문자해득층의 개념이
지 실재적 개념이 아니다.

---

*1 이스트리아는 아드리아해 연안의 반도로서 현재 유고슬라비아에 편입돼 있으
　나, 제1차 세계대전 이전까지는 합스부르크제국에, 1915년 런던 협정 이후에는
　이딸리아에 속했었다─역자.
17) Emil Brix, *Die Umgangsprachen in Altösterreich zwischen Agitation und
　Assimilation. Die Sprachstatistik in den zisleithanischen Volkszählungen 1880
　~1910* (Vienna-Cologne-Graz 1982), 예를 들면, 182, 214, 332면.
*2 모리셔스는 동 인도양에 위치한 섬으로서 영국의 식민지였다가 1966년에 독
　립했다─역자.
*3 크레올어는 식민지로 이주해온 유럽인(크레올인)이 사용하던 방언을 말하며
　그 한 예로 미국말은 일종의 크레올이다─역자.
18) Josef Roth, *The Radetzkymarch* (Harmondsworth 1974), 5면.

84

필자는 이것으로 언어 또는 심지어 어족도 민중적 실체의 일부가 아니라는 점을 부정하려는 것이 아니다. 게르만어족의 대부분의 민족에게 서부 및 남부의 외국인──주로 로망스어 사용자와 켈트인──이 웨일즈인으로 보인 반면, 핀어 그리고 나중에는 슬라브어를 쓴 동부 및 동남부의 대부분의 사람들은 벤트인으로 인식되었다. 반대로 대다수의 슬라브인에게 게르만어를 쓰는 이는 모두 넴찌(nemci)였다. 그러나 언어와 민족(people)이 (각각이 어떻게 정의되든간에) 일치하지 않았다는 사실은 누구에게도 언제나 분명하였다. 수단에서 정착민인 퓌르족(Fur)은 유목민인 바가라(Baggara)족과 공존하나 그들은 퓌르어를 쓰는 인근의 유목 퓌르족을 바가라족으로 취급한다. 이는 서로를 구분하는 결정적인 기준이 언어가 아니라 기능이었음을 말해준다. 이 유목민들이 퓌르어를 사용한다는 사실은 "단지 정착 퓌르족이 여타 바가라족과 했던 우유를 사고, 야영지를 정하거나 퇴비를 구하는 등의 표준 거래를 좀더 손쉽게 할 뿐이다."[19]

좀더 '이론적'으로 보면, 바벨탑 이후 인류 사이에 전파된 그 유명한 72개의 (적어도 창세기편의 중세 주석자들에 의하면) 각각의 언어는, 위대한 캔터베리의 안젤무스(Anselmus of Canterbury)의 제자인 랑의 안젤무스(Anselmus of Laon)에 의하면, 여러 민족 또는 부족을 포함한다. 영국 도미니크 수도승, 알톤의 윌리엄(William of Alton)은 13세기 중엽에 위의 해석을 발전시켜 인간을 언어집단(사용하는 언어에 따라), 종족(출생에 의거하여), 특정 지역의 거주민, 그리고 관습과 교섭에 따른 씨족 등을 기준 삼아 구별했다. 이러한 분류가 반드시 민족(populus or people)과 일치하지는 않았으며 그것과 혼동되지도 않았다. 민족은 관습법을 준수할 의지에 의해 정의되었고 따라서 '자연적' 공동체가 아니라 역사적-정치적 공동체였다.[20] 알톤의 윌리엄의 분석은 칭송할 만한 안목과 현

19) Frederik Barth (ed.), *Ethnic Groups and Boundaries* (Boston 1969), 30면.
20) Borst, *Der Turmbau von Babel*, 752~53면.

실성을 보여주었으나 19세기 말까지 비범한 것이 아니었다.

왜냐하면 언어는 문화공동체를 구별짓는 단지 한 방법으로 반드시 주요한 것은 아니었기 때문이다. 헤로도토스(Herodotos)는 그리스인이 그들의 지리적·정치적 분파성에도 불구하고 공통의 기원, 공통의 언어, 공통의 신 및 성지, 신성한 예식과 관습, 도덕, 생활방식을 갖기 때문에 한 민족을 형성한다고 주장했다.[21] 언어는 확실히 헤로도토스 같은 식자층에게 결정적인 중요성을 지녔다. 그러나 그것이 평범한 보에오티아인 (Boeotians)과 테쌀리아인(Thessalians)*에게도 마찬가지로 중요한 그리스인다움의 기준이었을까? 우리는 알지 못한다. 우리가 아는 것은, 근대의 민족주의적 투쟁은 특정의 언어집단이 동일한 언어를 쓰는 다른 사람들과의 정치적인 통합을 받아들이려 하지 않음으로써 가끔 복잡해졌다는 점이다. 이(독일합병기간중 슐레지엔의 소위 폴란드어를 쓰는 사람들, 오스트리아에 병합된 슬로베니아 지역과 유고슬라비아로 편입된 슬로베니아 지역 사이의 소위 벤트어를 쓰는 사람들)에 대해 폴란드인 및 슬로베니아인들은 그러한 범주는 위대한 독일을 외치는 국수주의자들이 영토적 팽창주의를 정당화하기 위해 만들어낸 것이라고 분노에 차 규탄했다. 이러한 주장은 의심할 나위 없이 어느 정도는 진실을 담고 있다. 그러나 어떤 이유에서든간에, 폴란드어와 슬로베니아어를 쓰는 이들 중에 자신들을 정치적으로 독일인 또는 오스트리아인이라고 믿고 싶어하는 집단들이 존재한다는 것을 전적으로 부정할 수는 없다.

따라서 민족(Volk)을 언어와 동일시하려 했던 헤르더적 의미의 언어는

---

21) Herodotos, *Histories*, VIII, 144. 이 문제에 대해 Borst는 다음과 같이 지적했다. 즉 그리스인이 '언어'와 '민족'(people)이 결합되어 있으며 둘 다 수를 셀 수 있는 것이라고 생각한 것이 확실한 반면, 에우리피데스는 언어는 무관하며 스토아학파의 제논이 페니키아어와 그리스어를 함께 썼다고 생각하였다 (같은 책, 137, 160).

* 보에오티아는 아테네 서북부 지방에 있던 고대 그리스의 한 공화국이고, 테쌀리아는 그리스 동부 에게해 부근의 지방이다―역자.

원형민족주의의 형성에 필연적으로 연관되지 않는 것은 아니지만 명백히 그 중심 요소는 아니었다. 그러나 그것은 간접적으로 민족의 근대적 정의에, 그러므로 또한 민족에 대한 민중적 인식에 중심이 되었다. 왜냐하면 엘리뜨 문어나 행정적 언어가 존재하는 곳에는, 그것을 실제 사용하는 이가 아무리 적다 해도, 베네딕트 앤더슨이 적절히 제시한 다음 세 가지 이유에서 그것이 원형민족적 결합에 중심 요소가 되었기 때문이다.[22]

첫째, 엘리뜨 문어나 행정적 언어는 상호 소통하는 엘리뜨의 공동체를 만든다. 이 공동체는 그것이 특정한 영토국가의 영역 및 토착어 지역과 일치하거나 그렇게 될 수 있을 때 이제까지 존재하지 않았던 더 큰 상호소통의 '민족' 공동체의 모델 또는 시험적인 프로젝트 같은 것이 될 수 있다. 이 정도면 구어는 미래의 민족형성과 무관하지 않다. 사멸한 '고전적' 또는 예식 언어는 제아무리 위용스럽다 해도 그리스의 사례가 말해주듯 민족어가 될 수 없다. 그런데 그리스의 경우, 고대 구어와 근대 구어 간에는 실제 연속성이 있었다. 위대한 개혁자이자 근대 세르비아-크로아티아 문어의 사실상의 창작자였던 카라지치(Vuk Karadzić 1787 ~1864)는 의심할 나위 없이 옳았는데, 그는 슬라브 사람들이 정교 슬라브어로부터 앞에서 논의한 것과 같은 문어를 만들려는 데 반대하고 세르비아인의 방언을 기반으로 자기의 문어를 만들려 했던 것이다.[23] 그에 의해 좌절된 슬라브 사람들의 문자어 구축 노력은 변형된 고대 헤브류어로 후일 근대 헤브류어를 만드는 데 성공한 이스라엘 민족주의자들의 시도를 보여주는 역사적 실례이다. 근대 헤브류 구어를 만들게 한 추진력

---

22) Benedict Anderson, *Imagined Communities: Reflections on the Origins and Spread of Nationalism* (London 1983), 46~49면. 언어에 관한 좀더 일반적인 논의는 제5장 참조.

23) 슬로바키아어와 관련된 비슷한 논쟁에 대해서는 Hugh Seton-Watson, *Nations and States: An Enquiry into the Origins of Nations and the Politics of Nationalism* (London 1977), 170~71면.

과 그 성공을 가능케 한 상황 모두 일반적인 예가 되기에는 너무나 이례
적이다.

그러나 민족어의 기반이 되는 방언이 실제로 사용된다면, 그 사용자가
적다 할지라도 충분한 정치적 비중을 지니는 한 그것은 문제가 되지 않
는다. 이 점에서 프랑스어는 프랑스라는 개념에 본질적이었다. 비록
1789년 프랑스 인구의 50%는 프랑스어를 전혀 할 줄 모르고 단지 12
~13%만이 프랑스어를 '정확히' 할 줄 알았으며, 사실 중부지역 밖에서
는 심지어 랑그 뒤(langue d'oui) 지역*에서조차 도시를 빼면 보통 습관
적으로 말해지지 않았고 교외지역에서도 언제나 사용되지 않기는 했지만
말이다. 북부 및 남부에서는 사실상 어느 누구도 프랑스어로 말하지 않
았다. [24] 만일 프랑스인이 적어도 '민족어'가 있는 국가를 가졌다면, 이딸
리아 통일의 유일한 기반은 이딸리아어였다. 이딸리아어는 통일 당시
(1860) 오직 인구의 2.5%만이 일상적인 목적을 위해 사용했지만 이딸리
아 반도의 식자층 엘리뜨는 그것에 의해 통합되었다. [25] 이 극히 작은 집
단은 진실로 명실상부한 이딸리아 사람이었고 그러므로 잠재적으로 대표
적인 이딸리아인이었다. 그외 누구도 대표적인 이딸리아 사람이 될 수

---

 * 랑그 뒤 지역은 oui(=yes)를 oïl로 발음했던 르와르(Loire)강 이북 지역을 말
   한다. 한편 oui를 oc로 발음했던 르와르강 이남 지역은 랑그 독(langue d'oc)
   지역이라 한다.

24) 이 문제의 기본 자료는 Ferdinand Brunot (ed.), *Histoire de la langue fran-
   çaise* (13 vols., Paris 1927~43), 특히 vol. IX, 그리고 M. de Certeau, D. Julia,
   J. Revel, *Une politique de la langue: La Révolution Française et les patois:
   l'enquête de l'Abbé Grégoire* (Paris 1975). 프랑스 혁명기와 그 이후 소수의
   공식적 언어가 대중적 민족어로 확대되는 문제에 대해서는 르네 발리바르의 탁
   월한 다음 글을 보라. Renée Balibar, *L'Institution du français: essai sur le
   co-linguisme des Carolingiens à la République* (Paris 1985). 또한 R. Balibar
   and D. Laporte, *Le Français national: politique et pratique de la langue
   nationale sous la Révolution* (Paris 1974).

25) Tullio de Mauro, *Storia linguistica dell'Italia unita* (Bari 1963), 41면.

88

없었다. 마찬가지로 18세기의 독일은 순수하게 문화적인 개념이었고 그
속에서만 '독일'의 존재가 유지되었다. 이 문화적 개념은 독일어로 집행
되는 종교 및 정치적 지평에 의해 나누어지고 통치되는 크고 작은 다양
한 공국 및 국가와 구분되었다. '독일'은 토착 문어로 씌어진 작품을 즐
기는 최대 300,000~500,000의 독자[26]와 일상적인 목적에 '표준어'(Hoch-
sprache) 또는 문화언어를 실제로 사용하는 훨씬 소수로[27] 구성되었다. 특
히 후자는 토착어로 씌어졌으나 곧 고전이 된 (새로운) 작품을 공연한
배우들이다. 왜냐하면 정확성을 가리는 국가 표준 (the 'King's English) 이
없는 독일에서는 극장이 국가의 역할을 대신하였기 때문이다.

두번째 이유는, 공통어가 자연적으로 발전하는 것이 아니라 고안되는
것이기 때문에, 그것이 특히 인쇄를 통해 활자화될 때 실제보다 더 항구
적이고 따라서 (시각적 환상에 의해) 더 '영원한' 것으로 보이게끔 하는
새로운 고착성을 갖는다는 것이다. 이후 인쇄 발명의 중요성은 종종 그
래온 것처럼 특히 토착어로 씌어진 성서가 문어의 기초가 된 곳에서 막
대하였다. 그뿐 아니라 모든 문화언어의 문어화 역사를 통해 결국 인쇄
가 발명된 다음 등장하는 위대한 정정자 및 표준말 작성자 역시 중요하

---

26) '19세기 초'까지 괴테와 쉴러가 쓴 모든 작품의 30~40년 동안의 판매는 다
합해도 100,000부를 넘지 못했다. H. -U. Wehler, *Deutsche Gesellschaftsgeschi
chte 1700~1815* (Munich 1987), 305면.

27) 스위스를 제외하곤 다음의 주장은 약간 과장된 것이다. "오늘날에도 이딸리
아어보다는 표준 독일어가 방언 위에 군림하고 있는 진정한 교양어이며, 그 사
용자 대부분은 그것보다 '낮은' 것으로서 혹은 그것과 함께 그 지역의 생활언어
(口語)를 쓰고 있다." (Lörinczi Angioni, 'Appunti', 139면 주). 그러나 19세기
초에는 확실히 진실이다. 이처럼 작품 *I Promessi sposi*로 이딸리아어를 산문체
이야기의 민족어로 만든 만쪼니는 일상생활에서 그 언어를 사용하지 않았다.
만쪼니는 자신의 프랑스인 처와 프랑스어로(아마도 그는 이딸리아어보다 프랑
스어에 능통했으리라) 의사교환을 했으며 다른 이와는 자신의 고향 말 밀라노
어로 말하였다. 사실 그의 위대한 소설의 초판은 여전히 밀라노어의 자취를 많
이 지니고 있는데, 제2판에서 그는 이 결함을 체계적으로 제거하려 했다. 필자
는 이 부분의 정보에 대해 파히(Conor Fahy) 교수에게 빚지고 있다.

다. 본질적으로 이 시대는 몇몇 유럽 언어를 제외한 모든 언어에 18세기 후반에서 20세기 초 사이에 일어났다.

셋째로, 지배층 및 엘리뜨의 공식적 또는 문화적 언어는 공공교육과 기타 행정적 기제를 통해 대개 근대 국가의 실재적 언어가 되었다.

그러나 이 모든 것은 나중에 발전되었다. 그것들은 전(前)민족주의 그리고 확실히 전(前)문자 시대에는 보통 사람의 언어에 거의 영향을 주지 못하였다. 만다린(Mandarin)*이 서로의 언어를 이해하지 못하는 다양한 민족으로 된 광대한 중국제국을 통합한 사실은 분명하다. 그러나 중국제국은 직접적으로 언어를 통해서가 아니라 중앙집권적 제국의 행정을 통해 통합되었으며, 제국 행정은 일단의 공통된 표의문자와 엘리뜨층의 상호 소통수단을 매개로 운용되었다. 설사 만다린이 라틴어로 의사소통을 했다 해도, 그것은 대부분의 중국인에게 아무 의미가 없었을 것이다. 이는 마치 1830년대 동인도 회사가 무갈제국(Mughal Empire)의 행정어였던 페르시아어를 영어로 대체한 것이 대다수의 인도인에게 아무런 의미가 없었던 것과 같다. 페르시아어와 영어 모두 그들에게는 똑같이 외국어이며, 그리고 그들은 쓰거나 심지어 읽지조차 못했기 때문에 그것과 무관하였다. 이후의 민족주의적 역사가에게는 안타까운 일이겠지만, 후일 벨기에가 된 곳에 살던 플랑드르인은 혁명 및 나뽈레옹 시기에 프랑스인이 공공생활을 무자비하게 프랑스화하는 데 대항하여 동원된 것이 아니었으며 또한 워털루가 "플랑드르어와 그 문화를 수호하기 위해 플랑드르인의 궐기"를 유발한 것도 아니었다. [28] 그들은 왜 봉기해야 했던가? 심지어 언어적 열광자를 가진 정권조차 프랑스어를 전혀 알지 못하

---

* 만다린은 중국 청조시대의 관리·공무원, 또는 중국의 표준어를 뜻한다 — 역자.
28) Shepard B. Clough, *A History of the Flemish Movement in Belgium: A Study in Nationalism* (New York 1930, repr. 1968), 25면. 또한 언어의식의 느린 발전에 관해서는 Val R. Lorwin, "Belgium: religion, class and language in national politics" in Robert A. Dahl, *Political Opposition in Western Democracies* (New Haven 1966), 158면 이하.

는 사람을 위해 실제적인 면에서는 행정적인 양보를 해야 했다. 프랑스어를 쓰는 외국인의 플랑드르 농촌공동체 내의 유입이, 언어적 근거에서가 아니라 그들의 일요일 미사 불참으로 인해 플랑드르인의 적개심을 일으켰다는 사실은 그리 놀랍지 않다. [29] 간단히 말해, 특수한 경우를 접어둔다면, 인간이 어느 공동체에 속하는가를 판별하는 몇가지 기준 중에서 언어가 한 가지 기준 이상이라고 생각할 이유는 없다. 그리고 언어가 아직 정치적 잠재력을 지니지 않았다는 점은 절대적으로 확실하다. 바벨탑에 관해 주석을 붙인 한 프랑스 논객은 1536년 다음과 같이 말했다.

이제 지구상에는 옛날보다 더 많은 상이한 민족이 존재하기 때문에 오늘날 72개 이상의 언어가 있다. [30]

언어는 국가와 더불어 증가한다. 국가가 언어와 더불어 증가하는 것이 아니다.

그럼 종족(ethnicity)은 어떠한가? 일상의 용례에서 종족은 불특정한 방식으로 공통의 기원 및 혈통과 거의 언제나 결부되며 거기서 한 종족집단의 구성원에 공통되는 특성들이 유래한다고 주장된다. '친족'과 '혈족' 관계는 한 집단의 성원을 결집시키고 외부인을 배척하는 데 자명한 이점을 가지며, 따라서 종족적 민족주의(ethnic nationalism)에 중요하다. "문화(Kultur)는 교육으로 획득될 수 없다. 문화는 피 속에 있다. 오늘날 이를 가장 잘 증명하는 것은 유대인으로, 그들은 우리의 문명(Zivilisation)을 누구보다도 잘 도용하지만 결코 우리의 문화를 전유할 수는 없다." 그리하여 1938년 국가 사회주의당 인스브루크 위원장, 한스 하나크(Hans Hanak)는 ── 역설적이게도 그의 이름은 그가 슬라브계임을 보여준다 ── 유대인이 남녀 평등의 주장을 통해 "그들의 고귀하고

---

29) S. B. Clough, *A History of the Flemish Movement in Belgium*, 21~22면.

30) Borst, *Der Turmbau von Babel*.

위엄스런 지위"를 파괴하려는 시도는 단지 일시적인 성공을 거두었을 뿐이었다는 점을 들어 인스브루크 나찌부인회를 경하하였다. [31] 그러나 종족에 대한 유전학적 접근은 명백히 적절하지 못하다. 그 까닭은 사회조직 형태로서의 종족집단의 결정적인 기반은 생물학적이라기보다는 문화적이기 때문이다. [32]

나아가 넓은 영토를 지닌 민족국가의 인구는 거의 한결같이 너무 이질적으로 구성되어 있기 때문에 공통의 종족을 주장할 수 없다. 근대 이민을 제외한다 해도 유럽의 많은 지역에서의 인구사를 통해 우리는 종족집단의 기원이 얼마나 다양한지 알고 있다. 특히 인구가 줄어들었다가 재정착이 진행되었던 중부, 동부 및 동남부 등의 넓은 유럽지역, 심지어 프랑스의 일부도 그러한 예에 속한다. [33] 동남 유럽의 인구를 구성했던 전(前)로마 시대의 일리리아인, 로마인, 그리스인, 다양한 부류의 슬라브인 및 아바르족(Avars)에서 오스만 터키인(Ottoman Turks)에 이르는 중앙아시아인의 이민 유입 등은 영구한 논쟁거리이다(특히 루마니아에서). 그처럼 본래 세르비아인으로 간주되었다가 이제 한 '민족'으로 인정되어 자신의 연방공화국을 형성한 몬테네그로인(Montenegrins)은 세르비아 농민, 구(舊)세르비아 왕국의 잔존인구 및 터키 침략으로 황폐해진 지역으로 이주해온 왈라키아(Vlach) 유목민으로 구성되었다. [34] 물론 13세기 마자르인이 자신들을 하나의 종족적 공동체로서 인식했던 점은 부

---

31) Leopold Spira, "Bemerkungen zu Jörg Haider" (*Wiener Tagebuch,* October 1988), 6면에서 인용함.

32) 필자는 바르드의 설득력있는 주장을 따른다. Fredrik Barth, *Ethnic Groups and Boundaries.*

33) Theodore Zeldin, *France 1848~1945* (Oxford 1977), vol. I, 46~47면.

34) Ivo Banac, *The National Question in Yugoslavia,* 44면. 그러나 이 사실들은 몬테네그로인이 세르비아인과 동일하지 않다는 가정에 기반을 두고 있는 공화국의 수도에서 1970년 발간된 풍부하며 박학한 *Istorija Crne Gore*에서 나온 것이기 때문에 독자는 발칸 역사학에서 항상 그렇듯이 그 말에 담긴 다른 속셈에 귀기울여야 한다.

인할 수 없다. 그들은 중앙아시아 유목 침입자의 후손이었으며 또 그들 주변의 어느 종족과도 다른 언어를 사용했고 대체로 특수한 환경에서 자신들의 왕국을 형성하여 대대로 내려오는 다양한 관습을 공유했던 것을 근거로 하여 그렇게 주장할 수 있었다. 그러나 이같은 경우는 특수하여 일반적이라고 말할 수 없다.

그럼에도 불구하고 헤로도토스적 의미의 종족은 넓은 영토에 심지어 흩어져 살면서 공통의 정체(政體)가 없는 사람들을 원형민족이라 할 수 있는 것으로 통합했으며, 하고 있고 그리고 할 수 있는 것이다. 쿠르드인(Kurds), 소말리인(Somalis), 유대인, 바스끄인 등등이 이 예에 속한다. 그러나 그러한 종족은 근대 민족의 요체 즉 민족국가의 형성 또는 고대 그리스의 예가 보여주듯, 어떤 국가의 형성과 역사적 관계를 갖지 않는다. 혹자는 가장 강력하고 지속적인 의미의 '부족'이라 할 수 있는 사람들은 민족국가든 아니든 근대 국가에의 귀속을 단순히 거부했을 뿐만 아니라 보편적으로 어느 국가의 강요라도 배척했다고 주장할지 모른다. 역사적 예로 아프가니스탄 내 또는 그 주위의 퍼쉬투(Pushtu)어를 쓰는 사람들, 1745년 전의 서부 스코틀랜드인, 아프리카 북부의 베르베르인(Atlas Berbers) 등이 금방 떠오른다.

거꾸로 '민족'(people)이 특정한 정체와 동일시되는 한, 민족은 아래의 시각에서조차 내부의 종족적 (그리고 언어적) 분열과 맞물려 있다. 1809년 안드레아 호퍼(Andreas Hofer)의 지휘 아래 프랑스인과 싸웠던 성스러운 땅 티롤의 사람들 중에는 라딘어*를 쓰는 이들은 물론 독일인과 이딸리아인이 포함되어 있었다.[35] 우리가 아는 바, 스위스 민족주의는 다종족적이다. 이것과 연관하여, 만일 우리가 바이론의 시대(Byron's day)

---

* 라딘어는 북동 이딸리아 Dolomites 지방에서 사용되는 레토로만어 계통의 방언을 일컫는다―역자.

35) John W. Cole and Eric R. Wolf, *The Hidden Frontier: Ecology and Ethnicity in an Alpine Valley* (New York and London 1974), 112~13면.

에 터키인에 대항한 그리스의 산악 사람들이 민족주의자였다는 잘못된 가정을 한다면, 우리는 또 그들 중 가장 용맹스런 전사는 헬레네인이 아니라 알바니아인(the Suliotes)이었을 거라는 점을 잊어서는 안된다. 더구나 근대 민족운동은 그것이 생겨난 이래 종종 종족의식을 발명해내지만 인종주의 형태를 띤 강력한 종족의식에 실제로 기반을 둔 운동은 거의 존재하지 않는다. 그러므로 요약하자면, 우리는 돈강 유역의 까자흐인이 자신들을 성스러운 러시아 땅의 아들로 만든 것을 정의하는 데서 종족이나 공통의 조상을 배제한 것에 놀라지 않아도 된다. 사실 그들은 현명했다. 다수의 자유농 전사와 마찬가지로 그들의 혈통은 극도로 뒤섞여 있었기 때문이다. 그들 중 많은 이는 위대한 러시아인일 뿐 아니라 우끄라이나인, 타타르인(Tatars), 폴란드인, 리뚜아니아인 등이었다. 그들을 통합한 것은 피가 아니라 신념이었다.

그러므로 종족(ethnicity) 또는 '인종'(race)은 민족주의와 무관한가? 분명히 그렇지 않다. 왜냐하면 신체상의 가시적 차이란 간과하기에는 너무나 자명하고 민족적 구분을 포함하여 '우리'와 '그들' 간의 차이를 드러내 보이고 그것을 강화하는 데 종종 이용돼왔기 때문이다. 이러한 신체적 차이에 대해서는 단지 세 가지만 언급할 필요가 있다. 첫째, 신체적 차이는 역사적으로 수직적인 동시에 수평적인 분할의 기능을 해왔으며 근대 민족주의 시대 이전에는 아마 전체 공동체보다 사회계층을 분리하는 데 더 일반적으로 쓰였을 것이다. 대량이민과 사회이동으로 문제가 복잡해지는 경향이 있지만, 역사적 인종차별의 가장 일반적인 예는 불행히도 동일한 사회(예를 들어 인도) 내의 더 엷은 색깔에 더욱 높은 지위를 부여한 것인 듯이 보인다. 심지어 그것은 위 관계를 역전시켜도 '정확한' 인종 분류에는 신체적 외양에 관계없이 '정확한' 사회적 지위가 함께하였다. 안데스 지방에서는 하층 중간계급에 속한 인디언이 외양에 상관없이 자동적으로 '메스티조'(mestizos) 또는 촐로(cholos)로 재분류되었다.[36]

둘째, '가시적'인 종족성이 자기 자신의 집단이 아닌 '여타' 집단을 정
의하는 데 훨씬 더 많이 일상적으로 적용되는 한 그것은 부정적이기 쉽
다. 다음은 몇가지 부정적인 예다. 인종에 대한 고정관념을 담은 속담
('유대인의 코'), 전체적으로 '흑인'으로 분류되는 사람들간의 피부색깔을
구분 못하는 식민주의자의 색맹성, 그리고 치켜올라간 눈과 노란 피부
등 '다른 사람들'이 공유하고 있다고 생각되는 것에 대한 선택적 사회적
시각에 바탕을 두고 "그들은 내게 모두 똑같아 보인다"고 주장하는 것.
이러한 예들은 자기가 속한 '민족'의 종족-인종적 동질성이 가정되고 있
음을 말해준다. 언제나 그런 것은 아니나, 그러한 주장은 극히 피상적인
관찰에 의해서도 즉각 의문시된다. 왜냐하면 우리 모두가 특정한 유형의
검은 머리칼과 같은 어떠한 신체적 특징을 공유할 때조차 '우리'에게는
분명히 우리의 '민족' 성원이 몸집, 체형 그리고 외양 면에서 다양한 것
같기 때문이다. 우리 모두가 똑같아 보이는 것은 오직 '그들'에게 그럴
뿐이다.

셋째, 종족의 그러한 부정적인 면은 중국, 한국 및 일본에서처럼 국가
전통과 같은 어떤 것과 융합될 수 있거나 융합돼 있지 않은 이상 사실상
언제나 원형민족주의와 무관하다. 위의 나라들은 종족이라는 면에서 거
의 또는 완전히 동질적인 인구로 구성된 역사적 국가의 극히 희귀한 사
례이다.[37] 이러한 나라에서는 종족과 정치적 충성이 실제로 연계될 수

36) 역으로 한 사람의 사회적 신분을 모를 때——아마도 전자가 대도시로 이주
했기 때문에——사람들은 그의 신분을 순전히 피부빛으로 판단하며 따라서 그
에게 낮은 신분을 부여한다. 1960~70년대 리마에서의 과격한 학생운동은 바로
이같은 현상에 대한 불만에서 비롯되었다. 당시 상층 이동하는 지방 출로 가족
의 2세는 급속히 팽창하고 있던 대학에 대거 진학하였었다. 필자는 이 부분과
관련해 니콜라스 린치에 대해 고맙게 생각한다. 그는 싼 마르코스 대학교의 마
오주의 학생운동 지도자들에 대한, 아직은 출간되지 않은 연구를 통해 이 점을
분명히했다.
37) 오늘날 (비아랍) 아시아 국가 중 일본과 남북한은 인구의 99%가 동질적이

있다. 필자는 중국의 명나라가 1644년 붕괴 이후의 민중봉기에서 특별한
역할을 한 것은——명의 복고는 중요한 비밀결사의 계획이었고 아직도
그럴 것이다——명 이전의 몽고족 또는 이후의 만주족 왕조와는 달리
명왕조는 순수한 중국 또는 한족 왕조라는 데 기인한다고 들었다. 이러
한 이유 때문에 가장 명백한 종족적 차이는 근대 민족주의의 발생에 매
우 미미한 역할을 해왔다. 스페인 정복 이후 라틴아메리카의 인디오는
백인과 메스티조의 종족적 차이에 대해 깊이 인식해왔다. 특히 이는 주
민을 인종적 계급으로 분류했던 스페인제국의 식민체제에 의해 강화되고
제도화되었다. [38] 그러나 필자는 아직까지 이것이 민족주의 운동으로 발
전한 경우를 알지 못한다. 심지어 그것은 인디오주의자인 식자층
(indigenista intellectuals)과 구별되는 인디오 사이에 범인디오 정서를 촉
발하지도 못했다. [39] 마찬가지로, 아프리카의 사하라 이남에 사는 사람들

고, 중국은 94%가 한족이다. 이 나라들은 다소 그들의 역사적 경계 안에 존재
한다.

38) 이의 기본적인 저작은 Magnus Mörner, *El mestizaje en la historia de Ibero-
América* (Mexico City 1961); Alejandro Lipschutz, *El problema racial en la
conquista de América y el mestizaje* (Santiago de Chile 1963), 특히 제5장. "그러
나 Leyes de Indias는 자주 카스트를 언급하는 반면, 개념 및 용법은 일정치
않고 상호 모순된다." (Sergio Bagú, *Estructura social de la Colonia*, Buenos
Aires 1952, 122면).

39) 이 장의 분석을 뒷받침해주는 중요한 예외 경우는——207~8면을 보라——
페루에서의 잉카제국에 대한 기억이다. 후자는 신화와 제국의 복고를 그리는
(지방)운동을 촉진하였다. 이에 대해서는 다음을 참조하라. Juan M. Ossio A.
(ed.), *Ideología mesiánica del mundo andino* (Lima 1973); Alberto Flores
Galindo, *Buscando un Inca: identidad y Utopia en los Andes* (Havana 1986).
그러나 Flores의 인디오 운동 및 그 지지자들에 대한 탁월한 분석은 아래 사항
을 분명히한다. 1) 지배국(mistis)에 대항한 인디오 운동은 본질적으로 사회적
이었다. 2) 그 운동들은 '민족주의적' 함의를 갖지 않는다. 왜냐하면 인디오는
제2차 세계대전이 끝날 때까지 자신들이 페루에 살고 있는지 알지 못했기 때문
이다(321면). 3) 그 시대의 인디오주의자는 실제로 인디오에 대해 아무것도 알
고 있지 못했다(예를 들어 292면).

이 엷은 피부의 정복자에 대하여 공통으로 가진 것은 상대적으로 검은 피부였다. 네그러투드(Négritude)*¹는 흑인 지식인과 엘리뜨뿐 아니라 피부빛이 더 검은 사람이 그보다 피부빛이 엷은 사람을 대할 때마다 느끼는 실재의 감정이다. 그것이 정치적 요인일 수 있기는 하나 단순한 피부빛의 의식으로 단일한 아프리카 국가가 만들어지지는 않았으며, 심지어 국가수립자가 범아프리카의 관념에 고무되었던 가나와 세네갈도 그렇게 형성되지 않았다. 또한 그것은 유일한 결집력이라고는 몇십년 동안의 식민행정뿐인 이전의 유럽 식민지로부터 형성된 현실의 아프리카 국가의 견인을 막아내지 못했다.

그러므로 우리에게는 17세기 까자흐인이 생각했던 성스런 러시아의 기준만이 남았을 뿐이다. 즉 종교와 제왕 또는 제국 등이 그것이다.

종교와 민족의식의 연계는 폴란드와 아일랜드의 예가 보여주듯 매우 밀접하다. 사실 그 관계는 민족주의가 소수의 이데올로기이자 활동가의 운동이던 단계일 때보다 대중적 힘으로 전환되면 더욱 가까워진다. 팔레스타인인 이슈브(Yishuv)의 영웅적인 시절에 호전적 시온주의자들은, 이스라엘 열광자들이 오늘날 그러하듯, 예식모를 쓰는 것보다 햄 샌드위치 먹는 것을 더 즐겨했다. 오늘날에 와서 아랍 국가의 민족주의는 곧바로 이슬람과 동일시되기 때문에 아랍 민족의 동지와 적 모두는 그 속에 소수의 다양한 아랍 기독교도, 콥트교도(Copts), *² 마론교도(Maronites)*³ 및 그리스 카톨릭교도가 포함되기 어렵다고 생각하는데, 사실 그들은 이집트와 시리아에서의 아랍 민족주의의 선구자였다. [40] 이처럼 민족주의와

---

*1 네그러투드는 흑인으로서의 자각을 뜻한다 — 역자.

*2 콥트교도는 아라비아인의 지배를 받은 이래(639~640) 이단이 된 그리스도 단성론을 신봉하는 이집트인의 국민교회 신도를 일컫는 말이다 — 역자.

*3 마론교도는 레바논에 많은 로마 카톨릭 교회 일파의 사람을 뜻한다 — 역자.

40) George Antonius, *The Arab Awakening* (London 1938). 이 저작은 전반적으로 다음 글에 의해 지지된다. Maxime Rodinson, "Développement et structure de l'arabisme" in his *Marxisme et monde musulman* (Paris 1972), 587~602면.

종교를 점점 더 동일시하는 것은 또한 아일랜드 민족주의 운동의 특징이
기도 하다. 그것 또한 놀랍지 않다. 종교는 달리 공통된 관심사가 없는
사람 사이에 공통의 예식을 통해 영적 친교를 세우고 형제애를 형성하는
충분한 시험을 거친 고대의 방식이다.[41] 유대교와 같은 일부 종교는 특
정한 인간 공동체의 구성원임을 상징하는 표식으로서 특별히 고안되었
다.

그러나 종교는 원형민족주의 및 근대 민족주의에 역설적인 접착제이
다. 일반적으로 근대 민족주의는(적어도 십자군 원정기에는) 종교를 '민
족'이 독점한 민족 구성원의 충성심에 도전할 수 있는 무시못할 힘으로
못마땅하게 본다. 여하튼 순수히 부족 단위의 종교는 보통 근대 민족화
되기에는 그 활동 영역이 너무 작으며 더이상의 팽창을 거부한다. 다른
한편, 기원전 6세기에서 기원후 7세기 사이의 다양한 시점에 만들어진
세계종교는 정의상 보편적이며, 따라서 종족적·언어적·정치적 차이 등
이 없는 것처럼 짜여졌다. 스페인제국 내의 스페인인과 인디오, 독립 후
의 파라과이인, 브라질인 및 아르헨티나인 등은 한결같이 로마의 충직한
자식들이었고 종교에 의해 자신들을 공동체로 구별할 수 없었다. 다행히
도 보편적 진실들은 종종 경쟁관계에 있었기 때문에 어떤 경우 어느 한
종교의 경계에 위치한 민족들은, 러시아인, 우끄라이나인 및 폴란드인
등이 자신들을 그리스 정교도, 합동 동방 카톨릭 교도 및 로마 카톨릭
교도 등으로 차별화할 수 있었듯이, 다른 종교를 종족적 상징으로 선택
할 수 있다(기독교는 자기가 경쟁적인 보편적 진리들의 가장 손쉬운 양
육자임을 입증했다). 아마도 대유교제국인 중국이 다른 종교(주로 불교
와 이슬람교)에 충실한 약소민족들의 광대한 반원으로 육지가 에워싸인
점은 같은 현상의 일부이다. 그럼에도 불구하고 아무튼 근대 민족주의가

---

41) Fred R. Van der Mehden, *Religion and Nationalism in Southeast Asia: Burma,
Indonesia, the Philippines* (Madison 1963). 이 저술은 종교가 서로 매우 다른
나라를 고려하는 데 유용하다.

발전한 지역에 초국가적 종교가 광범히 보급됨으로써 종교적-종족적 일
체성이 제약을 받았다는 사실은 주목할 만하다. 세계종교의 보급은 보편
적이지 않으며, 보편적인 곳에서조차 세계종교는 그것을 믿는 사람들을
모든 이웃이 아니라 오직 일부 이웃과만 구별지어준다. 예로써, 리뚜아
니아인은 그들의 로마 카톨릭교에 의해 루터파 독일인과 라뜨비아인 그
리고 정교파 러시아인, 백러시아인과 구분되었으나 그들과 마찬가지로
열렬한 카톨릭교도인 폴란드인과는 구분되지 않았다. 유럽에서는 개신교
도 이웃들로 둘러싸인 아일랜드의 민족주의자만이 전적으로 그들의 종교
에 의해 정의되었다. [42]

그러나 종교적-종족적 일체성이 존재하는 지역에서 그것은 정확히 무
엇을 의미하는가? 분명히 몇몇 경우에, 한 민족은 어느 무엇보다도 자
신들이 이웃 민족 또는 인접 국가들과 다르다고 느끼기 때문에 종족적
종교를 선택한다. 이란은 조로아스터 나라로서, 이슬람교로 개종한 후
또는 적어도 사파비 왕조(Safavids)* 이후에는 시아파(Shiite) 국가로서
종교생활을 꾸려왔다. 아일랜드인은 영국에서와 같은 종교개혁을 하는
데 실패하거나 또는 그것을 거부했을 때 카톨릭교를 받아들였으며, 가장
비옥한 땅을 앗아간 프로테스탄트 정착민의 대규모 식민도 그들을 개종
시키지는 못한 것 같다. [43] 비록 스코틀랜드인이 정통 깔뱅교를 신봉했을
지라도, 영국과 스코틀랜드의 교회는 정치적으로 정의되었다. 19세기까
지 특별한 종교를 갖지 않았던 웨일즈인은 아마도 19세기 초 민족의식
획득의 일환으로 대거 개신교로 개종했던 것 같다. 최근의 몇몇 사려깊

---

42) 그러나 19세기 동안 열성 신자와 미온적 신도 또는 무신론자 간의 차이는 민
    족적-종교적 휘장을 두를 가능성을 더했다. 이는 카톨릭 교회로 하여금 브르따
    뉴인, 바스끄인 및 플랑드르인 등의 민족운동에 동조토록 했다.

  * 사파비 왕조는 이슬람의 한 왕조(1502~1736)로, 아프가니스탄에서 페르시아
    만에 걸치는 영역을 지배했으며 시아파를 국교로 했다 — 역자.

43) 안트림(Antrim)과 같은 고장에는 한줌의 흙을 만져보면 그 흙을 퍼낸 땅에
    카톨릭교도가 사는지 개신교도가 사는지 알 수 있다고 하는 얘기가 있다.

은 연구는 이 문제를 주제로 하고 있다.[44] 다른 한편, 개종으로 인해 상이한 두 민족이 생겨날 수 있다는 것 또한 마찬가지로 명백하다. 단일한 문화언어를 공유한 크로아티아인을 세르비아인과 극명하게 분리시킨 것은 로마카톨릭(과 그 부산물인 라틴어판 성경)과 그리스정교(와 그 부산물인 시릴어판 성경)이기 때문이다. 그러나 또다시, 웨일즈 크기만한 영토에서 대개 나타나는 종교적 차이보다 더 많은 종교적 차이들(다양한 형태의 이슬람교, 그리스 정교, 로마 카톨릭)로 분열된 알바니아에서는 분명히 원형민족주의적 의식을 지닌 사람들이 존재한다. 그리고 마지막으로 개개의 종교적 아이덴티티가 제아무리 강력하다 해도 그 자체로 민족주의와 유사한 것인지는 분명치 않다. 근대의 경향은 그 둘을 동화하는 것이다. 우리는 더이상 다층-조합국가(multi-corporate state) 모델에 익숙지 않다. 오스만제국과 같은 다층-조합국가에는 다양한 종교적 공동체들이 최상의 권위 아래서 일정하게 각기 자율적이고 자치적인 실체로서 공존한다.[45] 파키스탄의 독립은 이슬람교도의 특별한 정서 또는 요구에 적절한 관심을 두지 못한 인도 민족주의 운동에 대한 반동의 산물로 생각될 수는 있으나, 그것이 인도제국 내 이슬람교도들의 민족주의 운동이었는지는 분명하지 않다. 그리고 영토 분할이 근대 민족국가 시대의 유일한 공식처럼 보이기는 하나, 옹고집의 지나(Jinnah, 그는 사실상 이슬람교 민족주의자 비슷한 사람이었는데, 그 까닭은 그가 종교를 믿지 않은 것이 확실하기 때문이다)를 제외할 때, 심지어 이슬람교연맹이 최근까지 염두에 두었고 주장해온 것조차 분리된 영토국가를 의미한 것인지는 명백하지 않다. 그리고 많은 이슬람교도들이 민족적 개념이 아닌

---

44) Gwyn Alfred Williams, *The Welsh in their History* (London and Canberra 1982); "When was Wales?" (London 1985)를 참조하라.

45) 오스만제국의 millet 체제에 대해서는 H. A. R. Gibb and H. A. Bowen, *Islamic Society in the West* (Oxford 1957), vol. I, 제2부 219~26면. (millet 체제는 중앙정부에 보호세 등을 납부하며 자체 종교지도자의 관할 아래 법적·행정적 자치를 허용받은 종교집단을 가리킨다 — 역자.)

자치체의 개념으로 사고했고 민족자결 개념을 알라 및 그의 사도에 대한 믿음에 적용할 수 있는 것으로 이해하지 않았으리라는 것도 매우 확실하다.

의심할 나위 없이 파키스탄인은 이제 방글라데시인과 마찬가지로 자신들을, 변화하는 시기 동안 별개의 국가하에서 살아온 별개의 (이슬람) 민족 성원으로 인식한다. 명백히 보스니아*¹ 이슬람교도와 중국인 이슬람교도는 자신들의 정부에 의해 한 민족으로 취급되었기 때문에 마침내 자신을 한 민족으로 생각하게 된다. 그러나 많은 민족적 현상처럼 이는 사후에 발전하거나 발전해온 것이다. 실제로 이슬람교가 다른 종교와 공존하는 광대한 지역에서 이슬람교도가 자신의 종교에 대해 아무리 강한 일체감을 느낀다 해도, 이란을 제외하면 지극히 이슬람교적 특징을 지닌 원형민족적 운동이나 민족운동은 존재하지 않는다. 오늘날 그것이 이스라엘에 맞서 발전하거나 소련의 중앙아시아 공화국에서 나타나는 것은 별개 문제이다. 간단히 말해, 종교와 원형민족적 또는 민족적 일체성과의 관계는 여전히 복잡하고 극히 모호하다. 확실히 그것은 간단히 일반화되지 않는 것이다.

그러나 겔너가 지적하듯[46] 일단의 사람이 종종 세계종교의 한 종파로 개종함을 매개로 하여 더 큰 문화, 특히 문자문화와 접하게 될 때, 이를 수용한 종족집단은 후일 그들이 민족으로 발전하는 데 유리한 특성을 획득할 수 있다. 겔너의 설득력있는 주장에 의하면, 위와같은 위치에 있는 아프리카 집단은 다른 종족집단들보다 민족주의를 개발하기에 좋은 조건을 갖는다. 예로써, 동부 아프리카에서 암하라(Amhara)*² 기독교인과 소말리(Somali) 이슬람교인이, 겔너의 표현대로 상이하고 경쟁적인 판본이기는 하지만, '경전을 지닌 민족'이기 때문에 '국민'(state peoples)으로

---

*1 보스니아는 현재 유고슬라비아의 서부 중앙지방이다 — 역자.

46) Gellner, *Nations and Nationalism* (Oxford 1983).

*2 암하라는 에티오피아 북서부의 주(州)로 구(舊) 왕국이다 — 역자.

발전하기가 훨씬 쉬웠던 것이다. 우리는 기독교 개종이 1967년의 비아프라(Biafra)의 분리*¹와 남아프리카 민족회의(South African National Congress) 등, 대중 민족주의처럼 보이는 사하라 이남의 유일한 정치적 현상에 얼마만한 영향을 주었는지 궁금하지만 겔너의 주장은 정말 그럴 법하다.

종교가 원형민족의 필수적인 특징이 아니라면 (비록 폴란드 카톨릭교도와 터키 및 타타르 이슬람교도에 억눌리던 17세기의 러시아인에게는 필수적이었지만) 성상은 그것이 근대 민족주의의 형성에 결정적인 요소이듯 원형민족주의에 필수적인 요소이다. 성상은 상상의 공동체에 지나지 않을 것에 감지할 수 있는 실체를 부여하는, 상징과 의식 또는 공동의 집단적 관습을 표현한다. 그것은 (성상처럼) 공유된 이미지이거나 이슬람교도의 5일 기도 같은 예식, 또는 이슬람교도의 알라 아크바르(Allah Akbar)*²나 유대교도의 쉬마 이스라엘(Shema Yisroel)*³과 같은 예식어 등일 수 있다. 또 그것은 멕시코의 성처녀 과달루뻬(the Virgin of Guadalupe)*⁴ 또는 까딸루냐의 성처녀 몽써라뜨(the Virgin of Montserrat)*⁵와 같이 민족을 구성하기에 충분한 크기의 영토와 동일시되는 이미지의 이름일 수 있다. 성상은 산재된 집단들을 모으는 주기적 축제 또는 경연 등일 수 있으며 그리스 올림픽과 까딸루냐의 꽃의 제전(Jocs Florals),*⁶ 웨일즈의 아이스테드보드(Eisteddfodau)*⁷ 등등은 그 예이다.

---

*1 비아프라는 나이제리아 동부지방에 있는 주(州)로, 1967~70년에 그 지방의 이보족이 독립을 선언하고 비아프라 공화국을 수립해 내전을 일으켰으나 결국 소련과 영국의 원조를 받은 정부군에 의해 실패하고 말았다 ─ 역자.

*2 알라 아크바르는 '신은 위대하다'는 뜻이다 ─ 역자.

*3 쉬마 이스라엘은 "Hear O Israel"로 시작하는 유대인의 신앙고백으로 날마다 드리는 예배에 사용된다 ─ 역자.

*4 과달루뻬는 멕시코 북서쪽 캘리포니아 반도에서 200km 떨어진 태평양상에 있는 화산섬이다 ─ 역자.

*5 몽써라뜨는 스페인 동북부 바르셀로나 북서부에 있는 산이다 ─ 역자.

성상의 중요성은, 단순한 색깔있는 천조각——국기——이 근대 민족의 상징으로 보편적으로 사용되고 과장된 예식 또는 예배행위와 결부되는 것에 의해 증명된다.

그러나 종교의 경우에서와 같이 '성상'은, 그 형태와 본질이 무엇이든, 원형민족의 상징이 되기에는 너무 광범하거나 또는 너무 협애하다. 성처녀 마리아만으로는 카톨릭 세계의 일정 영역을 한정하기 어려우며, 원형민족의 상징이 된, 지방에 국한된 성처녀의 경우에는 각각의 한정된 공동체에 수십 또는 수백의 수호신으로 남아 있고 그들은 우리의 목적과 무관하다. 원형민족적 시각에서 볼 때 가장 만족스러운 성상은 국가, 즉 전(前)민족의 단계에서 신성한 또는 신성이 서린 왕 또는 왕국이 우연히 미래의 민족과 합치되는 제왕과 특수하게 결합된 것임은 분명하다. 직무상 교회의 수장을 겸한 통치자는 (러시아에서와 같이) 자연히 위와같은 결합에 알맞다. 그러나 영국과 프랑스의 마력적인 왕권은 심지어 교회와 국가가 분리된 곳에서조차 위의 결합이 얼마나 큰 잠재력을 갖는지를 말해준다. [47] 민족형성의 가능성을 지닌 신정은 상대적으로 거의 존재하지 않기 때문에 어느정도 순수한 신성의 권위가 있어야 충분한지 말하기는 어렵다. 이 문제는 몽고인 및 티벳인 또는 서구에 더 가까운 중세 아르메니아인 등의 역사에 정통한 사가들의 몫으로 돌려져야 한다. 교황을 중심으로 이딸리아 민족주의를 세우려 했던 이딸리아의 신교황파(Neo-Guelphs)가 발견한 것처럼, 19세기 유럽에서 신권의 권위는 확실히 충분조건이 아니었다. 교황제가 사실상 이딸리아의 제도이고 1860년 이

---

*6 Jocs Florals는 원래 중세시대에 까딸루냐에서 행해졌던 꽃의 제전으로, 1850 년대 까딸루냐 민족주의 운동에 의해 민족정신의 복고운동의 하나로서 부활되었다――역자.

*7 Eisteddfodau는 중세시대 웨일즈 지방에서 벌어졌던 음영시인들의 경연대회이며 웨일즈 민족주의자들에 의해 1700년경 복고되었다――역자.

47) 이 주제에 대한 고전적인 연구로는 여전히 다음의 책을 들 수 있다. Marc Bloch, Les Rois thaumaturges (Paris 1924).

전에는 유일한 전이딸리아적 제도임에도 불구하고 신교황파의 계획은 실패했다. 무엇보다도 피우스 9세(Pius IX)하에서 로마교회(Holy Church)는 민족주의적 조직은 고사하고 지방적인 민족적 조직으로라도 탈바꿈할 수 있었다고 기대할 수 없다. 19세기에 교황의 깃발 아래 이딸리아 통일이 이루어질 수 있었으리라 상상하는 것은 아무런 의미도 없는 것이다.

이로써 우리는 원형민족주의의 가장 결정적인 기준이라 할 수 있는 것, 즉 지속적인 정체(政體)에의 역사적 소속의식을 살펴보아야 한다.[48] 알려진 것 중에서 가장 강력한 원형민족적 접착제는 의심할 바 없이 19세기에 '역사적 민족'이라는 용어로 지칭된 것이었다. 이 접착제는 후에 '민족'의 틀을 형성한 국가가 위대한 러시아인, 영국인 또는 까스띨랴인 등과 같은 특수한 국민(Staatsvolk)과 결합될 때 특히 강력하였다. 그러나 여기서 민족적 역사성의 직접적인 결과와 간접적인 결과는 명백히 구분되어야 한다.

왜냐하면 대부분의 경우, '정치적 민족'(political nation)은 후일 민족-국민의 어휘로 정식화되었으나 본래는 한 국가의 소수 거주자, 즉 특권적 엘리뜨 또는 귀족과 상류층 이상의 의미를 내포하지 않기 때문이다. 십자군을 '프랑크족을 통한 하나님의 역사(役事)'(gesta Dei per francos)로 묘사한 프랑스 귀족은 십자군의 승리를 대다수 프랑스 거주민, 심지어 11세기 후반에 유래된 이름인 에그자곤(hexagon)*의 작은 일부와도 연결시키려 하지 않았다. 이유는 단지 프랑크족(Franks)의 후예라고 자처하는 이들 귀족이 피지배층을 자기들의 선조인 프랑크족에게 정복된 사람들의 후손으로 생각했기 때문이다. (이러한 입장은 민주적 목적을 위

---

48) 그러나 이 의식이 모든 인구집단에 똑같은 방식으로 영향을 주었다거나 근대 '국가'의 영토 같은 것 또는 근대 민족을 의미했다고 가정해서는 안된다. 아마도 비잔틴 유산에 기반을 둔 듯한, 그리스 대중의 의식은 로마제국의 일부분 (romaiosyne)이었다.

* 에그자곤은 프랑스 국토의 모양이 6각형인 데 착안하여 프랑스인들이 자기 나라를 일컫는 데 쓰는 말이다— 역자.

한 공화국에 의해 뒤집혔다가 혁명 후 반동적이고 유전학적인 목적을 위해 고비노[Gobineau] 백작 같은 반동들에 의해 재확인되었다. 공화국은 학교 교과서를 통해 '우리의 선조'는 프랑크족이 아니라 갈리아인[Gauls]이라고 주장했다.) 이러한 '귀족의 민족주의'(nationalism of the nobility)는, "세 가지 요소, 민족(natio), 정치적 신념(fidelitas) 그리고 공동체 (communitas), 즉 '민족', 정치적 '충성심' 및 '정치적 공동체' 등이 … 이미 사회 내 한 집단의(einer gesellschaftlichen Gruppe)[49] 사회정치적 의식과 정서 속에 이미 결합"돼 있다고 할 때, 어느정도 원형민족적으로 고려될 수 있다. 그것은 폴란드와 헝가리 같은 나라에서 훗날 일어난 민족주의의 직접적인 선조인데, 이들 나라에서는 마자르인과 폴란드인이라는 민족 개념이 이슈트반 1세(István I)* 또는 폴란드 공화국하의 많은 거주민이 어떠한 근대 민족적 정의에 의하더라도 마자르인 또는 폴란드인이 아니라는 것을 조금의 어려움도 없이 수용할 수 있었다. 왜냐하면 이 평민 중에는 우연히 마자르인이나 폴란드인이 된 평민이 포함되었기 때문이다. 그들은 정의상 '정치적 민족'의 울타리 바깥에 있었다. 하여튼 정치적 '민족'과 근대 민족은 혼동되지 않아야 한다.[50]

비록 과거소급적 민족주의가 주장하는 것보다 훨씬 나중의 일인 것은

---

49) Jenö Szücs, *Nation und Geschichte* (Budapest 1981), 84~85면.

* 이슈트반 1세(966~1038)는 헝가리에 기독교 왕정을 수립했다 — 역자.

50) "귀족은 그들의 행정구역과 그들이 '크로아티아의 정치적 민족'으로서 문제를 토론하고 결정을 내렸던 영주회의를 통해 체계적으로 의사소통을 계속했다. 그리고 그렇게 할 수 있었던 유일한 계층이었다. 그것은 '민족성'(nationality) 없는 … 즉 민족의식 없는 민족이었다. … 왜냐하면 귀족은 크로아티아 종족적 공동체의 여타 구성원인 농민, 도시인과 일체감을 가질 수 없었기 때문이다. 봉건시대의 애국자는 자신의 '조국'을 사랑했으나 그 조국은 동료들의 영지와 재산 그리고 '왕국'을 포함하는 것이었다. 자신도 그 구성원인 '정치적 민족'은 그에게 그 이전 국가의 영토 및 전통을 의미했다." Mirjana Gross, "On the integration of the Croatian nation: a case study in nation-building" (*East European Quarterly*, XV, 2, June 1981), 212면.

거의 확실하지만, '정치적 민족'이라는 개념 및 어휘가 결국 한 나라의 주민 대부분으로 이루어진다고 가정되는 민족으로 확장될 수 있음은 명백하다. 더구나 이 둘간의 관계는 간접적인 것이 거의 분명하다. 왜냐하면 왕국의 평민은 최고 통치자, 왕 또는 짜르 등을 매개로 하여──잔 다르끄가 했던 것과 같이──'나라' 및 나라 사람들과 일체감을 지닐 수 있었던 데 반해 농민층이 필시 그들의 불만의 주표적인 영주들의 공동체로 구성된 '나라'와 일체감을 느꼈다고 보기는 어렵기 때문이다. 특정한 영주에 부속된 농민이 그에 충직하다고 하여 이것이 농민이 여타 젠트리의 이익과 일체감을 갖거나 그들이 사는 지역보다 큰 어떤 나라에 애착을 느끼는 것을 의미하지는 않는다.

오늘날 자율적인 민중운동으로 분류가능한 15~16세기 전(前)민족적 시대 중앙유럽에서의 외국의 침략자에 대항한 민족방위의 이데올로기는 민족적이 아니라 사회적 및 종교적이었던 듯하다. 농민은 터키인에게 약탈당하지 않게 자신들을 방어해주리라 믿었던 귀족이 그 임무를 하지 않음으로써 자신들을 배반했다고 주장했을 것이다. 농민은 아마 귀족이 약탈자와 내통했다고 믿었을지도 모른다. 이리하여 평민은 십자군 원정에 참가해 이교(異敎)에 대항하여 참신앙을 방어했다.[51] 후스파 보헤미아──본래의 후스적 이데올로기는 체코 민족에 기초를 두지 않았다──또는 기독교 국가들의 군사 변경지역에 거주하는 무장한 농민층에서처럼 그러한 운동은 특정한 상황에서 광범한 대중의 민족적 애국심의 바탕을 마련했다. 이미 본 바와 같이 까자흐인이 바로 이 경우이다. 그러나 국가 전통이 민중적 애국심에 대해 확고하고 영구한 틀을 제공하지 않았을 때 아래로부터의 애국심이 계속해서 근대 민족적 애국심으로 발전할 수 없는 게 일반적이다.[52] 그러나 물론 구체제의 정부는 거의 그러한 틀을 제공하지 않았다고 생각된다. 구체제하에서 군사적 의무를 특별히 부과

---

51) Szücs, *Nation und Geschichte*, 112~25면.

52) 같은 책, 125~30면.

받은 계층과는 달리, 피지배층의 의무는 충성이나 열정이 아니라 복종과 순종일 뿐이었다. 프리드리히 대왕은, 전쟁은 민간인이 아니라 군인의 업무라고 믿었기 때문에 러시아에 의해 수도가 거의 점령당할 지경에 이르러서도 그를 도와 적을 물리치겠다는 충성스런 베를린 시민의 제의를 분노하며 거절하였다. 그리고 우리 모두는, 왕을 돕고자 일어난 충성스런 티롤인에 대한 프란시스 2세의 다음과 같은 반응을 기억한다. "오늘 그들은 나를 위해 일어났지만 내일은 나의 반역자가 될 것이다."

　　그러나 현재나 과거를 막론하고 역사적 (또는 실제의) 국가의 구성원은 어떤 식으로든 일반 사람들의 의식에 영향을 줌으로써 원형민족주의 —— 또는 튜더왕조 시대의 영국에서와 같이 심지어 근대 애국주의와 유사한 것 —— 를 창조할 수 있다. (근대 애국주의라는 명칭을 셰익스피어의 영국사 선전극에 붙이기를 거부하는 것은 현학적이다. 그러나 물론 저급한 관객이 그 연극에서 우리가 읽어내는 것과 같은 것을 읽어내리라고 가정할 권리가 우리에게는 없다.) 19세기 이전의 세르비아인의 원형민족주의를 부정할 이유는 없다. 그 까닭은 당시의 세르비아인이 인근의 카톨릭교도 및 이슬람교도를 적대시했던 그리스 정교도이기 때문이 아니라 —— 이것으로 그들이 불가리아인과 구별되지는 않았을 것이다 —— 터키인에 패배한 구왕국에 대한 추억이 민요와 영웅이야기 속에 그리고 아마 더 정확히는 대부분의 왕을 성인으로 떠받든 세르비아 교회가 날마다 드리는 예배에 보존되었기 때문이다. 러시아에 짜르가 존재했던 사실은 의심할 바 없이 러시아인이 자신들을 민족 같은 것으로 믿도록 하였다. 국가 전통이 지닌 잠재적인 대중성이 민족을 기초로 영토국가를 수립하려는 근대 민족주의에 끼치는 영향은 자명하다. 이 잠재력은 그러한 운동으로 하여금 사람들의 실제 기억 이상의 과거로 소급하여 거기서 알맞은(적당히 인상적인) 민족국가를 찾도록 한다. 아르메니아인과 크로아티아인이 이 예에 해당한다. 아르메니아 최후의 아주 중요한 왕국은 기원전 1세기경에 발견된다. 그리고 크로아티아의 민족주의자들은 (믿어지지

않게도) 자신들을 고귀한 '크로아티아의 정치적 민족'의 후손으로 생각하
였다. 언제나 그렇듯이, 19세기 민족주의적 선전의 내용은 민족주의적
명분을 추종하기 전의 평민이 실제 생각했던 바를 말해주는 믿을 만한
지침이 아니다. 53) 이는 물론 아르메니아인 또는 훨씬 작은 정도지만 19
세기 전의 크로아티아 농민 사이에 근대 민족주의의 기초인 원형민족주
의가 존재했음을 부정하는 것은 아니다.

  그러나 원형민족주의와 근대 민족주의 사이의 연속성이 있거나 또는
있어 보이는 곳에서 그 연속성은 완전히 허위일 수 있다. 유대 민족주의
와 근대 시온주의 사이에는 아무런 역사적 연속성이 없다. 성스러운 땅
티롤의 독일인 거주민은 20세기에 와서 독일 민족주의자의 아류가 되어
실제로 아돌프 히틀러의 열렬한 지지자가 되었다. 그러나 문학에서 탁월
히 분석돼온 이 과정은, 비록 범게르만 민족주의자들은 달리 생각하겠지
만, 1809년 여인숙 주인 안드레아 호퍼(종족적·언어적으로 독일인)의
주도로 일어난 티롤의 대중봉기와는 아무런 내적 관련이 없다. 54) 때때로
우리는 원형민족주의와 민족주의가 동시에 결합해 존재할 때조차 양자가
전혀 상응하지 않음을 본다. 19세기 초 그리스 민족주의의 식자층 주창
자 및 조직가 등이 고대 헬레니즘의 영광을 생각하고 고무되었음은 의심
의 여지가 없다. 또한 그것은 교육받은, 즉 고전교육을 받은 해외의 친
그리스주의자들의 열광을 불러일으켰다. 그리고 그들이 스스로 만든 민
족적 문어인 카서레버사(Katharevousa)는 야심어린 신고전어로, 테미스
토클레스(Themistocles)의 페리클레스(Pericles) 후손들의 언어를 그것
을 훼손해온 이천년 동안의 노예상태에서 끌어내 진정한 유산으로 되살
려내고자 한 것이다. 그러나 이딸리아인이 라틴어를 쓰지 않는 것과 마
찬가지로, 새로운 독립 민족국가를 형성하기 위해 무기를 들었던 실재의

---

53) I. Banac의 크로아티아 민족주의 논의는 이 문제를 인정치 못함으로써 그밖의
    점에서는 탁월하나 설득력이 떨어진다.
54) Cole and Wolf, *The Hidden Frontier*, 53, 112~13면.

그리스인은 더이상 고전 그리스어를 쓰지 않았다. 그들은 현대 그리스어 (Demotic)로 말하고 썼다. 그들에게 페리클레스, 아이스킬로스(Aes-chylos), 에우리피데스(Euripides) 그리고 스파르타와 아테네의 고전적 영광 등은 거의 아무런 의미가 없었다. 그들이 그러한 얘기를 들었다 해도 그것을 자신들과 관계가 있다고 보지 않았다. 역설적으로 그들은 그리스가 아닌 로마를 위해 싸웠다. 다시 말해서 그들은 자신들을 기독교화된 로마제국(즉 비잔티움)의 자손으로 생각하였다. 그들은 로마인이 터키인들에 대항해 싸운 것처럼 이슬람교를 믿는 이교도들에 대항해 싸웠다.

그러나 방금 인용한 그리스의 예에서만 볼 때 원형민족주의가 존재했던 곳에서 그것과 민족주의 간의 차이가 아무리 클지라도, 원형민족주의적 공동체의 현존하는 상징과 감정이 근대적 운동 또는 근대 국가의 이름으로 동원되는 한 원형민족주의는 민족주의의 과제를 도와주었다. 그러나 이것으로 양자가 같다거나 또는 그중 하나는 논리적으로 또는 필연적으로 다른 하나로 발전한다고 말할 수는 없다.

왜냐하면 원형민족주의만으로는 국가는커녕 민족(nationalities, nations)을 형성하는 데도 불충분함이 명백하기 때문이다. 국가의 존재 유무를 떠나 민족운동의 총수는 잠재적 민족을 판별하는 현재 기준에 의해 그러한 운동을 형성할 수 있는 인간집단의 수보다 분명히 훨씬 적으며 그리고 원형민족주의와 비슷한 소속감을 갖는 공동체의 수보다 확실히 적다. 그리고 이는 (비록 포클랜드 섬 또는 말비나스의 1800명 거주민의 자결문제는 논외로 하더라도) 사하라 독립민족을 위해 싸운 7만명 또는 터키인이 사는 키프로스 지역의 독립을 사실상 선언한 12만여 명밖에 안 되는 인구가 독립국가의 건설을 진지하게 주장했음에도 불구하고 그러하다. 우리는, 오늘날 민족주의 이데올로기가 보편적으로 지배하는 듯이 보이는 것은 일종의 착시현상이라는 겔너의 말에 동의해야 한다. 민족들의 세계는 존재할 수 없으며 단지 민족의 지위를 노리는 잠재적 민족집단이 비슷한 목표를 가진 집단을 배제하는 세계만이 있을 뿐이다. 만일 원형민족주의가 충분조건이었다면 지금쯤 마푸체족(Mapuche)*¹ 또는 아이마라족(Aymara)*²의 심각한 민족운동이 등장했을 것이다. 만일 그러한 운동이 내일 나타난다면, 그것은 다른 요인이 개입했기 때문일 것이다.

둘째, 원형민족적인 기반이 국가지향적 운동의 형성에 바람직하거나 심지어 핵심적일 수 있는 데 비해 ——그 기반이 충분조건은 아니지만 —— 일단 국가가 수립되고 나면 원형민족적 기반은 민족적 애국심과 충성심을 창조하는 데 필수적이지 않다. 종종 관찰되는 것처럼 민족은 국가형성의 기초라기보다는 그 결과이다. 명확한 증거가 되는 민족국가는 미국과 오스트레일리아이다. 그들 국가의 모든 민족 특수성 및 민족 기준 등은 18세기 후반 이후 형성되었으며 실제로 국가와 국토의 수립 이전에는 존재하지 않았다. 그러나 단순한 국가형성이 그 자체로서 민족형성에 충분한 것이 아님은 두말할 필요가 없다.

끝으로 그리고 항상 그렇듯이, 주의할 것이 있다. 우리는 과거에 또는 그로 인해 현재에 상대적으로 가장 말이 없는 남녀들이 무엇을 생각했으며 하고 있는지 너무 모르기 때문에, 그들이 민족 그리고 그들의 충성을 요구하는 민족국가에 대해 어떻게 생각하고 느꼈는가를 확신을 갖고 말할 수 없다. 이 때문에 원형민족적 일체감과 이후의 민족적 열정 또는 애국심 간의 실재 관계는 종종 모호하게 남는다. 우리는 넬슨 제독이 트라팔가 해전 전야 그의 함대에 영국은 모든 이가 그의 의무를 다하리라 기대한다는 신호를 보냈을 때 그가 무엇을 말했는지는 알고 있으나 그의 신호가 수병들의 가슴 속에 어떻게 받아들여졌는지는, 비록 일부 수병의 애국심을 의심하는 것은 이치에 맞지 않을망정, 알지 못한다. 우리는 민족주의 정당과 운동이 그들에 대한 민족 구성원들의 지지를 곡해한다는

---

*1 마푸체족은 칠레의 중남부 지역에 거주하는 인디오 부족으로, 현재 50만명 정도가 보호구역 내에서 살고 있다 —역자.

*2 아이마라족은 볼리비아와 페루 사이에 있는 티티카카호 부근에 사는 남미 인디오 부족으로 인구는 약 150만명이다 —역자.

점은 알지만, 이들 구매자들이 민족주의 정치의 세일즈맨이 내놓는 잡다하게 섞인 상품꾸러미를 구입하면서 무엇을 추구하는지는 알지 못한다. 때때로 우리는 구매자들이 원치 않는 것이 어떤 부분인가를 꽤 잘 알 수 있으나——아일랜드인의 경우, 게일어를 보편적으로 사용하는 것——그러한 선택적인 국민투표는 좀처럼 가능하지 않다.

예를 들어 조국을 위해 죽을 각오가 되어 있는 것을 애국심의 지표로 가정해보자. 이 가정은 충분히 그럴싸해 보이며 민족주의자와 그들의 정부는 자연히 그렇게 해왔다. 이때 우리는 민족적 호소를 더 잘 받아들였음직한 빌헬름 2세와 히틀러의 병사들이, 용병으로 고용되어 그만큼의 동기는 부여받지 못한 것으로 보이는 18세기의 헤쎈(Hessian) 병사들보다 더 용맹스럽게 싸웠다고 예상할 것이다. 그러나 정말 그랬던가? 그리고 그들이 아직까지도 애국자로 간주될 수 없는 제1차 세계대전의 터키 병사들보다 용맹했던가? 또한 그들은 영국이나 네팔에 대한 애국심에 의해 일어나지 않은 것이 너무나도 분명한 구르카 병사들(Gurkhas)*보다 용맹했던가? 우리가 이같이 꽤나 어리석은 질문을 던지는 이유는 해답을 구하거나 그에 대한 연구를 촉발하려는 것이 아니라 일반 남녀의 민족의식에 관한 의문들이 얼마나 짙은 안개에 휩싸여 있는가를 지적하고 싶기 때문이다. 안개는 근대 민족주의가 확실히 대중적 정치세력으로 되기 이전의 시기에 특히 짙다. 민족의식은 서유럽에서마저 19세기 후반까지 대다수의 민족에게 형성되지 않았다. 앞으로 살펴보겠지만, 이 시기가 되면 비록 내용은 아니지만 적어도 선택은 명백해졌다.

* 구르카족은 네팔 중부에 사는 부족으로, 영국군과 인도군 중의 구르카병사는 용맹하기로 유명하다 — 역자.

제 3 장

정부의 시각

　논의의 초점을 기층민중으로부터 프랑스혁명 이후 국가와 사회를 통치한 사람들이 민족과 민족성의 문제를 보는 높은 정점으로 돌려보자.

　프랑스혁명기에 체계적인 형태를 갖춘 특유의 근대 국가는, 16~17세기에 발전하고 있던 유럽 공국들에 의해 여러가지 면에서 예기되었지만, 많은 점에서 새로운 현상이다. 근대 국가는 피지배 거주민이 사는 (바람직하게는 연속적이고 단절되지 않은) 영토에 의해 정의되었고 동일한 조건의 여타 영토와 매우 뚜렷한 국경이나 경계에 의해 분리되었다. 정치적으로 그것은 중간 관리체계와 자치단체 등을 통하지 않고 직접적으로 거주민을 지배하고 통치하였다. 혁명의 시대 이후 근대 국가는 이전과 같이 종교적 또는 세속적-이데올로기적 장치와 법을 강요할 수는 없었지만, 전영토에 걸쳐 가능한 한 동일한 제도적·행정적 장치와 법을 부과하고자 하였다. 또한 국가는 국민(subject) 또는 시민의 여론에 귀기울여야 한다는 점을 차츰 깨닫게 되었다. 그 까닭은 국가의 정치적 장치가 (일반적으로 다양한 종류의 선거에서 선출된 대표를 통해서) 그들에게 발언권을 주었기 때문이며, 또한 국가가 다른 방식으로 예를 들면 납세

자나 잠재적인 징집병으로서의 그들의 실질적인 동의나 활동이 필요했기 때문이다. 간단히 말하면, 국가는 영토적으로 정의된 '국민'(people)을 그 영토에 대한 최고의 '민족적' 통치기관으로서 지배했으며, 국가의 대리인은 점차 최소 단위 마을의 미천한 이들에게까지 영향력을 미쳤다.

19세기 '근대 국가'의 이러한 개입은 보편적이고 일상화되어서 가족 구성원의 일부가 민족국가 및 그 대리인과 정규적으로 접촉하지 않는 한, 그 가족은 서로 접촉하기가 매우 어려웠다. 즉 사람들은 병영과 훨씬 더 널리 들리는 군악대는 차치하더라도, 집배원, 경찰 또는 헌병, 결국에는 교사, 그리고 공공철도가 놓인 곳에서는 철도청 직원과 접촉해야 했다. 점차 국가는 정기적인 쎈서스(이는 19세기 중엽까지 일반화되지 않았다)라는 장치와 이론뿐인 것이기는 하나 국민학교 의무교육 그리고 적용 가능한 곳에서는 징병을 통해 국민과 시민 각자의 기록을 보관하고 관리하였다. 관료적이고 엄중한 치안국가에서 실시된 사문서 교부 및 등록의 체계로 거주민과 통치·행정 기제가 더 직접적으로 접촉하게 되었고, 이는 특히 주민이 이동을 할 때 그러하였다. 대다수의 국가가 교회를 대신하여 위대한 인간 예식을 담당하게 되자 거주민은 이러한 정서적 의식을 통해 국가의 대리인과 접촉하게 된다. 언제나 거주민은 출생, 혼인 그리고 사망을 담당하는 국가기구에 의해 기록되었고, 이는 쎈서스라는 기제에 의해 보완되었다. 정부와 국민 또는 시민은 전에 없던 일상의 결합에 의해 불가피하게 결부되었다. 그리고 철도와 전신으로 상징되는 19세기의 수송과 통신의 혁명은 중앙권력과 가장 외진 초소 간의 연결을 공고히 하고 일상화하였다.

국가와 지배계급의 시각에서 보면, 이 변화는 중앙정부와 지방 엘리뜨 간의 관계 변화 —— 연방주의가 희귀하고 더욱 생경해진 유럽에서 이는 꾸준히 중앙에 유리하게 진행되었다 —— 는 접어두고라도 두 가지의 주요한 정치적 문제를 노정했다.[1] 첫째, 이 변화는 모든 성인(남자) 거주민 그리고 성과 연령에 관계없이 행정 대상으로서의 모든 거주민이 국가

정부와 직접적으로 연결되는 새로운 정부형태를 마련하는 가장 좋은 방법과 관련된 기술행정적 문제를 야기한다. 이 문제가 행정기구 및 다수의 대리인들로 구성되는 기관의 창설을 의미하는 한, 그것은 여기서 우리의 관심사이다. 그 창설은 자동적으로 국가 내의 문어나 구어 또는 소통 언어의 문제를 야기하며, 보편적 교양에 대한 열망은 그것을 정치적으로 민감한 문제로 만든다. 우리의 기준에 의하면 이러한 정부 대리인의 비중은 그리 크지 않았으나 ── 1910년경 총취업인구를 20으로 할 때 기껏해야 1의 비율 ── 어떤 경우 꽤 빠르게 증가하여 고용인 중에서 상당한 수를 점하게 되었다. 몇 나라의 예를 들면, 시슬레이타니아 오스트리아(Cisleithanian Austria)* 약 700,000명(1910년), 프랑스 500,000명 이상(1906년), 독일 약 1,500,000명(1907년), 이딸리아 700,000명(1907년)이다.[2] 덧붙여, 아마도 공무원은 각 나라에서 문자해득을 필요로 하는 가장 큰 고용집단을 이루고 있었던 것 같다.

둘째, 그것은 정치적으로 훨씬 더 민감한 문제, 즉 국가 및 통치체제에 대한 시민의 충성 및 일체감이라는 문제를 야기하였다. 시민과 세속화된 민족 지배층이 서로 직접적으로 대면하기 이전 시대에 충성과 일체감은 상민 남자에게 ── 여자는 말할 것도 없고 ── 요구되지 않았거나, 또는 혁명의 시대를 거치면서 사라지거나 지위가 하락한 모든 자율적 또

---

1) 아일랜드 분리의회의 소멸, '폴란드 의회'의 자율성 박탈, 이전의 연방 독일에 대한 패권국가(프러시아) 및 전독일 단일의회의 지배, 그리고 이딸리아의 중앙집권 국가로의 변화 및 지방의 이익에 독립적인 스페인 국립경찰의 창설 등은 이러한 경향을 보여주는 많은 사례들이다. 중앙정부는 영국에서처럼 중앙정부의 허가를 통해 지방정부에 많은 권한을 이양할 수 있었을지는 모르나, 1914년 이전 유럽의 유일한 연방정부는 스위스뿐이었다.

* 시슬레이타니아는 오스트리아-헝가리 제국하에서 오스트리아인들이 자기 지역을 일컫는 말이며, 헝가리 지역을 가리키는 말로는 트란스레이타니아(Transleithania)가 있다 ── 역자.

2) Peter Flora, *State, Economy and Society in Western Europe 1815~1975*, vol. 1, 제5장 (Frankfurt, London and Chicago 1983).

는 중간 층을 매개로 하여 확보되었다. 그 예로는 종교와 사회적 위계질서("신이여 지주와 그의 친족을 보호하고 우리를 우리의 자리에 있게 하소서"), 또는 최고 통치자보다 하위인 자율적으로 만들어낸 권력자나 자치 공동체와 조합 등이 있다. 이는 마치 칸막이처럼 신민과 제왕 또는 왕 사이를 차단하여 군주국가가 자유자재로 덕과 정의를 대표하게 하였다. 자녀들이 부모에게 복종하듯 여성은 '그들을 대리하는' 남성에게 복종하였다. 또 한편, 1830년 혁명 당시의 프랑스와 벨기에 그리고 1832년 이후의 개혁시대에 영국에서 꽃핀 고전적 자유주의는 정치적 권리를 재산이 있는 식자층에 한정함으로써 시민정치라는 문제를 회피하였다.

그러나 19세기의 마지막 30년 동안 민주화, 또는 적어도 정치가 점차 무제한의 선거로 이루어지는 것을 피할 수 없음이 점점 명백해졌다. 마찬가지로, 적어도 1880년대 이래 보통의 남자가 시민으로서 가장 명목적인 정치 참여권까지 획득하게 됨으로써 —— 가장 드문 예외로, 보통의 여자는 여전히 배제되었다 —— 그가 윗사람이나 국가에 대해 자동적으로 복종하거나 지지하리라고 더이상 기대할 수 없음도 분명해졌다. 그 사람이 소속된 계급이 역사적으로 새로운 것이어서 전통적 위계가 결여됐을 때는 특히 그렇다. 그러므로 국가와 지배계급이 하층계급의 충성을 놓고 새로운 계급과 겨루는 경쟁은 치열해졌다.

이와 동시에 근대전이 보여주듯, 이제 국가이익은 예전에는 상상치 못했던 정도로 일반시민의 참여에 의존하였다. 군대가 징집병으로 이루어지든 자원병으로 이루어지든간에, 남성의 복무의지가 이제 정부의 계산에서 필수적인 변수가 되었다. 그리고 남성의 실제 신체적·정신적 복무능력이 빼놓을 수 없는 요인이기 때문에 정부는 그 능력을 체계적으로 조사하기 시작했다. 보어전쟁(Boer War) 후 영국에서 이루어진 '신체적 저하'에 대한 유명한 조사가 그 한 예다. 전략가는 민간인이 치르게 될 희생의 정도를 고려해 계획을 세워야 했다. 이 점 때문에 1914년 이전의 영국 전략가들은 식량 수입원의 보호자인 해군의 약화를 염려하여 대량

지상전의 강화를 꺼려하였다. 노동 및 사회주의 운동의 발흥을 고려할 때 시민 특히 노동자의 정치적 태도는 결정적인 변수가 되었다. 정치적 민주화, 즉 (남성) 참정권의 점증적인 확대와 다른 한편으로 시민을 동원하고 그들에게 영향을 끼치는 근대 행정적 국가의 건설은, '민족' 문제와 '민족'(nation, nationality)으로 간주하는 것이 무엇이든 그에 대한 시민의 감정이나 충성심을 최고의 정치적 과제로 만들었다.

새로 탄생한 국가에서 정통성 획득이 해결되어야 할 문제이고 '국민' (people) 또는 '민족'이 어떻게 정의되든 그것과 국가를 동일시하는 것이 정통성 문제를 푸는 데 간편하고 익히 알려진 방법이며, 인민주권을 주장하는 나라에서는 정의상 그것이 유일한 길이기는 했지만, 지배층의 문제는 단순히 새로운 정통성을 획득하는 것이 아니었다. 그리스, 이딸리아, 벨기에처럼 이전에는 전혀 그런 식으로 존재하지 않았던 군주국가와 1871년의 독일제국과 같이 이전의 역사적 정체들과 결별한 군주국가를 과연 그 무엇이 정당화할 수 있었는가? 심지어 오랜 전통의 기성 정체도 다음의 세 가지 이유에서 새로운 상황에 적응할 필요가 있었다. 1789년에서 1815년 사이에 변화를 겪지 않은 기성 정체는 거의 없었다. 심지어 나뽈레옹 시대 이후의 스위스마저 중요한 측면에서 새로운 정체였다. 왕정의 정통성, 신성한 서품식, 통치의 역사적 권리와 연속성 또는 종교적 응집성 등과 같이 충성심을 전통적으로 보증해온 것들이 막대히 손상되었다. 끝으로 그러나 위의 두 요인에 비해 작지 않은 요인은 전통적으로 국가 권위를 정당화해온 이 모든 것이 1789년 이래 영구히 도전받게 되었다는 사실이다.

이는 군주국가의 경우에 분명히 드러난다. 조지 3세의 영국과 니꼴라스 1세의 러시아 등과 같이 혁명으로부터 안전한 국가에서는 군주정이 새롭고 적어도 보완적이며 '민족적'인 기반을 갖출 필요가 있음을 인식하였다.[3] 그리고 확실히 군주국가들은 스스로 자기 변화를 꾀하였다.

그러나, 만일 군주가 '민족'에 적응하는 것이 혁명의 시대(프랑스혁명)

이후 전통적 제도의 적응 또는 소멸 여부를 판단하는 데 유용한 지표라고 한다면, 16~17세기 동안 유럽에서 발전해온 군주에 의한 세습 통치 제도 자체는 민족과 아무런 필연적인 관계가 없었다. 사실, 1914년 거의 대부분의 유럽 군주들은 —— 유럽 대륙에서 아직 왕정이 보편적이었을 때 —— 서로 밀접한 관계가 있는 일단의 왕가에서 나왔다. 국가 수장으로서 그들의 기능은 그들의 개인적 민족성과 (그들이 한 민족의 구성원이라고 느꼈다면) 아무 관계가 없었다. 빅토리아 여왕의 부군 앨버트는 독일을 조국으로 믿어 프러시아 왕에게 독일어로 편지를 썼으나 그가 확고히 대변한 정책은 분명히 영국의 정책이었다.[4] 20세기 후반의 초국적 기업들은 회사의 대표이사를 뽑을 때, 19세기의 민족국가들이 지역에 연고가 있는 왕을 선출하는 것보다도 더 기업이 소속하거나 본부가 있는 국가 내의 인물을 선호하는 경향이 있다.

다른 한편 혁명 후의 국가는, 세습적인 지배자에 의해 통치되든 아니든간에 '민족', 즉 한 집단, 한 '국민'으로 간주되는 영토의 거주민과 필연적인 유기적 관계를 맺게 되었다. 우리는 국민의 구조를 통해 그리고 국민을 정치적 권리와 주장을 가진 여러가지로 동원가능한 시민체로 변화시키는 정치적 변혁을 통해 이를 알고 있다. 심지어 국가가 아직 그 정통성이나 단결에 도전하는 상당한 세력과 실로 강력한 정치적 전복세력에 직면하지 않을 때마저, 이전의 오랜 사회정치적 결집이 단순히 약화되는 것만으로도 국가는 새로운 형태의 시민적 충성(루쏘의 문구를 빌리자면 '시민종교')을 형성하고 주입시켰어야만 했을 것이다. 왜냐하면

---

3) Linda Colley, "The apotheosis of George III: loyalty, royalty and the British nation" (*Past and Present*, 102, 1984, 94~129면). 짜르 정부는 전제와 정교의 원리뿐 아니라 '민족주의'(natsionalnost)의 원리에도 기반을 두어야 한다는 우바로프(Uvarov) 공작의 제안(1832)에 대해서는 Hugh Seton-Watson, *Nations and States* (London 1977), 84면을 참조하라.

4) *Revolutionsbriefe 1848: Ungedrucktes aus dem Nachlass König Friedrich Wilhelms IV von Preussen* (Leipzig 1930)을 참조하라.

다른 잠재적 충성이 이제 정치적으로 표현될 수 있었기 때문이다. 혁명, 자유주의, 민족주의, 민주화의 시대이자 노동운동이 발흥하는 시대에 어느 국가가 자신이 절대적으로 안전하다고 확신하겠는가? 19세기의 마지막 20년 동안에 생겨난 사회학은 일차적으로 정치사회학이었고 그것의 핵심주제는 사회정치적 단결(cohesion)이었다. 그러나 넬슨 제독이 트라팔가 해전을 대비하며 애국적인 노래를 부르는 수병들에게 "영국은 현재 모든 이가 그의 의무를 다할 것을 기대한다"고 말한 것처럼, 국가는 점차 시민으로부터 수동적인 애국 이상을 요구하였기 때문에 시민종교('애국주의')가 더욱더 필요하였다.

그리고 시민들이 국가와 경쟁하는 설교자들에게 기울기 전에 시민을 새로운 시민종교로 개종시키지 못했다면, 국가는 사라졌을지도 모른다. 글래드스턴(William Gladstone)이 인식했던 것과 같이, 1884~85년의 선거민주화를 통해 아일랜드 카톨릭교도의 의석이 모두 아일랜드당(민족주의당)에 속한다는 사실이 드러나자 아일랜드는 대영제국의 영향에서 벗어나게 되었다. 그렇지만 아일랜드의 여타 민족 구성원들이 '영국'(Great Britain)의 국가중심적 민족주의를 수용했기 때문에 아일랜드는 여전히 대영제국으로 남았다. 국가중심적 민족주의는 18세기에 그들 자신에게 유리하게 발전해왔고 아직도 정통파 민족주의를 대표하는 이론가들의 풀리지 않는 수수께끼이다. [5] 다양한 아일랜드의 집합체인 합스부르크제국은 이처럼 행복하지 못했다. 여기에 오스트리아의 소설가 로베르트 무질

---

5) 영국(British) 의식의 발전과정에 관한 일반적 논의는 Raphael Samuel (ed.), *Patriotism: The Making and Unmaking of British National Identity* (3 vols., London 1989)를 보고 특수한 논의는 "Whose nation? Class and national consciousness in Britain 1750~1830" (*Past and Present*, 113, November 1986), 97 ~117면과 "Imperial South Wales" in Gwyn A. Williams, *The Welsh in their History* (London and Canberra 1982)를 참고하라. 수수께끼 문제에 관해서는 Tom Nairn, *The Enchanted Glass: Britain and its Monarchy* (London 1988), 제 2부를 참조하라.

(Robert Musil)이 명명한 카카니아(Kakania, '제국의'와 '왕족의'를 뜻하는 독일어의 첫자 k를 따서)*와 톰 네언(Tom Nairn)이 무질을 따라 명명한 우카니아(Ukania, United Kingdom의 머리글자를 따서) 간의 중요한 차이가 있는 것이다.

순수하게 국가에 기반을 둔 애국주의가 반드시 비효과적이지는 않다. 왜냐하면 영토에 기초를 둔 근대적 시민국가가 존재하고 기능하는 것 자체가 항상 거주민을 국가 업무에 관련시키고, 필연적으로 제도나 절차상의 '조망'(landscape)을 제공하기 때문이다. 이것은 여타의 조망과 다르며 거주민의 삶을 대부분 결정짓는 환경을 형성한다. 국가가 한 인간의 생애보다도 짧은 수십년 동안밖에 존재하지 않는다 해도, 이런 식으로 새로운 민족국가와 적어도 피동적으로나마 일체감을 느끼게 하는 데는 충분하다. 만일 그렇지 않다면, 우리는 이란에서 시아(Shia)파의 혁명적 근본주의가 발흥한 것이 분열된 레바논의 시아파에서처럼 이라크에서도 중요한 파장을 낳았다고 말해야만 한다. 왜냐하면 시아파의 주요 성지가 있는 이라크의 비쿠르드 이슬람교도 대부분이 이란인과 같은 종파에 속하기 때문이다.[6] 그럼에도 불구하고 메소포타미아에서 세속적인 주권 민족국가의 관념은 영토적 유대국가의 관념보다도 늦게 최근에야 생겨났다. 순수한 국가애국주의(state-patriotism)가 갖는 잠재적인 영향력을 보여주는 극단적인 사례로는 1880년대 러시아의 동화정책이 반러시아 감정을 조장할 때까지 핀란드인이 19세기에 걸쳐 짜르에게 충성한 것을 들수 있다. 사실, 로마노프(Romanov)가에 대한 기념물이 정작 러시아 안에서는 쉽게 발견되지 않는 반면, 해방자 짜르로 불리는 알렉싼더 2세의 동상은 헬싱키의 주광장에 여전히 버티고 서 있다.

---

* 독일어 kaiserlich와 königlich의 머리글자를 따온 것이다 — 역자.
6) 이라크에서는 의심할 나위 없이 탄압을 가해 명백히 그러한 동조 표현을 하지 못하도록 억눌렀다. 다른 한편, 침략한 이란혁명군이 일시적으로 상당한 성공을 거둔다 해도 그것이 동조를 고무할 것 같지는 않다.

논의를 더 발전시켜보자. 애국주의 본래의 혁명적-민중적 관념은 주권 인민 자체, 즉 인민의 이름으로 권력을 행사하는 국가와 관련되었기 때문에 민족주의적이라기보다는 국가에 기초를 둔 것이었다. 종족 또는 역사적 연속성을 갖는 다른 요인들은 이와같은 의미의 '민족'과 무관하며 언어는 오직 또는 주로 실제적인 근거에서 관련되었다. '애국자'라는 단어는 본래 "옳든 그르든 내 조국"을 믿는 사람들과는 정반대의 의미, 즉 ──존슨 박사가 이 단어의 역설적 용법을 인용했듯이── "파당적인 정부 교란자들"이라는 의미를 담고 있었다.[7] 미국인 그리고 특히 1783년의 네덜란드 혁명[8]에 의해 처음으로 사용되었던 의미를 수용한 프랑스 혁명은 애국자를 개혁이나 혁명을 통해 조국을 변혁함으로써 조국에 대한 사랑을 표시했던 이들이라고 여겼다. 그리고 그들이 충성을 바친 조국(patrie)은 기존 국가와 정반대의 것으로, 구성원이 정치적 선택을 통해 이전의 충성심을 버리거나 희석함으로써 새로 태어나는 민족을 의미하였다. 1789년 11월 19일 발랑스(Valence) 근처에서 회동한, 랑그독(Languedoc), 도피네(Dauphiné) 및 프로방스(Provence) 등지에서 온 1200명의 국민방위군은 민족, 법 그리고 왕에 대한 충성을 서약했으며 그들은 더이상 도피네인, 프로방스인 또는 랑그독인이 아니라 오직 프랑스인이라고 선언했다. 나아가 알자스(Alsace), 로렌(Lorraine) 그리고 프랑슈-꽁떼(Franche-Comté)의 국민방위군이 1790년 비슷한 모임에서 그처럼 선언함으로써 프랑스에 병합된 지 1세기도 채 안 된 지역의 거주민이 충성스런 프랑스인으로 탈바꿈하였다.[9] 라비스(Lavisse)가 말했듯이,[10]

---

7) Hugh Cunningham, "The language of patriotism, 1750~1914" (*History Workshop Journal*, 12, 1981), 8~33면.

8) J. Godechot, *La Grande Nation: l'expansion révolutionnaire de la France dans le monde 1789~1799* (Paris 1956), vol. I, 254면.

9) 같은 책, 73면.

10) Pierre Nora (ed.), *Les Lieux de Mémoire II* La Nation* (Paris 1986), 363면에서 인용.

"자체 요구에 따라 합의된 민족"(La Nation consentie, voulue par elle-même)은 프랑스가 역사에 기여한 바였다. 민족을 잠재적 시민의 신중한 정치적 선택에 의해 구성된 것으로 파악하는 민족의 혁명적 개념은 물론 아직도 미국에서 순수한 형태로 남아 있다. 미국인은 미국인이 되길 바라는 사람들이다. 민족을 국민결의(plebiscite)와 유사한 것, 즉 르낭이 말한 것처럼 "매일의 국민결의"(un plébiscite de tous les jours)로 보는 프랑스의 민족 개념은 그 본질적으로 정치적인 특성을 상실하지 않았다. 프랑스 민족은 프랑스 시민이었다. 종족, 역사, 언어 또는 고향의 방언 등은 '민족'의 정의와 무관하였다.

더구나 반혁명적이고 마지못해 민주화를 시행하는 정권은 이와같은 의미의 민족을——그들의 권리 자체가 나라 안에서 자기 몫을 보장하며 따라서 국가를 어느 정도는 '우리 자신의' 것으로 만드는 시민체로서의——이내 인정하려 하지 않았지만, 이 개념이 혁명적이고 민주적인 정권에만 국한된 현상은 아니었다. 이 때문에 1914년의 교전국들은 그들의 인민이 비록 짧은 기간이지만 애국심에 충만하여 무기를 들려고 달려오는 것을 보고 놀랐다.[11]

민주화의 정치활동, 즉 국민(subject)을 시민으로 변화시키는 활동은 민중적 의식을 낳는 방향으로 진행하며 이 의식은 어떤 점에서 민족적, 심지어 국수주의적 애국주의와 분간하기 어렵다. 왜냐하면 시민이 만일 '한 나라'를 '내 나라'로 믿는다면, 그는 외국인의 나라보다 자기 나라를 더 쉽게 선호하게 된다. 이는 외국인에게 진정한 시민의 권리 및 자유가 결여될 때 특히 그렇다. 톰슨(E. P. Thompson)이 '자유롭게 태어난 영국인'이라고 한, 노예이길 결단코 거부했던 18세기의 브르따뉴인은 기꺼이 자신들을 프랑스인과 다르다고 생각했다. 이것이 반드시 지배계급이나

11) Marc Ferro, *La Grande Guerre 1914~1918* (Paris 1969), 23면; A. Offner, "The working classes, British naval plans and the coming of the Great War" (*Past and Present*, 107, May 1985), 225~26면.

그들의 정부에 대한 동조를 의미하지는 않았다. 지배계급이나 그 정부는 호전적인 하층계급민의 충성심에 대해 의심을 품었을 수 있는데, 그 까닭은 민중을 착취한 부유층과 귀족은 가장 미운 외국인들보다 언제나 그들 곁에 더 가까이 존재했기 때문이다. 1914년 이전의 마지막 몇십년 동안 여러 나라의 노동계급이 획득한 계급의식은 인간과 시민의 권리(Rights of Man and Citizen)에 대한 요구를, 따라서 잠재적인 애국주의를 의미하였다. 아니 주장하였다. 자꼬뱅주의의 역사와 차티즘 같은 운동의 역사가 보여주듯이, 대중적 정치의식 또는 계급의식은 '조국'의 개념을 함축하였다. 대다수의 차티스트들은 부유층과 프랑스인 모두에 반대했던 것이다.

민중민주적이고 자꼬뱅적인 애국주의를 극도로 취약하게 만든 것은 이러한 시민대중이 객관적 —— 노동계급 중에 —— 주관적인 면에서 하위에 놓여 있다는 것이었다. 그 까닭은, 이러한 애국주의가 발달한 국가에서 그 정치적 목표가 정부 및 지배계급에 의해 짜였기 때문이다. 노동자들 사이에 정치적·계급적 의식이 확산됨으로써 그들은 시민의 권리를 요구하고 행사하는 것을 배우게 되었다. 비극적 역설은, 노동자들이 시민권 행사를 배운 국가에서 권리 주장이 노동자들로 하여금 자진하여 제1차 세계대전의 상호 대량학살에 빠져들도록 했다는 것이다. 그러나 중요한 것은, 교전국들이 전쟁에 대한 지지를 얻기 위해 단순히 맹목적인 애국주의 그리고 심지어 남성적인 영광과 영웅주의에 호소했을 뿐만 아니라 기본적으로 민간인 및 시민에 대한 선전에 호소하였다는 점이다. 모든 주요 교전국들은 그 전쟁을 방위전이라고 선전했다. 모든 교전국은 전쟁을 자국 또는 동맹국에만 존재하는 시민적 장점에 대한 외국의 위협을 물리치기 위해 싸우는 것이라고 선전했다. 교전국 모두는 그들의 전쟁 목적이 (얼마간 모순되게) 그러한 위협을 제거하는 것일 뿐만 아니라 '빈곤한 시민들'의 이익을 위해 특정한 방식으로 자국의 사회적 변혁을 이루는 것('영웅들의 조국')이라고 선전하는 방법을 배웠다.

시민들의 반정부적 태도에도 불구하고 어떻게 그들에게 국가와 정권이
정당성을 획득할 수 있었는가 하는 문제를 푸는 데 민주화는 이처럼 자
동적으로 도움을 준다. 민주화는 국가에 대한 애국심을 강화했고 심지어
창출하기까지 했다. 그러나 민주화의 한계는, 국가가 자기만이 충성하기
에 합당한 대상이라고 주장함에도 불구하고 충성을 얻고자 하는 강력한
동원력을 가진 대체세력과 만날 때 특히 두드러진다. 국가의 가장 두려
운 적은 국가로부터 독립적인 민족주의들이었다. 앞으로 볼 것처럼, 민
족주의는 그 수와 호소력의 파급 범위 면에서 증대하여, 19세기 마지막
30년 동안 국가에 대한 잠재적 위협을 가중시키는 야망을 형성하였다.
국가의 근대화 자체가 이러한 민족주의 세력을 창출하지 않았다 해도 고
무하기는 했다고 종종 생각되었다. 사실, 근대화의 기능으로서의 민족주
의에 관한 이론들은 최근의 문헌에서 극히 두드러졌다. [12] 그러나 민족주
의와 19세기 국가들의 근대화가 어떠한 관련을 맺고 있었든간에 국가는
민족주의를 자기와 분리된, 다시 말해서 '국가애국주의'(state-patriotism)
와는 완전히 상이한 정치세력으로 적대시했다. 그러나 민족주의가 국가
애국주의 내로 통합되어 그 핵심적 정서가 된다면 정부의 강력한 자산이
될 수 있었다.

물론 이는 '작은' 조국과의 진정한 실재론적 일체감을 단순히 큰 조국
에 투사함으로써 종종 가능하였다. 큰 조국은, 조국을 뜻하는 'pays',
'paese', 'pueblo', 또는 1776년까지 프랑스 학술원에 의해 지방적 개념으
로 정의된 'patrie' 등의 말의 범위가 언어학적으로 확대된 용어이다. "프
랑스인의 나라는 우연히 그가 태어나게 된 프랑스의 일부일 뿐이다. "[13]

---

12) 칼 도이취 이래 등장한 겔너의 저작은 좋은 예가 된다. Karl Deutsch,
*Nationalism and Social Communication. An Enquiry into the Foundations of
Nationality* (Cambridge MA 1953), Ernest Gellner, *Nations and Nationalism*
(Oxford 1983). John Breuilly, "Reflections on nationalism" (*Philosophy and
Social Sciences*, 15/1 March 1985), 65~75면을 참고하라.

13) J. M. Thompson, *The French Revolution* (Oxford 1944), 121면.

단지 '국민'이 됨으로써 나라의 시민들은, 비록 상상된 것이기는 하나, 하나의 공동체가 되었으며 그리하여 그 구성원들은 자신들이 공통된 것, 즉 장소, 관습, 명사(名士), 추억, 부호 및 상징 등을 추구하며 끝내는 발견하게 됨을 알게 되었다. 이 대신, '민족'으로 통합된 종파, 지역 및 향토의 각각의 유산은 전민족의 유산으로 결합될 수 있었으며 심지어 고대의 갈등조차도 더 높고 포괄적인 차원에서의 화해를 상징하게 되었다. 그와같이 월터 스콧(Walter Scott)은 상호 적대적인 동부 스코틀랜드인과 서부 스코틀랜드인들, 왕과 코베난터(Covenanter)*들이 흘린 피로 홍건한 영토에 단일의 스코틀랜드를 세웠으며, 이를 위해 그는 고대의 분열상을 강조했다. 좀더 일반적으로, 비달 드 라 블라슈(Vidal de la Blache)가 1903년에 『프랑스의 지지』(Tableau de la géographie de la France)[14]라는 탁월한 책에서 잘 요약한 것처럼, 실제로 모든 민족국가에 해당되는 이론적 문제, 즉 "어떻게 섬이나 반도가 아니며 물리적으로 단일한 단위라고 생각될 수 없는 지표의 일부가 정치적 국가의 지위에 오르게 되며 마침내는 조국이 되었는가" 하는 문제가 해결되어야 했다. 심지어 중간 크기의 어떤 민족도 통일을 위해서는 명백한 불화를 극복해야 했기 때문이다.

국가와 정권은 할 수만 있다면, '상상된 공동체'의 감정과 상징 등이 어디서 또는 어떻게 연유했든지간에 그것을 가지고 국가애국주의를 강화하고자 했으며 그것을 자신들에 집중시키려 했다. 실제로, 정치의 민주화가 '우리의 주인들을 교육시키고', '이딸리아인을 만들고', '농민을 프

---

* 코베난터는 1638년 영국과의 스코틀랜드 민족 협약에 참여해 서명한 자를 말한다 — 역자.

14) 블라슈의 저술은 에르네스뜨 라비스가 여러 권으로 편집한 유명한 『프랑스의 역사』(Histoire de la France) 중 첫째 권으로 기획된 것으로 실증과학과 공화제 이데올로기에 대해 기념비적인 저작이다. J. -Y. Guiomar, "Le Tableau de la géographie de la France de Vidal de la Blache" in Pierre Nora (ed.), Les Lieux de Mémoire Ⅱ,* 569면 이하를 참조하라.

랑스인으로 만들고', 모든 사람을 민족과 국기에 엮어 매는 것을 필수적
인 것으로 만들었던 시대는 대중적 민족주의자, 또는 새로이 등장한 인
종주의 사이비 과학이 설파한 어떠한 류의 외국인 혐오증이나 자국 우월
감 등을 가진 사람이 동원되기 쉬운 시대이기도 하였다. 왜냐하면 1880
년부터 1914년까지의 시기는 또한 이제까지 알려진 국가간 또는 국가 내
의 인구이동 중에서 최대의 대량이주가 이루어진 시기, 제국주의의 시기
그리고 결국은 전쟁으로 이어진 국제경쟁이 점증하는 시기이기도 했기
때문이다. 이 모든 것은 '우리'와 '그들' 간의 차이를 강조했다. 그리고
열광에 들뜬 사람들의 분절된 부문들을 결합시키는 데 외부 사람들을 적
으로 삼아 단결시키는 것보다 효과적인 것은 없다. 시민의 민족주의를
이용할 때 정부가 상당한 국내적 관심을 갖는다는 점을 인정하기 위해
절대적인 '국내 정치의 우선성'(Primat der Innenpolitik)을 받아들일 필요
는 없다. 반대로 국제적 갈등만큼 민족주의를 고무하는 것은 없다. 라인
강을 둘러싼 독일과 프랑스 간의 1840년 분쟁이 양국의 민족주의적 문귀
의 상투적 표현을 개발하는 데 했던 역할은 익히 알려져 있다. [15]

자연히 국가는 거주민과의 의사소통을 위해 점차 강력해지는 기제, 특
히 국민학교를 이용하여 '민족'의 이미지와 유산을 전파하고 민족 소속감
을 주입하며 국민 모두를 나라와 국기에 옭아매는 등, 종종 '전통을 발
명'하고 이를 위해 심지어 민족까지 발명했다. [16] 필자는 1920년대 중반

---

15) 프랑스의 경우, 라인강 분쟁은 민족의 '자연적 국경'이라는 주제를 두루 유포
시켰다. 이 용어는 역사적 신화와는 정반대로, 기본적으로 19세기에 속하는 것
이다. (D. Nordmann, "Des Limites d'état aux frontières nationales" in P. Nora
(ed.) Les Lieux de Mémoire, vol. II**, 35~62면 passim, 특히 52면을 참조하
라). 한편 독일의 경우, 1840년 가을의 공공 캠페인은 "하나의 대중적 현상으
로서의 근대 독일 민족주의의 눈부신 발전"을 낳았다. 후자는 거의 즉각적으로
──그리고 처음으로── 제후와 정부들에 의해 인정되었다. H.-U. Wehler,
Deutsche Gesellschaftsgeschichte 1815~1845/49 (vol. II, Munich 1987), 399면.
그것은 또한 미래의 의사(quasi) 민족 국가(國歌)를 만들었다.

오스트리아의 국민학교에 다닐 시절, 새로운 국가(國歌)라는 형태를 띤 정치적 발명품 하나에 순종해야 했던 것을 기억한다. 거대한 합스부르크 제국이 분리되고 쪼개져나간 후 오스트리아 정부는 국가를 통해 남은 지역이 응집력있는 하나의 전체를 이루며 사랑하고 애국적으로 헌신할 가치를 지님을 아동들에게 필사적으로 설득시키려 했다. 설득은 결코 수월하지 않았다. 왜냐하면 오스트리아 주민이 유일하게 공통으로 바란 것은 그들의 압도적 다수를 독일과 통합시켜주는 것뿐이었기 때문이다. 이 단명의 괴이한 국가(國歌), 즉 '게르만 오스트리아'는 "그대 웅대한 나라, 우리는 그대를 사랑한다"로 시작하여, 예견할 수 있듯이, 빙하지역에서 다뉴브 계곡과 빈에 이르는 알프스 산줄기를 따라 이루어지는 기행 또는 지리 학습으로 이어지다가 이 새로운 잔여 오스트리아가 '나의 조국' (mein Heimatland)이라는 주장으로 끝맺는다. [17]

정부는 분명히 의식적이고 의도적인 이데올로기적 공작에 개입하지만, 그렇다고 이를 순전히 위에서 조작한 것으로 보는 것은 잘못이다. 실제로 정부의 공작은 이미 존재하는 비공식적인 민족주의 감정을 기초로 할 때 가장 성공적이었다. 이 감정은 통속적인 외국인 혐오증, 국수주의 —— '징고이즘'과 같이 어근 자체는 선동적인 음악당이나 희가극에서 최초로 등장하였다[18] —— 또는 중간계급 및 중하층계급에서의 민족주의에

---

16) E. J. Hobsbawm, "Mass-producing traditions: Europe 1870~1914" in E. J. Hobsbawm and T. Ranger (eds.) *The Invention of Tradition* (Cambridge 1983), 제7장. Guy Vincent, *L'Ecole primaire française: Etude sociologique* (Lyons 1980), 제8장: "L'Ecole et la nation," 특히 188~93면.

17) 이 國歌는 후에 지리적으로 한층 일반적인 國歌로 바뀌었다. 그러나 오스트리아를 믿는 오스트리아인은 거의 없었기 때문에 —— 신을 끌어들이는 동시에 게르만을 더욱 강조하였다 —— 마침내 합스부르크 國歌와 '지상의 독일' (Deutschland über alles) 역시 공유한 하이든 곡조에 맞추어졌다.

18) Gérard de Puymège, "Le Soldat Chauvin" in P. Nora *Les Lieux de Mémoire*, II***, 특히 51면 이하. 본래의 국수주의자는 알제리의 정복에서 자부심을 느낀 듯하다.

서 더욱 흔히 드러난다. 민족주의적 감정이 창조된 것이 아니라 단지 정
부에 의해 빌려오고 조장된 것인 한, 그것을 실행한 이들은 마술사의 도
제들이 된 셈이다. 잘해봤자 정부는 자기들이 건 마법을 완전히는 통제
할 수 없었고 최악의 경우 자기 마법의 포로가 되어버렸다. 1914년의 선
전포고 후 반독일 혐오증이 전영국을 휩쓸고 결국 영국 왕가로 하여금
존엄한 궬프(Guelph)의 왕조명칭마저도 독일 발음이 덜 나는 윈저
(Windsor)로 바꾸게 했던 일대 법석이 있었다. 우리는 영국 정부 또는
사실상의 영국의 지배계급이 이 사건을 조작하려 했다고 생각할 수는 없
다. 앞으로 보겠지만, 19세기 말 무렵에 등장한 민족주의 유형은 심지어
그것이 국가애국주의에 애착을 가졌을 때조차 그와 아무런 근본적인 유
사성도 없었기 때문이다. 역설적이게도, 그것이 기본적으로 충성을 바치
는 대상은 '나라'가 아니라 그 나라의 특정한 변형, 즉 이데올로기적 건
축물이었던 것이다.

국가애국주의와 비국가애국주의의 융합은 정치적으로 위험하였다. 왜
냐하면 하나의 기준이 포괄적이라면(예로써 프랑스공화국의 모든 시민)
다른 하나의 기준은 배제적이었기(예를 들어, 프랑스공화국 내의 프랑스
어를 말하고, 극단적인 경우 금발의 얼굴이 긴 사람만을 시민으로 간주
하였다) 때문이다. [19] 따라서 양자의 융합으로 인해 치러야 할지도 모를
정치적 비용은 높았다. 한 민족의 일체감은 그것을 거부하거나 그것에
의해 배척당하는 다른 민족을 만들어내었기 때문이다. 유럽에서 포르투
갈과 같이 진정으로 동질적인 민족국가는 거의 없었다. 물론 19세기 중
엽 심지어 말엽까지도 아직 잠재적으로 '민족'(nationality)으로 분류할 수

---

19) 프랑스 민족주의에 관한 논쟁에서 드러나는 강한 인종주의적 요인에 대해서
는 Pierre André Taguieff, *La Force du prejugé: Essai sur le racisme et ses
doubles* (Paris 1987), 126~28면. 이러한 사회다윈주의적 인종주의의 새로운 등
장에 관해서는 Günter Nagel, *Georges Vacher de Lapouge* (1854~1936). *Ein
Beitrag zur Geschichte des Sozialdarwinismus in Frankreich* (Freiburg im Breis-
gau 1975).

있는 아주 많은 수의 집단이 존재했지만, 그것들은 공식적으로 압도적인 '민족'과, 능동적으로 어느 한 지배민족 또는 문화언어에 동화되고자 한 거대한 수의 개인들과 겨룰 수 없었다.

그러나 만일 국가를 한 민족과 동일시하는 것이 상반되는 민족주의(counter-nationalism)를 만들어낼 위험부담이 있다면, 근대화 과정 자체는 더더욱 그렇다. 근대화 과정은 기본적으로 문어적인 '민족어'를 매개로 한 거주민의 동질화 및 표준화를 의미했기 때문이다. 엄청난 수의 시민에 대한 근대 정부의 직접적인 통치와 기술적·경제적 발전은 그와같은 동질화 및 표준화를 필요로 한다. 왜냐하면 양자 모두 보편적인 문자해득을 바람직한 것으로 만들며 거의 의무적이라 할 중등교육을 대대적으로 발전시키기 때문이다. 국가의 활동범위와, 국가가 시민과 직접 접촉해야 할 필요성은 문제를 야기한다. 실용적 목적을 위한 대중교육은 토착어로 행해지는 반면, 소수 엘리뜨의 교육은 거의 아무도 말하지 않거나 이해하지 못하는 언어, 예를 들어 라틴어, 고전 페르시아어, 중국의 고전문어 등으로 행해진다. 1840년 이전의 헝가리 귀족이 의회 업무를 라틴어로 했고 인도의회에서 여전히 영어가 사용되듯이, 최상층부에서의 행정적 또는 정치적 거래는 대중이 이해할 수 없는 언어로 이루어질 수 있다. 반면 민주적 투표권 아래 이루어지는 선거 캠페인은 토착어를 사용해야 한다. 사실 경제, 기술 및 정치는 점차로 대중이 의사 교환을 위해 쓰는 언어를 필수적인 것으로 만들어―― 이 필연성은 영화, 라디오 및 텔레비전의 발전에 의해 강화되었다―― 원래는 서로 의사소통을 할 수 없는 방언 사용자를 위한 프랭커어 또는 식자층의 문화언어로 고안되었거나 그렇게 기능했던 언어들이 민족어로서 활자화된다. 만다린 중국어(Mandarin Chinese), 바하사 인도네시아어(Bahasa Indonesia) 그리고 필리핀어(Pilipino) 등이 그 예다.[20]

---

20) 필리핀의 사례에 관해서는 "Land of 100 tongues but not a single language" (*New York Times*, 2 December 1987)를 참조하라. 일반적인 문제에 대해서는

128

만일 '공식적' 민족어의 선택이 단순히 실용적 편리를 위한 것이라면 그것은 상대적으로 간단하다. 그저 단순히 최대 다수의 시민이 말하고 이해하는 언어 또는 그들 상호간의 의사소통을 가장 원활하게 해주는 것을 택하면 된다. 요제프 2세(Joseph Ⅱ)가 그의 다민족적 제국의 행정 언어로서 독일어를 택한 것은 이런 점에서 아주 실용적이었다. 마찬가지로 간디가 미래의 독립 인도를 대비해 힌디어를 택한 것과——그 자신이 본디 쓰던 언어는 구자라트어였다——그리고 1947년 이후 국민의 의사 소통수단으로서 인도인들이 가장 잘 받아들일 수 있는 영어가 선택된 것도 실용적인 이유에서였다. 다민족국가들의 경우, 합스부르크제국이 1848년 이래 적절한 행정적 수준에서 '구어'(Umgangsprache)를 일정하게 공식적으로 인정함으로써 문제를 해결하고자 했던 것처럼, 문제는 이론적으로는 해결가능하였다. 보다 지방화되고 문맹일수록, 다시 말해 전통적 농촌생활에 더 가까울수록, 하나의 지역에 기반을 둔 언어와 타지역 언어 사이에 갈등이 일어날 소지가 줄어든다. 합스부르크제국에서, 심지어 독일인과 체코인 사이의 갈등이 최고조에 달했을 때조차도 여전히 다음과 같이 기술할 수 있었다.

다민족국가에서, 우리는 상인, 직인, 노동자와 같이 공직에 있지 않은 이조차 제2의 언어를 습득해야 한다는 자극과 압박감에 시달리는 것을 인정해야 할지 모른다. 농민은 이 실재하는 제약에 영향을 가장 적게 받는다. 왜냐하면 오늘날까지 존속하는 농촌생활의 자체 격리와 자기 충족 등은, 농민은 다른 말을 쓰는 마을이 인접해 있음을 거의 의식하지 않는다는 것을 의미하기 때문이다. 적어도, 이는 두 민족으로 이루어진 농민이 동일한 경제적·사회적 지위를 갖는 보헤미아(Bohemia)와 모라비아(Moravia)에 해당된다. 그러한 지역에서 언어적 경계는 몇백년 동안 변하지 않은 채 지속될 수 있

J. Fishman, "The sociology of language: an interdisciplinary social science approach to language in society" in T. Sebeok (ed.), *Current Trends in Linguistics,* vol. 12*** (The Hague-Paris 1974).

다. 특히 마을내 혼인과, 〔재산〕구입을 하는 데서 마을 사람들이 실제로 우
선권을 갖고 있다는 사실 등은 타지인의 마을 유입을 억제한다. 우연히 들
어온 타지인은 곧 동화되고 융합된다. 21)

그러나 '민족어'가 실용적인 문제인 경우는 드물며, 감정에 치우치지
않는 문제는 더더구나 아니다. 이 점은 민족어를 가공물로 인정하기를
꺼리는 것, 그것을 역사화하며 그 전통을 발명하는 것 등에서 나타난
다. 22) 1830년 이후 발전했으며 세기 말 무렵 변혁된 민족주의의 역사가
보여주듯이, 민족주의 이데올로그에게 민족어는 실용적이고 감정에 지배
되지 않는 것이 결코 아니었다. 그들에게 언어란 민족의 정신이었으며,
앞으로 볼 것처럼 언어는 점점 더 민족구성의 결정적인 기준이 되었다.
독일어 사용자와 슬로베니아어 사용자가 공존했던 첼레(Celje)*의 중등학
교에서 사용된 언어 또는 언어들은 행정적 편의의 문제와는 거리가 멀었
다. (사실이 특수한 문제가 1895년 오스트리아의 정치를 진동시켰다.) 23)
다민족국가 중 가장 운이 좋았던 정부들을 제외한 그 모두는 언어문제의
폭발성을 인지하고 있었다.

그러한 상황에서 국가와 일체감을 형성하지 못한 모든 민족주의가 불
가피하게 정치적이 되었다는 사실은 언어문제를 더욱 폭발적으로 만들었

---

21) Karl Renner, *Das Selbstbestimmungsrecht der Nationen in besonderer Anwen-
dung auf Oesterreich* (Leipzig and Vienna 1918), 65면. 이 책은 모라비아계
독일 농민의 아들로 오스트리아 맑스주의자인 저자가 쓴 *Der Kampf der
österreichischen Nationen um den Staat* (1902)를 다시 쓴 제2판이다.

22) "많은 언어 공동체는 표준 변형어에 담긴 좀더 근래의 여러가지 구성요소를
은폐하기 위하여 〔그들 언어의〕 표준 변형어의 기원과 발전에 관련된 신화와
족보를 만들고 발전시킨다. …하나의 표준 변형어는 어떤 위대한 이데올로기적
또는 민족주의적 운동이나 전통과 결합함으로써 역사성을 획득한다." J.
Fishman, "The Sociology of Language," 164면.

* 첼레는 유고슬라비아 서북부의 오스트리아에 근접한 도시다 — 역자.

23) W. A. Macartney, *The Habsburg Empire* (London 1971), 661면.

다. 왜냐하면 '공통적 특성을 가진 사람들'(nationality)이 '민족'(nation)
으로 변하려면, 비록 전자의 현재 지위가 역사적 침식이나 동화로부터
안전하다 하더라도 국가는 조작되어야 하는 장치이기 때문이다. 앞으로
볼 것처럼, 언어적 민족주의는 본질적으로 공공교육과 공용의 언어와 관
련되었고 지금도 그렇다. 폴란드인, 체코인 그리고 슬로베니아인이 일찍
이 1848년부터 끊임없이 반복했듯이 언어적 민족주의는 '관공서 및 학교'
와 연관된다. [24] 그것은 웨일즈의 학교들이 영어뿐 아니라 웨일즈어로도
강의를 해야 하는가, 나아가 웨일즈어로만 수업을 해야 하는가 하는 문
제와 관련된다. 그밖에도 다음의 사항들과 관계된다. 웨일즈어를 쓰는
사람들이 살고 있지 않으며 결코 산 적도 없는 곳에 웨일즈 이름을 사용
해야 할 필요성, 도로 표지와 거리 이름의 언어, 웨일즈어로 방송하는
텔레비전에 대한 재정지원, 지방의회의 논쟁 및 의사기록에 사용될 언
어, 운전면허 신청서나 전기영수증의 양식에 기입할 언어와 관련된다.
또는 이중언어 양식 아니면 언어별 양식을 제공해야 하는가 또는 웨일즈
어 양식만을 사용할 것인가 등의 문제들에 관련된다. 한 민족주의적 저
자의 다음과 같은 주장은 그 이유를 말해준다.

웨일즈어가 아직 꽤 살아 있을 때, 이완(Emrys ap Iwan)은 웨일즈어가 살
아 남으려면 그것을 또다시 공공 및 교육 언어로 지정할 필요가 있음을 발
견했다. [25]

이처럼 국가는 자기의 목적을 위해 '민족의 원칙'을 이용할 수 있었든
없었든간에, 여하간 새로운 '민족의 원칙' 및 그 징후들을 처리해야 했

---

[24] P. Burian, "The state language problem in Old Austria" (*Austrian History Yearbook,* 6~7, 1970~71), 87면.
[25] Ned Thomas, *The Welsh Extremist: Welsh Politics, Literature and Society Today* (Talybont 1973), 83면.

다. 이번 장을 결론짓는 최선의 방법은 19세기 중엽에 민족 및 언어의
문제에 대한 국가들의 태도가 변화한 바를 간략히 살피는 길이다. 이 문
제는 기술적 전문가들의 논쟁을 통해 고찰할 수 있다. 즉 19세기 중반
이후 모든 '선진' 또는 현대 국가에 필요했던 기록 장치의 정규적 부분이
된 주기적인 국가 쎈서스를 조정하고 표준화했던 정부측 통계학자들간의
논쟁을 추적하는 일이다. 1853년의 제1차 국제통계학회에 등장한 문제는
위의 쎈서스에 '사용되는 언어'에 대한 조항을 포함시킬 것인가 하는 문
제와 그리고 그 언어가 민족과 민족성에 관련이 있다면 어떤 연관을 갖
는지 하는 것이다.

　이 문제를 처음 제기한 사람이 벨기에인 케틀레(Quetelet)였음은 우연
이 아니다. 케틀레는 사회통계학의 창시자일 뿐 아니라, 프랑스어와 플
랑드르어 간의 관계가 이미 정치적으로 중요한 문제가 된 벨기에 출신이
었기 때문이다. 1860년의 국제통계학회는 쎈서스에 언어 항목을 포함시
킬지 여부는 선택적인 문제이어야 하며 그것이 '민족적' 중대성을 갖는가
는 각 국가의 결정에 따르는 것임을 결의하였다. 그러나 1873년의 학회
는 그 문제는 향후 모든 쎈서스에 포함되어야 할 것이라고 권고하였다.

　통계학자들의 초기 입장은, 한 개인의 '민족성'(nationality)은 그것을
국적으로 본 프랑스적 의미를 제외하고는 쎈서스 질문에 의해 입증되지
않는다는 것이었다. 이런 의미에서 언어는 '민족성'과 무관하였다. 그러
나 실제로 이는 단지 프랑스인 그리고 그밖에 마자르인과 같이 이 정의
를 받아들인 사람들이 국경 내에서 한 언어만을 공식적으로 인정했음을
의미하였다. 프랑스인들이 자국 내의 여타 사람들을 단순히 무시하였다
면 마자르인들은 그러지 못했다. 마자르인들은, 마치 그리스인들이 그들
이 병합한 마케도니아 지역의 주민을 '슬라브어를 쓰는 그리스인'으로 기
술했듯이, 헝가리 왕국의 절반도 안 되는 사람만이 마자르어를 썼기 때
문에 법률상으로 마자르어를 쓰지 않는 인구를 가리켜 '마자르어를 할
줄 모르는 마자르인'[26]이라고 불러야 했다. 간단히 말해서, 언어적 독점

은 민족의 비언어적 정의를 가장했던 것이다.

민족이 언어 하나로만 정의되기에는 너무 복합적이었다는 사실은 명백하였다. 다른 누구보다도 언어를 잘 아는 합스부르크의 통계학자들은 다음과 같이 주장했다. (1) 언어는 개인이 아니라 공동체의 속성이었다. (2) 언어는 '민족(people)의 물리적·지적·내외적 특성과 그 관습, 도덕 등에 대한 인류학적·종족학적 연구뿐 아니라 상황, 경계 및 기후적 조건들'에 대한 연구를 필요로 하였다. [27] 빈 통계학연구소의 전임 소장이었던 글래터(Glatter) 박사는 더 나아가 19세기적 정신에 들어맞게 민족을 결정짓는 것은 언어가 아니라 인종이었다고 주장하였다.

그러나 민족은 쎈서스 조사자들이 소홀히하기에는 너무 큰 정치적 문제였다. 그것이 구어와 어느정도 관계를 갖고 있음은 분명하였다. 왜냐하면 19세기 전까지 국가간의 영토 분쟁에서 언어적 분규가 이용되지 않았다 하더라도, [28] 1840년대 이후 언어는 국제적 영토 분규에서 중대한 역할을 하기 시작했기 때문이다──특히 덴마크인과 독일인 사이에 있었던 슐레스비히-홀슈타인(Schleswig-Holstein) 영토 분쟁에서 그러했다. [29] 그러나 1842년 『양세계 평론』(Revue des Deux Mondes)은 이미 "진정한 자연적 국경은 산과 강에 의해서라기보다 언어, 관습, 추억 등과 같이 한 민족을 다른 민족과 구분짓는 모든 것에 의해 결정되었다"고 주장하였다. "니스의 구어가 이딸리아어와는 거리가 멀다"라는 주장이 까부르(Cavour)에게 사보이(Savoy) 왕국의 일부를 나뽈레옹 3세에게 양도

26) K. Renner, *Staat and Nation*, 13면.

27) Emil Brix, *Die Umgangsprachen in Altösterreich zwischen Agitation und Assimilation. Die Sprachenstatistik in den zisleithanischen Volkszählungen, 1880~1910* (Vienna-Cologne-Graz 1982), 76면. 통계학적 논쟁에 대한 필자의 설명은 이 책에 기초를 두고 있다.

28) Sarah Wambaugh, *A Monograph on Plebiscites, With a Collection of Official Documents* (Carnegie Endowment for Peace, New York 1920), 특히 138면.

29) Nordmann in P. Nora (ed.), *Les Lieux de mémoire*, vol. II**, 52면.

하는 데 대한 공식적인 변명을 마련해준 것처럼, 이러한 주장은 다들 인
정하듯이 프랑스가 왜 반드시 라인강 국경을 고집해서는 안되는지를 설
명하는 데 이용되었다. [30] 따라서 언어는 이제 국제적 외교의 한 요인으
로 남게 된 것이다. 분명히 언어는 이미 일부 국가에서 국내 정치의 한
요인이었다. 더구나 뻬쩨르스부르그 대회가 말해주듯, 언어는 최소한 객
관적으로 셀 수 있고 도표화할 수 있는, 민족의 유일한 측면이었다. [31]

   언어를 민족의 지표로 받아들임으로써, 위의 학회는 행정적인 견해를
취했을 뿐 아니라 한 독일 통계학자의 주장을 따랐다. 그는 1866년과
1869년의 영향력있는 저술을 통해 언어는 민족의 단 하나의 적절한 지표
라고 주장했다. [32] 이 주장은 오랫동안 독일의 지식인 및 민족주의자들
사이에서 민족을 정의하는 것으로 견지되어왔다. 단일한 독일 민족국가
가 존재하지 않고 독일 방언을 쓰는 공동체가 유럽 전역에 걸쳐 분포 하
며 그 공동체의 식자층이 표준 독일어를 쓰고 읽었다는 사실이 그 이유
를 말해준다. 이것이 반드시 이 모든 독일인을 포함하는 단일 독일 민족
국가의 수립을 의미하지는 않았다. 그와같은 요구는 완전히 비현실적이
었다. [33] 그리고 뵈크의 순전히 언어학적인 민족관에서 언어가 얼마나 많
은 공통 의식과 문화를 함축하는가는 전혀 명확하지 않았다. 왜냐하면
우리가 앞서 보았듯이, 언어를 근거로 뵈크는 동유럽 유대인의 보편 언
어로 변한 중세 독일어 방언, 즉 이디쉬어를 사용하는 사람을 논리적으

---

30) 같은 책, 55~56면.
31) Brix, *Die Umgangsprachen*, 90면.
32) Richard Böckh, "Die statistische Bedeutung der Volkssprache als Kennzei-
   chen der Nationalität" (*Zeitschrift für Völkerpsychologie und Sprachwissenschaft*,
   4, 1866), 259~402면; Richard Böckh, *Der Deutschen Volkszahl und Sprachgebiet
   in den europäischen Staaten* (Berlin 1869).
33) 히틀러조차 제3제국(Reich)의 독일인과 국경 밖에 살고 있는 '독일민족'
   (Volksdeutsche)을 구별했다. 그러나 그들은 제국이라는 '본국'에 돌아올 수는
   있었다.

로 독일인에 속한다고 보았기 때문이다. 그럼에도 불구하고 우리가 본 것처럼 이제 언어에 기초를 두고 영토를 주장하는 것은 가능해졌다——1840년의 독일 캠페인은 바로 이러한 근거에서 라인강 유역에 대한 프랑스의 요구를 거부했던 것이다. 그리고 언어가 정확히 무엇을 함축하든간에, 언어를 바탕으로 영토를 주장하는 것은 정치적으로 더이상 간과될 수 없었다.

그러나 정확히 무엇이 계산되었단 말인가? 이 점에서 쎈서스를 통해 겉으로 드러난 출생지, 연령 또는 혼인여부 등과 언어의 유사성은 사라지고 만다. 언어는 정치적 선택을 의미하였다. 오스트리아 통계학자 피커(Ficker)는, 그의 프랑스 및 헝가리의 동료들에게는 완전히 받아들여졌던 공공생활의 언어를 선택하는 것에 반대했다. 그는 그러한 언어를 국가나 정당이 개인에게 강제하는 것으로 이해했다. 같은 이유에서 그는 교회와 학교의 언어도 거부하였다. 그러나 19세기 자유주의에 투철했던 합스부르크의 쎈서스 전문가들은 시민들에게 어머니로부터 처음으로 배운 (문자적 의미의) 모국어가 아니라 그와 다를 수도 있는 일상의 '가정말'(family tongue)에 대해 질문을 던짐으로써 언어의 유동성과 변화, 무엇보다도 언어 동화를 인정하려 하였다.[34]

언어와 민족의 이 등식은 어느 누구도 만족시키지 못하였다. 민족주의자에게 그 등식은 개인이 다른 말의 민족이나 정부를 선택하지 못하도록 함을 뜻했다. 또 그들은——확실히 합스부르크 정부는——뜨거운 감자를 맛보지 않고도 알 수 있었기 때문이다. 그렇지만 그들은 그 감자가 스스로 열을 낼 수 있다는 점을 과소평가하였다. 합스부르크제국은 1860년대 과열되었던 민족주의 열기가 그들의 생각대로 식을 때까지 언어문제를 지연시켰다. 제국은 1880년에 와서 그같은 통계를 허용하기 시작했다. 언어 질문이 그 자체로서 언어적 민족주의를 발생시킨다는 사실을

---

34) Brix, *Die Umgangsprachen*, 94면.

누구도 감지하지 못했다. 매번의 통계는 민족들간의 격전지가 되었으며, 이 격전을 중지시키기 위해 당국은 점점 더 세심한 노력을 기울였으나 실패하였다. 1910년의 오스트리아와 벨기에의 쎈서스가 보여주는 것처럼, 그러한 노력은 역사가들을 만족시키는 통계학의 공정성을 가져왔을 뿐이다. 사실, 쎈서스는 언어 조항에 대해 질문함으로써 사상 처음으로 모두로 하여금 민족뿐 아니라 언어적 민족성도 선택**하도록 했다.** [35] 근대 행정국가의 기술적 요구는 다음 장에서 다룰 민족주의의 등장을 또 한번 촉성했던 것이다.

---

35) 같은 책, 114면.

136

제 4 장

민족주의의 변화
1870~1918

유럽이 일정한 발전단계에 도달한 다음, 그전 몇세기 동안 말없이 성장해
온 언어적·문화적 민족집단들이 민족집단으로서의 피동적 존재세계에서
벗어난다. 그들은 자신들을 역사적 운명체로 인식한다. 그들은 최상의 권
력도구로서 국가에 대한 통제를 요구하며 정치적 자결을 위해 투쟁한다.
민족의 정치적 관념과 이러한 새로운 의식이 태어난 것은 프랑스혁명의
해, 1789년이다. [1]

프랑스혁명이 일어난 지 200년이 되는 오늘날 진지한 역사가들과, 그
리고 필자가 기대하건대 지금까지 이 책을 읽은 독자들은 위에 인용한
것과 같은 글을 프로그램적 신화의 실행에 지나지 않는다고 볼 것이다.
그럼에도 불구하고 인용글은 1830년 이후 유럽의 국제정치를 들끓게 했
던 '민족의 원칙'을 드러내는 대표적인 글처럼 보인다. 민족의 원칙은 새
로운 국가를 많이 만들어냈다. 새로운 국가들은, 마쩌니가 외친 주장의
반쪽인 "1민족 1국가"가 실행가능한 한 그것과 상응하지만, 다른 반쪽의
주장 "전민족은 오직 하나의 국가로"와는 부합치 않는다. [2] 인용글은 특

---

1) Karl Renner, *Staat und Nation*, 89면.

히 다섯 가지 면에서 대표적이다. (1) 19세기의 발명인 언어적·문화적
공동체를 강조한다.[3] (2) 기성국가의 '민족'보다는 국가를 형성하거나 빼
앗기를 열망했던 민족주의를 강조한다. (3) 역사주의와 역사적 사명을
내세운다. (4) 1789년의 역사적 근원성을 주장한다. (5) 용법이 모호하
며 수사학적이다.

위의 인용글은 일견 마찌니가 쓴 것 같은 인상을 주지만, 사실 그것은
1830년 혁명이 일어나고 70년이 지난 뒤 합스부르크제국의 특정 문제를
다룬 모라비아 출생의 맑스 사회주의자가 한 말이다. 간단히 말하면, 인
용글은 1830년과 1870년대 사이에 유럽의 정치적 지도를 뒤바꿔놓았던
'민족의 원칙'과 혼동될지 모르나 실제로는 그렇지 않고 유럽사에서의 민
족주의 발전의 후기단계에 속한다.

1880~1914년의 민족주의는 세 가지 주요한 점에서 마찌니 시대의 민
족주의와 다르다. 첫째, 후기 민족주의는 자유주의 시대의 민족주의에
중심요소인 '규모의 원칙'(threshold principle)을 포기했다. 그리하여 1880
년 이후 자신들을 '민족'으로 생각하는 민족집단은 모두 한결같이 민족자
결을 외쳤다. 민족자결은 결국 자기의 영토 내에 하나의 분리된 주권 독
립국가를 가질 권리를 말한다. 둘째, 잠재적인 '비역사적' 민족이 이처럼
늘어난 결과, 종족과 언어가 잠재적 민족성의 중심적, 나아가 결정적이
거나 심지어 유일한 판단기준마저 되었다. 그러나 세번째 변화는 이제
점차로 많아지고 야심적이 된 비국가적 민족운동들보다는 기존의 민족국
가 내의 민족감정에 끼친 영향을 말한다. 19세기의 마지막 20년간 실제
로 발명된 '민족주의'는 민족과 국기(國旗)에 대한 정치적 권리를 주장하
는 방향으로 급선회하였다. 레너(Renner)의 인용글은 앞의 두 변화는 대
변하지만 (좌파로부터 일어난) 세번째 변화는 명백히 보여주지 못했다.

---

2) 같은 책, 9면.

3) Th. Schieder, "Typologie und Erscheinungsformen des Nationalstaats" in H. A.
   Winkler (ed.), *Nationalismus* (Königstein im Taunus 1985), 128면.

민족을 정의하는 데 종족-언어적 기준이 실제로 지배적이 된 것이 얼마나 늦었는지를 깨닫지 못한 이유는 다음의 세 가지이다. 첫째, 19세기 전반 50년간 가장 활발했던 두 가지의 비국가적 민족운동은 본질적으로 식자층의 공동체에 기초를 두었고, 그러한 공동체는 기존의 고급문화 언어의 사용과 문학의 보급에 의해 정치적·지리적 경계를 초월해 단합하였다. 1539년의 빌레르-꼬뜨레(Villers-Cotterets) 칙령* 이후 프랑스어가 그랬던 것처럼, 독일인 및 이딸리아인에게 민족어는 행정적 편의나 국가 전반의 통신을 통합하는 수단 이상이었다. 심지어 그들에게 언어는, 자꼬뱅주의자들이 믿은 것처럼 모두에게 자유와 과학과 진보 등의 진실을 가져다 주고 영구히 시민의 평등을 보장해주고 구체제의 복고를 막는 혁명적 수단이기도 했다.[4] 그것은 더 나아가 훌륭한 문학의 전달매체 그리고 보편적인 지적 표현의 매개체 이상이었다. 언어는 독일인과 이딸리아인이 자신들을 한 민족으로 느끼게 하는 유일한 것이었으며, 마침내 언

---

* 빌레르-꼬뜨레 칙령은 1539년 프랑스와 1세(François I)가 발표한 것으로, 재판제도를 재정비하고 법률 문서에 라틴어 대신 프랑스어를 사용하도록 규정하였다 — 역자.

4) "주권인민은 누구나 모든 (공공의) 직업을 가질 수 있다. 농민 또는 직공 어느 누구도 윤번제로 공직을 맡는 것이 바람직하다. 이러한 사태는 다음과 같은 선택에 직면케 한다. 만일 이러한 자리들을 민족어를 쓸 줄 모르거나 그것으로 자신을 표현할 수 없는 이들이 담당한다면, 용법이 틀리고 정확성을 결여한 개념으로 된 문서——한 마디로 무지의 징후——에 의해 시민의 권리가 어떻게 보호될 수 있겠는가? 다른 한편, 만일 그러한 무지가 공직박탈의 조건이 된다면 우리는 귀족정의 복고를 맞게 될 것이다. 귀족들은 그들이 거만하게 '하층계급'(les petits gens)이라고 부르는 사람들에게 말할 때 방어적 친절의 표시로서 한때 방언을 사용했다. 사회는 곧 또다시 '훌륭한 사람들'(de gens comme il faut)에 의해 물들게 될 것이다. …이처럼 분리된 두 계급 사이에 일종의 위계질서가 확립될 것이다. 이처럼 언어에 대한 무지는 사회복지를 훼손할 위험이 있거나 그렇지 않으면 평등을 파괴한다."(Abbé Grégoire의 「보고서」(Rapport) 중에서, 인용은 Fernand Brunot, *Histoire de la langue française* (Paris 1930 ~48), vol. IX, I, 207~8면).

어는, 영어가 그것을 사용하는 사람들에게 그랬던 것보다 훨씬 더 무거운 민족적 동일성의 책무를 짊어졌다. 그러나 독일 및 이딸리아의 자유주의적 중간계급이 통일 민족국가의 창설에 필요한 핵심적 주장을 이처럼 언어에서 취한 반면, 19세기 전반기의 다른 나라들에서는 그렇지 않았다. 폴란드나 벨기에의 독립에 대한 정치적 주장은 언어에 기초를 두지 않았으며, 몇몇 독립국가의 수립으로 이어진, 발칸반도 내 다양한 민족의 반(反)오스만 봉기 또한 언어에 바탕을 두지 않았다. 아일랜드의 민족운동 역시 그렇지 않았다. 반대로, 체코에서와 같이 언어적 운동이 이미 중대한 정치적 기반을 형성한 곳에서는 민족적 자결(문화적 인정에 상반되는)은 아직 중요치 않았으며 분리국가의 수립도 심각히 고려되지 않았다.

   그러나 18세기 후반 이래(그리고 대체로 독일의 지적 영향하에) 유럽은 순수하고 소박하며 때묻지 않은 농민에 대한 낭만적 열정으로 들끓었는데, '민중'(people)의 낭만적 복원을 위해서는 그들이 쓰는 토착어가 매우 중요했다. 그러나 이러한 민중주의적 문예부흥은 그후의 많은 민족운동에 기반을 제공하였고 따라서 그 발전의 제1단계(A단계)로 간주되는 것이 정당했던 반면, 흐로흐(Hroch) 자신은 그것이 결코 인민의 정치적 운동이 아니었을 뿐 아니라 아무런 정치적 욕구나 프로그램도 지니지 않았다는 점을 분명히한다. 실제로 종종 민중적 전통을 발견하고 그것을 역사 속에서 망각된 일부 농민의 '민족적 전통'으로 복원하는 것은 발트해 지역의 독일인 또는 핀란드계 스웨덴인과 같은 (외국의) 지배계급이나 엘리뜨 출신의 열광주의자들의 일이었다. 핀란드문학회(Finnish Literature Society, 1831년 창립)는 스웨덴인들에 의해 만들어졌고, 그것은 또한 스웨덴어로 기록 보관되었다. 그리고 핀란드의 문화적 민족주의의 핵심 이데올로그였던 스넬만(Snellman)의 모든 저술은 스웨덴어로 표기되었던 것 같다.[5] 아마 누구도 1780년대부터 1840년대까지의 시기에 유럽에서 문화적・언어적 부활운동이 광범위하게 일어난 것을 부인할 수는

없겠지만, 흐로흐의 A단계와 B단계를, 더더구나 C단계를 혼동하는 것
은 잘못이다. B단계에는 '민족적 관념'을 내세우고 정치적 선동을 일삼
는 일단의 활동가들이 존재했고, C단계는 '민족적 관념'에 대한 대중적
인 지지로 특징지어진다. 대영제국의 경우가 보여주듯, 이러한 종류의
문화적 부흥운동과 이후의 민족적 열망 또는 정치적 민족주의 운동 사이
에는 필연적인 관계가 없다. 정반대로, 그러한 민족주의 운동은 문화적
부흥주의와 원래 아무 관련이 없을 수도 있다. '집시연구회'(Gypsy Lore
Society)가 민족주의적이 아니듯, 영국에서의 '민속회'(Folklore Society,
1878)와 민요의 부활이 민족주의적 운동을 의미하지는 않는다.

셋째 이유는 언어적 동일성보다는 종족적 동일성과 관련된다. 그것은
민족을 유전적인 혈통과 동일시하는 영향력있는 이론 및 사이비 이론이
── 19세기 최후반까지 ── 존재하지 않은 점에 있다. 지금부터 이에
대해 살펴보자.

1914년 이전의 40년 동안 증대된 '민족문제'의 중요성은 단순히 오스트
리아-헝가리와 터키 등 오래된 다민족제국 내에서의 문제 격화로만 측정
되지는 않는다. 이제 '민족문제'는 거의 모든 유럽 국가의 국내정치에서
중대한 문제가 되었다. 심지어 대영제국에서조차 그것은 더이상 아일랜
드 문제에 국한되지 않았다. 물론 아일랜드 민족주의 또한 성장하여
── '민족적' 또는 '민족주의적'임을 표방하는 신문의 수는 1871년의 하
나에서 1881년에는 13, 1891년에는 33개로 늘었다[6] ── 영국 정치의 정
치적 화약고가 되기는 하였지만 말이다. 그러나 이 시기에 또한 웨일즈
민족이익의 존재 자체가 처음으로 공식적으로 인정되었다는 사실(1881년
의 '웨일즈의 일요일영업금지법'은 최초의 '웨일즈 의회법'으로 기술되어

---

5) E. Juttikala and K. Pirinen, *A History of Finland* (Helsinki 1975), 176면.
6) 이 자료는 신문연감에서 뽑은 것으로, 필자는 이를 1852~92년간의 아일랜드
   지방신문에 대한 Birkbeck 대학의 Mary Lou Legg의 미출간 연구에서 인용하
   였다.

왔다)과 스코틀랜드가 온건한 '자치운동'(Home Rule movement), 즉 정부 내 '스코틀랜드 전담성'(Scottish Office)[7]을 마련해 소위 '고쉔 포뮬라' (Goschen Formula)를 통해 대영제국의 공공재정 중 스코틀랜드 지분을 보장받았다는 사실은 종종 간과돼왔다. 또한 국내 민족주의는──프랑스, 이딸리아 및 독일에서처럼──우익운동('민족주의'라는 말은 사실상 이 시기에 이를 지칭하기 위해 생겨났다)이 기승을 부리는 형태를 띠거나, 더 일반적으로는 정치적 외국인 혐오증의 형태로 나타났다. 반유대주의는 외국인 혐오 증세의 유일하지는 않으나 가장 개탄스러운 표출이었다. 상대적으로 매우 잠잠했던 스웨덴 같은 국가가 노르웨이의 분리 (1907년) (1890년대까지 어느 누구도 이를 꾀하지 않았다)로 소란스러웠다는 사실은 적어도 합스부르크정치가 민족간의 경쟁적 반목에 의해 마비된 사실만큼이나 중요하다.

나아가, 이전에는 알려지지 않았던 지역에서 또는 여태까지 민속연구가들만이 관심을 가졌던 민족집단(people) 사이에서, 그리고 문자 그대로 처음으로 비서구세계에서마저 민족주의 운동이 배증하는 현상이 나타나는 것도 이 시기의 일이다. 서구 민족주의 이데올로기가 비서구세계의 정치가와 활동가들에게 끼친 영향을 부정할 수는 없지만──아일랜드운동이 인도의 민족주의에 영향을 끼친 것처럼──새로운 반제국주의운동이 얼마나 민족주의적이었는지는 분명치 않다. 그러나 우리의 관심을 유럽권에 한정하더라도 1870년에는 거의 존재하지 않았거나 아예 없었던 운동을 1914년에 와서 많이 발견하게 된다. 아르메니아인, 그루지야인, 리뚜아니아인 그리고 여타 발트해 부근의 거주민 및 유대인(시온주의자와 비시온주의자를 합하여), 발칸반도의 마케도니아인과 알바니아

---

7) "Report of the Commissioners appointed to inquire into the operation of the Sunday Closing (Wales) Act, 1881" (*Parliamentary Papers, H.o.C.*, vol. XL of 1890); K. O. Morgan, *Wales, Rebirth of a Nation 1880~1980* (Oxford 1982), 36면.

인, 합스부르크제국의 루테니아인과 크로아티아인 —— 크로아티아인의
민족주의를 유고슬라비아 또는 '일리리아' 민족주의에 대해 크로아티아인
이 초기에 지지를 보낸 것과 혼동해서는 안된다 —— 바스끄인과 까딸루
냐인, 웨일즈인, 벨기에의 과격한 민족주의 운동, 그리고 그때까지 예상
치 못했던 사르디니아와 같은 곳에서의 지방적 민족주의 운동이 그런 류
에 속한다. 심지어 우리는 오스만제국에서 아랍 민족주의의 효시를 발견
할 수도 있다.

  앞서 언급했듯이, 이제 대부분의 운동은 언어적·종족적 요인을 둘다
강조하거나 그중 하나를 강조하였다. 이것이 종종 새로운 것이었음은 쉽
게 증명할 수 있다. 초기에는 어떠한 정치적 목적도 갖지 않았던 '게일
어연맹'(Gaelic League, 1893)이 조직되기 전에, 아일랜드어는 아일랜드
민족운동에서 주요 문제가 아니었다. 언어문제는 오코넬의 합병철회운동
(O'Connell's Repeal)*이나 —— 해방자는 게일어를 쓰는 케리만(Ker-
ryman)이었지만 —— 페니어운동의 프로그램에도 들어 있지 않았다. 일
상적으로 쓰이는 다양한 방언에서 통일된 아일랜드어를 만들어내려는 어
떤 진지한 시도도 1900년까지는 존재하지 않았다. 핀란드 민족주의는 짜
르 치하에서 대공국의 자치를 방어하기 위한 것이었다. 그리고 1848년
이후에 등장한 핀란드자유당(Finnish Liberals)은 그들이 두 가지 언어를
쓰는 단 하나의 민족임을 주장하였다. 핀란드 민족주의는 대략 1860년대
까지(제국 칙서가 스웨덴어에 대하여 핀란드어의 공식적 지위를 향상시
켰을 때까지) 기본적으로 언어적 민족주의가 아니었고, 1880년대까지 언
어 투쟁은 대체로 하층계급의 핀란드인(핀란드어를 국어로 한 단일민족
을 주장했던 '페노멘'(Fennomen)으로 대표되는)과 상층계급의 소수 스웨
덴인(핀란드는 두 민족 따라서 두 언어를 포함한다고 주장한 '스베코멘'

---

  * 영국의 아일랜드 합병(Union)에 대항하여 Daniel O'Connell이 1840~46년 사
    이에 주도한 운동이며, 아일랜드의 유명한 『민족』(*The Nation*)지는 이 운동이
    창간한 것이다 — 역자.

[Svecomen]으로 대표되는) 간의 내부 계급투쟁으로 존재했었다. 오직 짜르주의가 러시아 민족주의로 변해가는 1880년 이후에야, 독립투쟁과 언어 및 문화를 위한 투쟁이 일치하게 되었다. [8]

마찬가지로, 까딸루냐의 꽃의 제전(웨일즈의 아이스테드보드와 흡사한)은 1859년 전에는 부활되지 않았기 때문에, 문화-언어적 운동으로서의 까딸루냐주의(Catalanism)는 1850년대 이전으로 소급될 수 없다. 언어 자체는 20세기가 될 때까지 당국에 의해 표준화되지 않았으며, [9] 까딸루냐 지역주의는 1880년대 중반 내지 후반까지 언어 문제에 관심을 갖지 않았다. [10] 바스끄 자치주의의 이데올로기가 고대의 봉건유산을 옹호하거나 되살리는 것으로부터 언어적-인종적 주장으로 변한 것은 갑작스런 일이기는 하지만, 바스끄 민족주의의 발전은 까딸루냐 운동보다 30년 뒤졌다고 이야기된다. 제2차 칼리스트 내전*이 끝난 지 20년도 안 된 1894년, 사비노 아라나(Sabino Arana)는 바스끄민족당(Basque National Party: PNV)을 창설하고 종국에는 그때까지 존재치 않았던 국명('Euskadi')도 지었다. [11]

유럽의 다른 한 끝에서 발트해 지역의 민족이 일으킨 민족주의 운동은 19세기의 마지막 30년까지 초기 (문화적) 단계를 거의 벗어나지 못했다. 그리고 피비린내 나는 마케도니아 문제가 1870년 이후 고개를 쳐든 외진

8) Juttikala and Pirinen, *A History of Finland*, 176~86면.
9) Carles Riba, "Cent anys de defensa il.lustració de l'idioma a Catalunya" (*L'Avenç*, 71, May 1984), 54~62면. 이는 원래 1939년에 강의한 것으로 책으로 출판되었다.
10) Francesc Vallverdú, "El català al segle XIX" (*L'Avenç*, 27, May 1980), 30~36면.
* 제2차 칼리스트 전쟁(the Second Carlist War, 1870~76)은 북부의 보수파 카톨릭교도와 동부의 자유주의자들 간의 내전을 말하며 후자의 승리로 끝났다 — 역자.
11) H. -J. Puhle, "Baskischer Nationalismus im spanischen Kontext" in H. A. Winkler (ed.), *Nationalismus in der Welt von Heute* (Göttingen 1982), 61면.

발칸반도에서, 이 지역에 사는 여러 민족이 그들의 언어에 의해 구분되
어야 한다는 발상은 세르비아, 그리스, 불가리아 그리고 불가리아를 지
지한 터키왕국(Sublime Porte) 등의 국가들에 먹혀들지 않았다. [12] 마케도
니아의 거주민은 종교에 의해 구별되었거나, 중세에서 고대까지의 역사
에 기반을 둔 주장들, 또는 공통의 관습과 예식에 관련된 민족지적
(ethnographic) 주장을 근거로 하여 구분되었다. 이러한 지형에서 타민족
과 경쟁할 수 없었던 그리스인들이 가상의 종족 기준을 강조함으로써 자
기들의 약점을 보완하려 했던 20세기까지, 마케도니아는 슬라브 언어학
자들의 격전장이 아니었다.

동시에 ── 대략 19세기 후반 ── 종족적 민족주의는 실제로는 점증하
는 대량이주에 의해, 그리고 이론적으로는 19세기 사회과학의 중심 개념
인 '인종'(race)의 변화에 의해 막강해졌다. 한편으로, 인류를 피부빛에
의해 몇개의 '인종'으로 나누던 오랜 방식은 이제 흡사한 엷은 피부(pale
skin)의 백인을 '아리아인'(Aryans)과 '셈족'(Semites), 또는 '아리아인'을
다시 북유럽인(Nordics), 알프스 인종(Alpines) 그리고 지중해인(Mediter-
raneans) 등으로 세분화하는 '인종적' 구분으로 정교하게 다듬어졌다. 다
른 한편, 나중에 유전학에 의해 보완된 다윈의 진화론은 이방인을 따돌
리거나 심지어 실제로 몰아내고 살상하는 데 대한 설득력있는 '과학적'
논리를 갖춘 인종주의를 제공했다. 이 모든 것은 비교적 나중의 일이었
다. 반셈족주의는 약 1880년경까지 '인종적'(종교-문화적 특성과 구별되
는) 특성을 갖지 않았으며, 독일 및 프랑스의 인종차별주의의 주된 주창
자들(라뿌주(Vacher de Lapouge), 쳄벌린(Houston Stewart Chamber-
lain))의 무대는 1890년대에 속하였고 '북유럽인'은 1900년경까지 인종주
의적 또는 여하한 담론도 펴지 않았다. [13]

───────────────

12) Carnegie Endowment for International Peace: *Report of the International
Commission to Enquire into the Cause and Conduct of the Balkan Wars* (Wash-
ington 1914), 27면.

인종주의와 민족주의의 결합은 명백해졌다. '인종'과 언어는 '아리아인'과 '셈족'에서처럼 쉽게 혼동되어 막스 뮐러(Max Müller) 같은 세심한 학자들의 의분을 샀는데, 그는 유전학적 개념인 '인종'은 유전되지 않는 언어에서 추론할 수 없다는 점을 지적했다. 나아가, 인종적 순수성의 중요성과 잡혼의 공포에 대한 인종주의자들의 주장과 외래어로부터 민족어를 순화시킬 필요성을 내세운 수많은 —— 어떤 이는 대부분이라고 말하는 —— 형태의 언어적 민족주의의 주장 사이에는 명백한 유사성이 존재한다. 영국인들이 19세기 동안 인종적 혼혈(브리튼인, 앵글로색슨인, 스칸디나비아인, 노르만인, 스코틀랜드인, 아일랜드인 등)을 자랑스러워하고 그들 언어의 혼합적 성격을 영광스러워한 것은 극히 예외적인 것이었다. 그러나 '인종'과 '민족'을 한층 더 밀착시킨 것은 양자를 사실상의 동의어로 사용하고 당시 유행이던 '인종적'/'민족적' 특성을 똑같이 거칠게 일반화한 관행이었다. 1904년의 영불 화친조약(Anglo-French Entente Cordiale)이 맺어지기 전, 한 프랑스 저자는 양국 협약은 양국간의 '유전적 반목' 때문에 불가능하다고 일소에 부쳤다.[14] 언어적·종족적 민족주의는 이처럼 서로를 강화해갔다.

민족주의가 1870년대부터 1914년 사이에 그토록 급속히 뿌리를 내린 것은 별로 놀라운 일이 아니다. 외국인 혐오의 포고문을 내거는 데 쓸 못을 다량으로 제공한 국제상황은 논외로 하더라도, 그것은 사회적·정치적 변화의 산물이었다. 세 가지의 사회적 진전이 '상상의' 또는 심지어 실제의 공동체를 민족으로 발명하는 새로운 양식의 발전을 위해 상당히 확대된 공간을 제공했다. (1) 근대성의 쇄도로 위협을 받게 된 전통적인

---

13) J. Romein, *The Watershed of Two Eras: Europe in 1900* (Middletown 1978), 108면. '북유럽' 인종은 1898년 인류학의 분류 문헌에 처음으로 등장했다(*OED Supplement*: 'nordic'). 이 용어는 J. Deniker의 *Races et peuples de la terre* (Paris 1900)에 나온 듯하나 인종주의자들이 우월하다고 여긴 금발, 긴 얼굴의 인종을 기술하는 데 편리했던 까닭에 후에 그들에 의해 채택되었다.

14) Jean Finot, *Race Prejudice* (London 1906), v~vi면.

사회집단들의 저항, (2) 선진국가의 도시화에 의해 급격히 성장한 새롭고 상당히 비전통적인 계급 및 계층, (3) 전세계에 걸쳐 다양한 민족의 디아스포라를 만들어낸 전대미문의 인구이동(디아스포라를 형성한 각각의 이방인은 이제껏 같이 살아온 관습과 전통이 없는 까닭에 원주민과 다른 이주민들에게 낯선 존재였다). 빈민과 경제적으로 보통수준이거나 불안정한 사람들을 괴롭힌 '대공황'의 진동은 제쳐두더라도, 이 시기 변화의 무게와 속도만으로도 왜 그러한 상황에서 집단간 갈등이 폭증하였는지가 충분히 설명된다. 민족주의가 정치에 개입하는 데 필요한 조건은, 자신을 어떤 식으로건간에 루리테이니아인으로 생각하거나 또는 다른 이들에게 그렇게 비쳐지는 남녀 집단들이, 그들의 불만이 다른 민족과 비교해서 자신들이 루리테이니아인이 아닌 사람들의 국가나 지배계급에 의해 열등하게 취급당하는(종종 부정할 수 없는) 것에 기인한다는 주장에 귀기울일 준비가 되어야 한다는 것이다. 하여튼 1914년경의 관찰자들은, 비록 이것이 반드시 민족주의적 프로그램에 대한 지지를 의미하지는 않았다 해도, 민족을 근거로 한 호소에 완전히 냉담한 유럽 사람을 보면 놀랐을 것이다. 이민 출신의 미국시민은 자신들의 민족에 대해 언어나 그밖의 면에서 양보를 하도록 연방정부에 요구하지는 않았지만, 민주당의 모든 시 정치인들은 아일랜드인에게는 아일랜드어로, 폴란드인에게는 폴란드어로 호소하는 것이 가장 좋은 득표전략이라는 것을 너무나 잘 알고 있었다.

이미 살펴보았듯이, 민족적 호소를 수용할 가능성을 실제 수용하는 것으로 바꾸어놓은 주요한 정치적 변화는, 점점 더 많은 국가에서 정치의 민주화가 이루어지고 시민을 동원하고 그들에 영향을 주는 근대 행정적 국가가 생겨난 것이다. 그러나 대중정치의 등장은 민족주의에 대한 대중적 지지의 문제에 답을 주기보다는 그 문제를 재정리하는 데 유용하다. 우리가 발견해야 할 것은 다음의 의문들이다. 정치에서 정확히 민족적인 구호는 무엇을 말했는가, 구호는 상이한 사회계층에게 의미하는 바가 같았는가 달랐는가, 그것은 어떻게 변화했는가, 그리고 그러한 구호는 어떤 조건에서 시민을 동원할 수 있는 여타 구호들과 결합하거나 또는 후자와 양립할 수 없었던가, 그리고 어떻게 그것은 여타의 것들보다 우세하거나 열세했던가.

민족과 언어를 동일시하는 것은 위와같은 의문을 푸는 데 도움이 된다. 그 까닭은 언어적 민족주의는 본질적으로 언어에 대한 국가의 통제 또는 적어도 공인 획득을 필요로 하기 때문이다. 이것이 한 국가나 민족 내의 모든 사회 계층이나 집단 또는 모든 국가나 민족에게 똑같이 중요한 것은 아니다. 결국 언어적 민족주의의 근저에는 통신 또는 심지어 문화가 아니라 권력, 지위, 정치 그리고 이데올로기의 문제가 가로놓여 있다. 만일 문화나 통신이 핵심적인 문제였다면, 유대인의 민족주의적(시온주의) 운동은 지금껏 아무도 쓰지 않았고 유럽의 유대교회에서 쓰던 것과 발음이 다른 현대 헤브류어를 택하지 않았을 것이다. 시온주의 운동은 동유럽계(Ashkenazic) 유대인과 서유럽 이주 유대인의 95% ── 세계 유대인의 상당히 많은 수 ── 가 쓰던 이디쉬어를 버렸다. 1935년까지, 이디쉬 문학이 이디쉬어를 쓰는 천만 인구를 대상으로 대규모로 다양하고 훌륭하게 발전한 점에 의해 이디쉬어는 "당대의 주도적 '문자'어 중의 하나"라고 일컬어져왔다.[15] 또, 1900년 이후 아일랜드 민족운동은 대부분이 이해하지 못하고 마을 사람들에게 그것을 가르치기 시작한 이들조차 매우 불완전하게 배우기 시작한 언어로 바꾸려는 애당초 실패할 게 뻔한 계획을 추진하지 않았을 것이다.[16]

반대로 이디쉬어의 예가 말해주듯, 방언문학의 황금기였던 19세기에 광범위하게 말해지거나 쓰여지기도 했던 사투리의 존재가 승인된 것이

---

15) Lewis Glinert, "Viewpoint: the recovery of Hebrew" (*Times Literary Supplement*, 17, June 1983), 634면.

16) Declan Kiberd, *Synge and the Irish Language* (London 1979), 특히 223면을 참조하라.

반드시 언어에 기초를 둔 민족주의의 발흥을 의미하지는 않았다. 그러한 방언이나 문학은 스스로가 보편문화 및 통신의 지배적인 언어와 경쟁하기보다는 그것을 보완한다고 여길 수 있었으며 아주 의식적으로 그렇게 간주될 수 있었다.

언어건축 과정에서의 정치이데올로기적 요소는 명백하다. 이 건축과정은 기존 문자 및 문화언어의 단순한 '교정'과 표준화에서부터 시작하여 일상적으로 쓰이며 서로 겹치기도 하는 다양한 방언들에서 그러한 언어를 형성하는 것 그리고 끝내는 사실상 새로운 언어를 발명하는 것과 다름없는 사멸하거나 거의 사라진 언어를 재생하는 것에 이르는 전과정을 말한다. 이 과정에 정치이데올로기적 요소가 개입하는 것은 민족주의적 신화와는 반대로 민족의 언어가 민족의식의 바탕이 아니라 하우겐(Einar Haugen)의 표현대로 '문화적 가공물'이기 때문이다.[17] 근대 인도 국어의 발전이 이를 잘 보여주고 있다.

19세기에 문화언어로 생겨난 벵골 문어를 의도적으로 싼스크리트화한 것은 상층 식자층을 민중과 분리시켰을 뿐만 아니라 벵골의 고급문화를 힌두화함으로써, 결국 벵골의 이슬람교 대중을 강등시켰다. 이에 대한 반대급부로 방글라데시(동 벵골)는 분리 이후 언어를 탈싼스크리트화하려는 노력을 기울여왔다. 이보다 훨씬 더 시사적인 것은 민족운동의 통일을 기반으로 하여 단일한 힌디어를 발전, 유지시키고자 했던 간디의 시도이다. 즉 간디는 영어를 대체할 수 있는 민족어를 제공하는 동시에, 북인도 공통어의 두 변종인 힌디어와 이슬람교어 간의 간극이 더 벌어지지 않게 하려 했던 것이다. 그러나 초종파적인 힌디어 주창자들이 1930

17) Einar Haugen, *Language Conflicts and Language Planning: The Case of Modern Norwegian* (The Hague 1966); Einar Haugen, "The Scandinavian languages as cultrual artifacts" in Joshua A. Fishman, Charles A. Ferguson, Jyotindra Das Gupta (eds.), *Language Problems of Developing Nations* (New York-London-Sydney-Toronto 1968), 267~84면.

년대에 언어를 전파하기 위해 국민회의가 구성한 조직을 장악한 친(親)
힌두교도 및 반(反)이슬람교도(따라서 反우르두*) 집단들의 강력한 반대
에 봉착하자, 간디, 네루 및 국민회의 지도자들은 이 조직(the Hindi Sahitya
Samuelan 또는 HSS)에서 탈퇴하게 된다. 1942년 간디는 '광범한 힌디어'
(broad Hindi)를 만드는 데 재도전하나 또 실패한다. 한편 HSS는 그것
의 구상대로 표준화된 힌디어를 만들어 마침내 중등학교 및 대학의 졸업
및 학위 자격을 힌디어로 검사하는 기관을 설립하였다. 따라서 힌디어는
교육용으로 표준화되었고 1950년에는 힌디 어휘를 늘리기 위한 '과학적
용법위원회'(Board of Scientific Terminology)가 세워졌다. 그리고 힌디어
는 1956년에 시작된 힌디백과사전으로 완성되었다. [18]

언어는 실제 사용에 비해 상징적 중요성이 커지는 만큼 사회공학에서
더욱 의식적인 과제가 된다. 증거로서, 민족주의 운동들은 자기들의 어
휘를 '고유화'하거나 더 순수히 '민족적'인 말로 만들려고 한다. '영어식
프랑스어'(franglais)에 반대한 프랑스정부의 투쟁은 최근에 알려진 가장
좋은 본보기이다. 언어 뒤에 가려진 열정은 이해하기 쉽지만, 말하기,
쓰기, 이해하기, 또는 문학정신 등은 그 열정과 아무런 관계가 없다. 덴
마크어의 영향을 입은 노르웨이어는 노르웨이 문학의 주된 전달매체였으
며 지금도 그렇다. 19세기에 이에 대한 반응은 민족주의적이었다. 1890
년대 체코어 학습──그때까지 프라하 인구의 93%가 체코어를 사용했
다──은 반역[19]이라고 선언한 프라하의 독일 카지노(German Casino)*

---

* 우르두(Urdu) 말은 북인도의 말로서 주로 이슬람교도들이 사용한다──역자.

18) J. Bhattacharyya, "Language, class and community in Bengal" (*South Asia Bulletin*, VII, 1 and 2, Fall 1987, 56~63면); S. N. Mukherjee, "Bhadralok in Bengali Language and Literature: an essay on the language of class and status" (*Bengal Past And Present*, 95, part II, July-December 1976, 225~37면); J. Das Gupta and John Gumperz, "Language, communication and control in North India, " in Fishman, Ferguson, Das Gupta (eds.), *Language Problems*, 151~66면.

19) B. Suttner, *Die Badenischen Sprachenverordnungen von 1897*, 2 vols. (Graz-

는, 그 어조가 말해주듯 의사소통에 대해 언급하고 있는 것이 아니었다. 오늘날까지 지명이 없었던 장소에 웨일즈어(Cymric) 지명을 갖다붙이는 웨일즈어 열광주의자들은, 웨일즈어를 쓰는 사람들이 아프리카의 바마코 (Bamako)나 그외 외국도시의 이름을 웨일즈 말로 고칠 필요가 없는 것 처럼 버밍엄(Birmingham)의 이름을 웨일즈 말로 바꿀 필요가 없다는 것 을 잘 알고 있다. 그러나 계획된 언어 건축과 조작의 동기가 무엇이든, 그리고 변화의 정도가 얼마나 되든, 그것은 필수적으로 국가권력과 연관 된다.

국가권력이 아니면, 어떻게 루마니아 민족주의가 이제까지 일상적으로 쓰여온 시릴 자모 대신에 로마자로 쓰고 인쇄함을 통해 루마니아가 본래 라틴계임(주변의 슬라브인과 마자르인과 구분되는)을 주장할 수 있었겠 는가(1863)? (메테르니히[Metternich]하에서 경찰총수를 지낸 세들니츠 키[Sedlnitzky] 백작은 합스부르크제국의 슬라브인들 사이에 범슬라브주 의가 퍼지는 것을 억제하고자 정교적 종교 저술을 시릴 자모가 아닌 로 마자로 출판하는 것에 보조금을 지급함으로써 유사한 형태의 문화언어 정치를 도모하였다.)[20] 당국이 지원하지 않고 교육과 행정에서 공인되지 않았다면, 존재하지도 않는 말이 실체를 부여받은 경우는 제쳐두고라도, 어떻게 가정이나 시골에서 쓰이는 언어가 민족문화 또는 세계문화의 지 배적인 언어와 경쟁할 수 있는 언어로 탈바꿈할 수 있었겠는가? 헤브류 어를 일상언어로 말하는 사람이 2만명도 채 안 되던 당시 상황에서 만일 영국이 1919년의 통치령에서 헤브류어를 팔레스타인 지역의 3개 공식언 어의 하나로 받아주지 않았다면, 헤브류어의 앞날은 어찌 됐을까? 언어

＊ 독일 카지노는 중유럽에 산재한 독일계 사람들의 거주지이다— 역자.

20) J. Fishman, "The sociology of language: an interdisciplinary approach" in T. E. Sebeok (ed.), *Current Trends in Linguistics*, vol. 12*** (The Hague-Paris 1974), 1755면.

적 경계가 굳어져가던 19세기 말경, 핀란드의 중등학교, 나아가 대학교
에서 핀란드어가 교육언어로서 채택되지 않았다면, "스웨덴 말을 하는
지식인의 숫자가 핀란드 말을 하는 대중에 비해 몇배가 넘는" 역사적 사
실, 즉 핀란드 식자층이 스웨덴 말을 모국어보다 더 유용하다고 계속해
서 믿어온 사실을 무엇이 치유했을 것인가? [21]

  그러나 언어가 제아무리 민족적 열망을 상징한다 해도, 언어는 실제로
상당히 다양하고도 사회적으로 구별지어지는 용도에 쓰이며, 그 결과로
행정적, 교육적 또는 그밖의 목적을 위해 공식어(들)로 선택된 언어(들)
에 대한 사람들의 태도는 다르다. 문제가 되는 요소는 문어 또는 공공
목적에 사용되는 구어임을 다시 한번 상기하자. 사적 의사소통의 영역에
서 사용되는 언어(들)는 그것이 심지어 공용어와 공존할 때조차 큰 문제
가 되지 않는다. 그 까닭은, 마치 어린아이가 교사나 친구에게 말할 때
의 적당한 말과 부모에게 말할 때의 적절한 말을 구별할 줄 아는 것과
같이 각각의 말은 나름의 영역을 갖고 있기 때문이다.

  나아가, 그 시기의 특수한 사회적·지리적 이동성으로 인해 전에 없이
많은 수의 남성이 —— 그리고 사적 영역에 제한됨에도 불구하고, 심지어
많은 여자까지 —— 새 말을 배워야 하거나 배우도록 장려되었던 것은 사
실이지만, 한 언어의 사용이 의도적으로 억제되고 일반적으로 —— 사실
거의 보편적으로 —— 이 언어가 다른 언어와 동일시되는 더 광범한 문화
나 상층계급에 끼여드는 수단으로서의 다른 언어로 대체되지 않는 한,
이러한 과정 자체가 이데올로기적인 문제를 야기하지는 않았다. 이같은
경우는 정말로 종종 있었다. 예를 들어, 중서부 유럽에 거주했던 동화된
동유럽계(Ashkenazic) 유대인의 중간계급은 이디쉬어를 쓰지 않거나 나
아가 이해하지 못하는 것에 대해 긍지를 느꼈다. 그리고 슬라브 출신임
을 명백히 드러내주는 성을 가진 중유럽의 많은 열성적인 독일 민족주의

21) Juttikala and Pirinen, *A History of Finland*, 176면.

자들 또는 민족주의적 사회주의자들의 가족사가 그럴 것이다. 그러나 더 흔한 경우는 구어(舊語)와 신어(新語)가 각각의 영역을 지키면서 공존했던 것이다. 이딸리아어로 말하는 베네찌아의 교육받은 중간계급이 가정이나 시장에서는 베네찌아 말을 사용한 것과 마찬가지로, 두 가지 언어를 사용하는 것이 웨일즈 토착어를 로이드 조지(Lloyd George)*에게 팔아넘기는 것을 의미하지는 않았다.

이처럼 구어는 사회 상층부 또는 근로대중에게 주요한 정치적 문제를 제기하지 않았다. 상층부의 사람은 더 광범한 문화의 언어들 중의 한 언어로 말했으며, 만일 그들 자신의 민족어 또는 가족 언어가 문화언어에 속하지 않으면, 상층부의 남성은——그리고 1900년대 초기에는 어떤 경우 심지어 여성도——그중 하나 이상을 배웠다. 그들은 지역적 억양이나 지역적 어휘의 사용에 관계없이 표준 국어를 '교육받은' 대로 자연스럽게 말하나 보통 자기 사회계층의 성원임을 확인시켜주는 방식으로 말한다.[22] 그들은 자신들이 접촉하는 하층계급이 쓰는 방언(patois, dialect, vernacular)을 쓸 수도 있고 쓰지 않을 수도 있다. 그것은 그들 가족의 혈통, 거주지, 양육, 그들 계급의 관습 그리고 물론 하층계급과의 소통에 필요한 하층계급의 언어, 크레올어나 피진어에 대한 지식의 요구 정도에 달려 있다. 이들 하층계급 언어의 공식적 위치는 공용어 및 문화언어에 상관없이 상층계급의 의도에 따라 결정되기 때문에 중요한 것이 아니다.

문맹인 평민층의 경우 말의 세계는 완전히 입으로 하는 것이며, 따라서 공식적 언어나 그외 어떠한 문어도 문맹층에게 그들의 무지와 무력함을 점점 더 자각시켜줄 뿐, 그밖에 어떠한 의미도 지니지 못했다. 알바

---

* 로이드 조지는 20세기 초 영국 내 자유주의적 정치가의 대표적인 인물로, 경제 및 정치 제도의 개혁을 통해 민족문제를 완화하려 했다―역자.

22) Ochs von Lerchenau의 방언을 들은 빈의 택시 운전사는 말한 사람을 보지 않고도 그의 사회적 지위를 알 수 있다.

니아어가 아랍 문자나 그리스 문자가 아니라 라틴어로 표기되어야 한다
는 알바니아 민족주의자들의 요구는 그리스인이나 터키인보다 그들이 열
등하지 않다는 것을 함의할 뿐, 문자를 모르는 사람들에게는 아무 의미
도 없다. 고향이 서로 다른 사람들끼리의 접촉이 점점 더 늘어나고 농촌
의 자족성이 붕괴함에 따라 서로 의사소통할 수 있는 공통어를 찾는 문
제는 심각해지며——제한된 환경에 놓여 있는 여성에게는 덜 심각하고
곡식을 재배하거나 목축을 하는 사람들에게는 가장 덜 심각하다——그
리고 문제의 가장 손쉬운 해결방법은 그럭저럭 생활해낼 만큼의 국어를
배우는 것이다. 두 가지 거대한 대중교육 제도인 초등교육과 병역으로
모든 가정이 공식어를 얼마간 알게 됨에 따라 국어 습득은 더욱더 필요
해진다. [23] 순전히 지방적인 언어 또는 사회적으로 범위가 한정된 언어가
광범하게 사용되는 언어에 질 수밖에 없었던 사실은 놀랍지 않다. 그러
한 언어적 변화와 적응이 아래로부터의 저항에 부딪혔다는 어떠한 증거
도 없다. 두 언어 중에서 더 널리 사용되는 언어는, 한 가지 말만을 쓰
는 사람들 사이에 모국어를 쓰는 것을 금지하지 않는 한, 명백히 압도적
인 이점을 가지며 아무것도 불리할 것이 없다. 그러나 하나의 말만 사용
했던 브르따뉴인은 그 또는 그녀의 고향땅 그리고 고향에서의 전통적 직
업을 떠나서는 속수무책이었다. 그밖의 곳에서 그 또는 그녀는 말 못하
는 동물, 즉 말없는 한뭉치의 근육질에 지나지 않았다. 일을 찾고 근대
세계 속에서 자신의 위치를 향상시키고자 했던 가난한 사람들의 입장에
서 보면, 농민이 프랑스 말을 하는 사람이 되거나 시카고의 폴란드인과
이딸리아인이 영어를 배우고 미국인이 되고 싶어하는 것에는 전혀 이상
할 것이 없다.

만일 자기 지방에만 국한되지 않는 언어를 아는 이점이 명백하다면,

---

23) 1794년 초 그레고리 신부는 "우리 부대에서는 일반적으로 프랑스어를 말한
다"라고 만족스럽게 언급했다. 짐작컨대, 부대는 종종 상이한 여러 지역 출신
의 남자들이 섞여 있었기 때문이다.

더 널리 통용되는 언어, 특히 세계어를 아는 이점은 두말할 필요도 없다. 문어를 갖지 못한 남미 지역에서 학교수업을 인디오 고유어로 할 것을 주장한 사람들은 인디오가 아니라 인디오주의자인 식자들이다. 자기의 지방어가 사실상의 세계어가 아닌 이상, 한 가지 말만을 하는 것은 족쇄에 갇히는 것과 다름없다. 프랑스어를 아는 데서 오는 이점이 많았으므로 1846년에서 1910년 사이에 벨기에에서는 플랑드르어를 배우려는 프랑스인보다 훨씬 더 많은 수의 본래 플랑드르어를 하는 사람들이 프랑스어를 배우고자 했다. [24] 주요 언어와 공존하는 지방어나 좁은 범위에서 쓰이는 언어의 퇴락을 민족 언어의 탄압 가설을 가지고 설명할 필요는 없다. 반대로, 그러한 언어들을 보존하려고 종종 커다란 대가를 감수하면서까지 경탄받을 만한 체계적인 노력을 기울여왔지만, 그것으로도 소르비아어(Sorbian), 레토로만어(로만쉬/라딘쉬), *1 스코틀랜드의 게일어 등의 소멸을 늦추지 못했다. 영어나 프랑스어로 수업이 진행되는 교실에서 전혀 창의적이지 않은 교사에 의해 자신들의 말을 사용할 수 없었던 비표준어 지역 지식인들의 아픈 기억에도 불구하고, 학부모들이 자기들의 말로만 실시되는 수업을 대거 찬성했다는 증거는 없다. 물론 다른 하나의 제한적으로 유통되는 말만을 강요하는 것은—— 예로써, 불가리아어 대신에 루마니아어를 사용하는 것 —— 더 강한 저항을 받았을 것이다.

그러므로 한편의 귀족이나 대부르조아지, 다른 한편의 노동자와 농민도 언어적 민족주의에 특별히 열성적이지 않았다. '대부르조아지'는 계급의 성격상 19세기 말 무렵 전면에 부상한 두 종류의 민족주의인 제국주의적 국수주의 또는 약소민족의 민족주의를 반드시 지지할 필요가 없었으며 약소민족의 언어적 열망은 더더구나 말할 것도 없었다. 겐트와 안트베르펜*2의 플랑드르 부르조아지는 의식적으로 프랑스어를 사용하려

24) A. Zolberg, "The making of Flemings and Walloons: Belgium 1830~1914" (*Journal of Interdisciplinary History*, v/2, 1974), 210~15면.

*1 레토로만어는 스위스와 이딸리아 인근에서 말해지던 로망스어의 하나다—역자.

했을 정도로 반(反)플랑드르적이었고 여전히 일부는 그럴 것이다. 자신
을 폴란드인보다는 독일인 또는 유대인으로 여겼던 대부분의 폴란드 산
업가들은[25] 전러시아 또는 그밖의 초민족적 시장이 그들의 경제적 이익
에 가장 유리하리라 생각했음이 분명하다. 이 때문에 로자 룩셈부르크는
폴란드 민족주의를 과소평가했다. 스코틀랜드의 기업인들은 아무리 자신
들이 스코틀랜드인임을 자랑스러워했더라도 1707년의 유니온 결성[*1]이
폐기되어야 한다는 어떠한 주장도 감상에 빠진 바보같은 행위라고 보았
을 것이다.

   우리가 앞서 보았듯이, 언어는 노동계급 내 집단 사이의 여타 갈등을
상징할 수는 있지만 노동계급은 언어 그 자체에 대해 좀처럼 흥분하지
않았다. 겐트와 안트베르펜의 대부분의 노동자들은 리에주와 샬르롸 지
방[*2]의 동료 노동자들과 통역 없이는 말조차 통하지 않았으나 이들은 하
나의 노동운동 아래 결집하였다. 언어는 별로 문제가 되지 않았기 때문
에 1903년 벨기에서 출간된 사회주의에 관한 권위있는 저술은 플랑드르
문제에 대해 많이 언급하지 않았다.[26] 오늘날에는 상상할 수 없는 일이
다. 사실, 남웨일즈의 부르조아지와 노동계급의 자유주의 분파 모두는,
초기 로이드 조지에 의해 제창된 민족주의적 북웨일즈 자유주의(North
Wales Liberalism)가 웨일즈적인 것을 언어적 웨일즈주의 및 자유당──

＊2 겐트(Ghent)는 벨기에 서북부의 도시명이며 안트베르펜(Antwerpen)은 북부
   지역의 항구 도시명이다 ── 역자.

25) Waclaw Dlugoborski, "Das polnische Bürgertum vor 1918 in vergleichender
   Perspektive" J. Kocka (ed.), *Bürgertum im 19. Jahrhundert: Deutschland im
   europäischen Vergleich.* (Munich 1988), vol. I, 266~89면.

＊1 1707년 잉글랜드와 스코틀랜드가 연합한 것을 가리킨다 ── 역자.

＊2 리에주(Liège)와 샬르롸(Charleroi)는 각각 벨기에 동부 및 서남 지역을 말
   한다 ── 역자.

26) Jules Destrée and Emile Vandervelde, *Le Socialisme en Belgique* (Paris 1903,
   초판은 1898년). 정확히 하자면, 48면의 참고문헌 목록에는 플랑드르 문제에
   관한 하나의 제목, 「선거 팸플릿」이 들어 있다.

웨일즈 공국의 민족적 분파 —— 과 동일시하려는 것에 반대하였다. 그들의 성공은 1890년대까지 기다려야 했다.

문어적 방언의 공식적 사용과 사회적 부침을 함께 한 계급들은 사회적으로는 평범하나 교육을 받은 중간계층이었다. 이들 중에는 학교교육이 요구되는 비근육노동에 종사함으로써 하층 중간계급이 될 수 있었던 계층이 포함되었다. 민족주의를 '소부르조아적'으로 평가한 당시의 사회주의자들은 그들이 무슨 얘기를 하고 있는지 알고 있었다. 언어적 민족주의의 전선은 지방의 저널리스트들, 교사 및 야심찬 하위관리들로 충원되었다. 제국의 절반을 차지하는 오스트리아가 민족적 투쟁으로 무정부 상태에 빠졌을 때, 합스부르크 정치는 중등학교의 교육언어와 기차역 역장의 민족성을 둘러싸고 싸움을 벌였다. 빌헬름 2세의 제국에서, 극단의 민족주의적 범게르만 활동가들은 교육받은 이들과 —— 그러나 교수보다는 교사들 —— 팽창적이고 사회적으로 유동적인 사회의 제대로 교육받지 못한 사람들로 주로 충원되었다.

필자는, 전쟁을 무기생산업체의 이윤문제로 돌렸던 조야한 유물론적 자유주의자들이 했던 것처럼, 언어적 민족주의를 직업의 문제로 환원하고 싶지는 않다. 그럼에도 불구하고 우리가 공식 토착어를 다른 무엇보다도 시험제도를 통해 형성되는 계급 하층의 기득권으로 파악하지 않는 한, 언어적 민족주의는 이해할 수가 없으며 그에 반대하는 것에 대해서는 더더구나 그렇다. 나아가 토착어에 특히 교육언어와 같은 더 큰 공식적 지위를 부여하는 모든 조처는 이러한 기득권 세력과 이해를 같이하는 남녀를 양산하였다. 독립 후의 인도에서 본질적으로 언어에 영향을 받는 공직이 마련된 것과 한 토착어(힌디어)를 국어로 정하는 데 대해 저항이 일어난 것은 다음의 상황을 반영한다. 타밀나두(Tamilnadu)에서 타밀어 교육을 받은 것은 국가 차원에서 공직 기회가 열리는 것을 의미하며 계속 영어를 사용하는 것은 여타 토착어로 교육받은 사람과 비교하여 타밀어로 교육받은 사람에게 민족적 불이익을 가져다 주지 않는다. 이처럼 언어를 잠재적 자산으로 만드는 결정적인 계기는, 언어가 초등교육의 매개체로서 수용되는 것이 아니라(이것이 자동적으로 다수의 초등교사 및 언어 훈련교사를 만들어내긴 하지만) 1880년대의 플랑드르와 핀란드에서 나타난 것처럼 중등교육의 매개체로서 인정되는 것이다. 핀란드 민족주의자들이 잘 알고 있었듯이, 바로 중등교육이 사회적 이동을 토착어와, 나아가 언어적 민족주의와 연결시켰기 때문이다. "대체로 겐트와 안트베르펜에서… 공공의 중등교육을 받은 비종교적인 새로운 세대는 새로운 플랑드르문화주의(Flamingant)의 이데올로기를 주창한 많은 개인들 및 집단들을 형성했다."27)

그러나 토착어를 고집하는 중간계층을 만들어내는 데서 언어 과정은 하층 중간계급의 특징인 열등성, 지위 불안 및 원한 등을 강조하였으며, 이로 인해 신민족주의가 그들에게 매력적으로 보였던 것이다. 이처럼, 플랑드르어로 교육받은 새로운 계급은 자신의 위치가 플랑드르 대중과 벨기에의 행정, 문화 및 행사의 상층부류 사이에 있다는 것을 알게 되었다. 플랑드르 대중의 가장 역동적인 부분은 프랑스어를 아는 것이 갖는 실용적인 이점 때문에 프랑스어에 끌렸으며, 상류계층은 프랑스어 사용을 고집하였다.28) 똑같은 공직을 위해 플랑드르인은 두 가지 언어를 구사해야 하는 반면에 태어나면서부터 프랑스어를 쓴 사람은 플랑드르어로 단지 응답만 할 줄 알아도 된다는 사실은 바로, 후에 있었던 퀘벡(Quebec)의 경우처럼, 약소민족 언어의 열등성을 보여준다. (두 가지 언어를 하는 것이 진정한 자산이 되고 약소민족의 언어도 구사할 줄 아는 이들에게 현실적 이익이 되는 직업은 보통 하위직이었기 때문이다.)

혹자는 인구적 측면에서 유리한 플랑드르인이 퀘벡인처럼 장래가 밝다고 예상할지도 모른다. 결국, 이 점에서 그들은 아일랜드어, 브르따뉴어, 바스끄어, 프리즐랜드어, 로만쉬어 그리고 심지어 웨일즈어 등 고대

27) Zolberg, "The making of Flemings and Walloons," 227면.
28) 같은 책, 209면 이하.

의 몰락하는 방언(rural idioms)들을 쓰는 이들보다는 유리하다. 그러나 이들 언어는 그대로 놔둘 경우 순수히 언어간의 다원적 생존경쟁에서 힘 있는 경쟁자일 것 같지 않다. 플랑드르어와 캐나다의 프랑스어는 결코 언어로서 위협당한 것이 아니며, 그 언어들의 사용자는 사회언어적 엘리뜨를 필요로 하지 않았다. 역으로, 지배언어의 사용자들도 교양있는 방언 사용자들을 엘리뜨로서 인정할 필요가 없었다. 위협당한 것은 언어가 아니라 플랑드르 또는 퀘벡 중간계층의 지위 및 사회적 위치였다. 정치적으로 보호하는 것만이 이들을 일으켜 세울 수 있었다.

사멸하는 언어를—— 바스끄어와 웨일즈어와 같이 신흥 산업중심지에서 사실상 종종 멸종 지경에 있는 방언 —— 보존하는 것이 문제가 된 곳에서도 상황은 역시 기본적으로 다르지 않았다. 확실히, 옛 언어를 수호하는 것은 근대성의 공격에 대항하여 전사회의 옛 방식과 전통을 방위함을 상징하였다. 브르따뉴, 플랑드르, 바스끄 및 기타의 민족운동이 로마 카톨릭 교회의 지지를 받은 사실이 이를 말해준다. 이 점에서 예의 운동들은 단순히 중간계급의 운동이 아니었다. 그러나 바스끄의 언어적 민족주의는 전통적 농촌의 운동이 아니었다. 전통적 농민은, 바스끄민족당의 스페인어를 쓰는 창설자가 이후의 언어적 투사들처럼 성인이 되어서 배워야 했던 언어를 여전히 쓰고 있었다. 바스끄의 농민은 신민족주의에 대해 거의 관심이 없었다. 신민족주의는 (도시와 해안의) '보수적이며, 카톨릭을 믿는 소부르조아적 정서'[29]에 뿌리를 박고 있었다. 그것은 스페인왕국 전체에서 이해를 찾는 바스끄의 대부르조아지를 배격하는 한편, 산업화와 이에 따른 신앙심 없는 이주 노동자들의 사회주의의 위협에 대항하는 것이었다. 까딸루냐 민족주의와는 달리, 바스끄민족당은 부르조아지로부터 단지 일시적인 지원을 받았을 뿐이다. 그리고 바스끄 민족주의가 기반으로 한 언어적·인종적 독특성에 대한 다음과 같은 주장

---

29) Puhle, "Baskischer Nationalismus," 62~65면.

은 소부르조아 극우세력을 경험해본 모든 이들에게 익숙하게 들린다. 바스끄인은 그들의 인종적 순수성 때문에 다른 민족보다 우월하며 이는 여타 민족, 특히 아랍인, 유대인과 섞이기를 거부한 데서 나타나는 언어의 독특성에 의해 증명된다. 이는 ('소부르조아지, 특히 소매업자 및 소상인들의 지지를 받아') 1860년대에 작은 규모로 시작됐으며 19세기 말의 대공황 도중에 얼마간의 거점을── 마찬가지로 경제적으로 큰 타격을 입은 하층 중간계급 사이에서── 확보한 배타적인 크로아티아 민족주의 운동의 경우도 상당히 비슷하다. 그것은 "돈 많은 부르조아지의 이데올로기인 유고슬라비아주의에 대한 소부르조아지의 대항을 반영했다". 크로아티아 민족주의에는 선민임을 드러내줄 수 있는 언어나 인종이 없었기 때문에, 동쪽으로부터의 침략에 대해 기독교를 수호한다는 크로아티아 민족의 역사적 사명은 자신감을 결여한 계층에게 필요한 우월감을 제공했다.[30]

하층 중간계급은 민족주의의 하위 유형인 정치적 반유대주의 운동의 중심 기반을 형성했다. 반유대주의 운동은 19세기의 마지막 20년간 독일(슈퇴커〔Stöcker〕), 오스트리아(쇠네러〔Schönerer〕, 뤼거〔Lueger〕), 그리고 프랑스(드뤼몽〔Drumont〕, 드레퓌스〔Dreyfus〕사건)에서 등장하였다. 하층 중간계급의 지위 및 자기 정체성에 대한 불확실성, 육체노동자와 반대할 수 없는 상층계급 및 상층 중간계급 사이에 놓인 커다란 사회계층의 불안, 이러저러한 사람으로부터 위협당하는 독특성과 우월성을 내세운 과잉 보상심리 등이 신중한 중간계층과 전투적 민족주의를 결합시킨다. 전투적 민족주의는 노동자, 외국 및 외국인, 이민층, 그리고 혁명적 선동가들로 인식되기도 하는, 유대인과 동일시되는 자본가 및 금융가 등의 위협에 대한 반응으로 정의될 수 있을지도 모른다. 이러한 중간계

---

30) Mirjana Gross, "Croatian national-integrational ideologies from the end of Illyrism to the creation of Yugoslavia" (*Austrian Histroy Yearbook,* 15~16, 1979 ~80), 3~44면, 특히 18, 20~21, 34면, A. Suppan의 토론.

층은 자신들이 위의 위협에 포위당해 위험한 지경에 있다고 보기 때문이다. 1880년대 프랑스 우익의 정치적 어휘의 핵심 단어는 '가족', '질서', '전통', '종교', '도덕' 또는 그와 비슷한 말이 아니었다. 분석가들에 의하면 그것은 '위협'이었다. [31]

이처럼 하층 중간계층의 민족주의는 자유주의 및 좌파와 연관된 개념으로부터 우익의 국수주의적이고 제국주의적이며 외국인을 혐오하는 운동으로 변질된 것이었다. 더 정확히 말하면, 그들의 민족주의는 1870년경 프랑스에서 유통된 '조국' '애국심' 등과 같은 단어들의 모호한 용법에서 이미 관찰되듯, 극우적 개념이었다. [32] '민족주의'라는 용어 자체는 특히 프랑스 그리고 곧이어 이딸리아에서 이러한 극우적 경향이 태동한 것을 반영하기 위해 새로이 만들어졌는데, 이들 나라의 로망스어는 이 말을 만드는 데 적합했다. [33] 19세기 말 그것은 아주 낯설어 보였다. 그러나 독일 민족주의의 대중체육 조직인 '투르너'(Turner)*의 사례에서처럼 연속성이 존재하는 곳에서조차, 1890년대의 우익 선회는 오스트리아로부터 독일로 반유대주의가 확산된 것과 1848년의 자유주의적·민족적 삼색기(흑-적-황)가 제국주의 삼색기(흑-백-적)로 대치된 것, 그리고 제국주의적 팽창에 대한 새로운 열광 등에 의해 측정될 수 있다. [34] 이딸리아를

---

31) Antoine Prost, *Vocabulaire des proclamations électorales de 1881, 1885 et 1889* (Paris 1974), 37면.

32) Jean Dubois, *Le Vocabulaire politique et social en France de 1869 à 1872* (Paris n.d.~1962), 65면. item 3665. '민족주의'라는 용어는 아직까지 기록되어 있지 않으며, 이 시기에 '민족적' 어휘의 우익적 방향전환에 대해 논한 A. 프로스뜨의 『선거 성명서의 어휘』(*Vocabulaire des proclamations électorales*)에도 여전히 빠져 있다. 특히 52~53, 64~65면.

33) 프랑스에 대해서는 Zeev Sternhell, *Maurice Barrès et le nationalisme français* (Paris 1972); 그리고 이딸리아에 관해서는 S. Valtutti and F. Perfetti in R. Lill and F. Valsecchi (eds.), *Il nazionalismo in Italia e in Germania fino alla Prima Guerra Mondiale* (Bologna 1983).

* 독일말로 투르너(Turner)는 운동하는 사람을 의미한다— 역자.

제1차 세계대전으로 몰고 갔던 그와같은 운동——예를 들어, "호전적이고 발호하는 노동자들에 대한 하층 및 중간층의 도시부르조아지 집단의 봉기"[35]——의 중심세력이 중간계급 내의 어느 상층집단까지 올라갈 수 있는지는 논쟁거리일지도 모른다. 그러나 이딸리아 및 독일 파시즘의 사회적 구성에 관한 연구는 이러한 운동들의 힘이 본질적으로 중간계층에서 왔음을 명백히한다.[36]

나아가 기존의 민족국가와 열강국들에서의 이러한 중간계층의 열렬한 애국심은 제국주의적 팽창을 일삼고 다른 국가와 민족적 경쟁 관계에 있던 정부들에 의해 더없이 환영을 받기는 했지만, 그러한 감정이 자발적으로 일어나는 것인 까닭에 위에서 완전히 통제할 수는 없었다. 심지어 1914년 이전에조차 어느 정부도 자신에 압력을 가하는 극단적 민족주의자들만큼 국수주의적이지 않았다. 그리고 아직 극우 민족주의자들에 의해 구성된 정부는 존재하지 않았다.

그러나 정부가 신민족주의를 완전히 통제하지는 못하고 신민족주의가 아직 정부를 장악할 수 없었다면, 민족주의적 소부르조아지와 하층 중간계급에게 국가와의 일체성은 필수적이었다. 신민족주의자들이 아직 국가를 장악하지 못한 한, 그들은 민족독립으로 자기들이 누릴 만하다고 생각하는 지위를 지니게 될 것이다. 더블린의 야간 강의에서 초급 게일어를 배우며 이를 여타 전투적 동료들에게 가르치는 남녀에게 고대어의 회복을 설교하는 일은 더이상 선전이 아니었다. 아일랜드자유국(Irish Free

---

34) Hans-Georg John, *Politik und Turnen: die deutsche Turnerschaft als nationale Bewegung im deutschen Kaiserreich von 1871 bis 1914* (Ahrensberg bei Hamburg 1976), 41면 이하.

35) Jens Petersen in W. Schieder (ed.), *Faschismus als soziale Bewegung* (Göttingen 1983), 122면. Petersen의 인용 출처는 1923년의 것이다.

36) Michael Kater, *The Nazi Party: a social profile of members and leaders 1919 ~1945* (Cambridge MA 1983), 특히 236면; Jens Petersen, "Elettorato e base sociale del fascismo negli anni venti" (*Studi Storici*, XVI/3, 1975), 627~69면.

State)의 역사가 말해주듯, 그것은 거의 모든 하급직 공무원의 임용에 요구되는 조건이었고 따라서 아일랜드어 시험에 합격하는 것은 전문적이고 지적인 계급에 속하는 기준이 되었다. 만일 신민족주의자들이 이미 기성의 민족국가에 살고 있다면, 그들은 민족주의에서 노동자들이 계급 운동에서 얻는 것과 같은 종류의 사회적 자기정체성을 갖게 되었던 것이다. 우리는 하층 중간계급들——고등교육을 받은 화이트 칼라와 전문직 종사자들이 전에 없이 팽창하는 가운데 속수무책의 상황에 빠진 장인, 소상점주 부문과 노동자처럼 매우 새로운 사회계층——이 자신들을 계급이라기보다는 조국의 가장 '존경스러운' 아들과 딸들일 뿐 아니라 매우 열광적이고 충성스런 집단으로 규정했다고 말할 수 있다.

1914년 이전의 50년 사이에 출현한 민족주의의 정체가 무엇이든, 그 모든 유형은 다음의 공통점을 갖는다. 모든 민족주의 운동은 새로운 프롤레타리아 사회주의 운동이 프롤레타리아적이라는 이유에서 그리고 의식적이고도 전투적으로 국제주의적, 또는 적어도 비민족주의적이라는 이유에서 그것을 배격했다.[37] 그러므로 민족주의적 호소와 사회주의적 호소가 양립할 수 없고 어느 한쪽의 승리는 다른 한편의 패퇴를 뜻한다고 보는 것은 극히 논리적이다. 그리고 역사가들은 이 시기에 대중 민족주의가 경쟁 이데올로기, 특히 계급적 사회주의에 승리했다는 데에 기본적으로 동의한다. 이 승리는 사회주의적 국제주의의 공허함을 적나라하게 보여준 1914년의 전쟁 돌발과 1918년 이후의 국제평화협정에서 '민족의 원칙'이 대승한 것으로 실증되었다.

그러나 상식적인 가정과는 반대로, 대중에 대한 정치적 호소가 기반으로 하는 다양한 원칙들, 특히 사회주의자들의 계급적 호소, 종교계의 고

---

37) 이에 대해서는 E. J. Hobsbawm, Worlds of Labour(London 1984)의 제4장과 "Working-class internationalism" in F. van Holthoon and Marcel van der Linden (eds.), *Internationalism in the Labour Movement* (Leiden-New York-Copenhagen-Cologne 1988), 3~16면에서 다루었다.

해적 호소 그리고 민족성의 호소 등은 상호 배제적이지 않았다. 심지어 종교와 무신론적 사회주의가 본질상 양립할 수 없다고 양측 모두 강조할 때조차 그들 사이에 명확한 경계를 획정하기는 어렵다. 신발은 한번에 한 켤레만 신을 수 있음을 알기에 인간은 신발을 고르듯이 그들의 집단적 정체성을 선택하지 않았다. 그들은 민족성을 포함하여 여러가지의 소속감과 충성을 동시에 가졌고 지금도 그렇다. 그리고 인간은 인생의 다양한 측면에 관계하는 데 어떤 한 시점에 그중의 하나가 가장 소중한 것으로 여겨질 수 있다. 오랜 기간 동안 이러한 상이한 귀속감은 인간에게 상호 모순된 요구를 하지 않으며 따라서 그는 아일랜드 남성, 독일인 부인의 남편, 광산촌의 구성원, 노동자, 반즐리 축구클럽의 후원자, 자유주의자, 원시감리교 신자, 애국적 영국인, 가능하다면 공화주의자, 그리고 대영제국의 지지자 등의 귀속감을 동시에 가질 수 있다.

이러한 충성심들 중의 하나가 다른 것과 정면으로 충돌할 때 비로소 선택의 문제가 제기되었을 뿐이다. 소수의 헌신적인 정치적 투사들은 자연히 그러한 상호 모순성에 대해 남보다 민감하기 때문에 1914년 8월은 영국, 프랑스 및 독일 노동자들에게보다 사회주의 지도자들에게 더 큰 충격이었다고 말할 수 있다. 그 이유는 단순히 —— 부분적으로 앞에서 논한 것처럼(제3장, 120~21면) —— 일반 노동자들은 전쟁에서 자신들의 정부를 지지하는 것이 계급의식 및 고용주에 대한 적대성과 상호 모순되는 것으로 보지 않았기 때문이다. 앞다투어 참전함으로써 혁명적 쌩디깔리스뜨 및 국제주의적 지도자들에게 충격을 준 남웨일즈의 광부들은 그후 일년도 채 안 돼 비애국적이라는 비난에도 아랑곳없이 총파업에 돌입하였다. 그러나 투사들은 이론가들이 상호 양립할 수 없다고 한 것을 심지어 적절하게 결합하기까지 했다. 예를 들어, 프랑스공산당의 많은 투사들은 프랑스 민족주의와 소련에 대한 절대적인 충성을 둘 다 보여주었던 것이다.

실제로 민족주의적, 사회주의적, 종교적 등등의 새로운 대중운동이 동

일한 대중을 놓고 경쟁을 벌인다는 바로 그 사실은 운동의 잠재적 지지
층이 다양한 호소에 응할 준비가 되어 있음을 말한다. 민족주의와 종교
의 연합은 특히 아일랜드와 폴란드에서 명백한 현상이었다. 어느 것이
우선일까? 해답은 분명치 않다. 더더욱 놀랍고도 주목을 끌지 못한 점
은 민족적 불만과 사회적 불만이 엄청나게 상호 중첩된다는 것이다. 항
상 정치적 현실에 대한 날카로운 안목을 지녔던 레닌은 이 중첩된 불만
을 식민지 세계에서의 공산주의 정책의 기반 중의 하나로 만들려 했다.
'민족문제'에 대한 국제주의적 맑스주의자들간의 익히 알려진 논쟁은 국
제주의와 계급의 부름만 들어도 달려오는 노동자들을 향한 민족주의적
구호에 관한 것만은 아니다. 그것은 또한 민족주의적 요구와 사회주의적
요구를 동시에 지지한 노동계급 정당들을 어떻게 취급할 것인가의 문제
와 더 직접적으로 관련되었다.[38] 더구나 —— 이것이 당시의 논쟁에서 그
리 많이 다루어지지는 않았지만 —— 원래는 사회주의적인 농민당이 (크
로아티아에서처럼) 자연스럽게 민족주의적 요소를 개발한 것과 같이, 초
기의 사회주의 정당들이, 그들 인민의 민족운동의 주요 견인차가 된 것
은 이제 분명하다. 간단히 말하면, 코널리(Connolly)가 아일랜드에서 꿈
꾼 —— 그리고 실패한 —— 사회주의적·민족주의적 해방의 통일은 실제
로 다른 데서 이루어졌다.

　이같은 생각은 더 살펴볼 수 있다. 사회적·민족적 요구를 결합하는
것은 대체로 독립을 동원하는 것으로서 민족주의의 순수한 호소보다 훨
씬 더 효과적임이 증명되었다. 민족주의에 한정된 호소는 불만에 찬 하
층 중간계급에게만 영향력을 가졌는데, 그 까닭은 그들만이 민족주의가
사회적 프로그램과 정치적 프로그램 모두를 대체했다고 —— 대체한 것처
럼 —— 믿었기 때문이다.

---

38) 이에 관해 간략히 요약한 것을 보려면, G. Haupt in Haupt, Lowy and Weill,
　　Les Marxistes et la question nationale (Paris 1974), 39~43면. 주요 문제는 폴
　　란드 문제였지만 그것만 다뤄진 것은 아니었다.

이 점에서 폴란드의 사례는 딱 들어맞는다. 150년 동안 분할되었던 폴란드를 원상복구하는 일은 완전히 이 일에만 집착한 여하한 정치운동의 깃발 아래서가 아니라 폴란드의 해방자였던 필수드스키(Pilsudski) 대령이 이끄는 폴란드 사회당의 깃발 밑에서 성취되었다. 핀란드에서 사실상 핀란드인의 민족당이 된 것은 1917년 러시아혁명 전의 마지막 (자유)선거에서 47%를 차지한 사회당이었다. 그루지야에서 이 기능을 맡은 것은 멘셰비끄(Mensheviks)의 사회당이었으며 아르메니아(Armenia)에서는 사회주의 인터내셔널에 소속된 다쉬나끄(Dashnaks)의 사회당이었다.[39] 동유럽의 유대인들 사이에서 사회주의 이데올로기는 비시온파(Bundist)와 시온파로 구성된 민족주의적 조직 모두를 지배했다. 이러한 현상은 변혁을 꾀하는 조직과 이데올로기면 어떤 것이든 스스로를 우선 사회적·정치적 혁명을 대표하는 것으로 인식했던 짜르제국에만 국한되지 않았다. 대영제국 내의 웨일즈인과 스코틀랜드인의 민족감정은 특수한 민족정당이 아니라 주요한 전국적 야당들—— 처음에는 자유당, 다음엔 노동당 —— 을 매개로 하여 표출되었다. 네덜란드의 경우(독일의 사정은 다르다) 소수민족의 소박하나 진정한 민족감정은 주로 좌익 급진주의로 나타났다. 그 결과, 스코틀랜드인과 웨일즈인이 영국의 좌익운동에서 실제 이상으로 대표된 것과 같이 프리즐랜드인은 네덜란드 좌익운동에서 과대대표되었다. 초기 네덜란드 사회당의 가장 출중한 지도자였던 트룰스트라(Troelstra, 1860~1930)의 처음 경력은 프리즐랜드어로 시를 쓰면서 프리즐랜드 부흥운동 집단인 '젊은 프리즐랜드'(Young Friesland)를 이끈 일이었다.[40] 이 현상은 최근 몇십년 사이에 다시 나타나고 있으나, 그것

---

39) 핀란드 민족주의가 사회당과의 싸움에서 진 것에 대해서는 David Kirby, "Rank-and-file attitudes in the Finnish Social Democratic Party (1905~1918)" (*Past and Present*, III, May 1986), 특히 164면. 그루지야인과 아르메니아인에 대해서는 Ronald G. Suny (ed.), *Transcaucasia: Nationalism and Social Change* (Ann Arbor 1983), 특히 제2부에 속한 R. G. Suny, Anahide Ter Minassian and Gerard J. Libaradian의 글을 참조하라.

은 원래 1914년 이전의 우익 이데올로기에 연결된(웨일즈, 에우스까디, 플랑드르 등에서처럼) 구 소부르조아지의 민족운동 및 민족당이 사회혁명 및 맑스주의의 유행 의상을 걸치는 것에 의해 얼마간 은폐되어왔다. 그러나 인도 내에서 타밀 민족의 요구를 주창하는 주된 견인차 역할을 한 DMK(Dravida Munnetra Kazhagam)는 본래 마드라스의 지역적 사회당이었다. 불행스럽게도 스리랑카 좌익에서도 싱할라 국수주의로의 이와 유사한 전환이 나타난다. [41]

이 예증이 목적으로 하는 바는 사회주의 인터내셔널의 정당한 관심사이자 인터내셔널을 괴롭혔던 그러한 운동 내의 민족주의적 요인과 사회주의적 요인 간의 관련성을 평가하는 데 있지 않다. 그것은 대중운동이 오늘날 상호 배타적인 것으로 간주되는 열망들을 동시에 표현할 수 있었다는 점을, 그리고 일차적으로 사회혁명에 호소하는 대중운동이 종국에 인민들의 대중 민족운동이 된 것의 모체가 될 수 있었다는 점을 증명하는 것이다.

사실, 계급보다 민족에 호소하는 것이 더 우월함을 증명하는 결정적인 증거로서 종종 인용되는 사례가 바로 양자관계의 복합성을 예증한다. 일부의 훌륭한 연구 덕택에, 오늘날 우리는 그러한 관념의 갈등을 판단하는 결정적인 하나의 사례, 즉 다민족적 합스부르크제국에 대해 많이 알고 있다. [42] 지금부터 필자는 피터 하나크(Peter Hanák)의 흥미로운 여론

---

40) A. Fejtsma, "Histoire et situation actuelle de la langue frisonne" (*Pluriel*, 29, 1982), 21~34면.

41) 농촌의 좌익 '젊은이'를 1971년의 봉기로 이끈 JVP 운동(Janatha Vimukti Peramuna)에서 일어난 극좌에서 싱할라 국수주의로의 변화에 대해 간략히 언급한 것으로는 Kumari Jayawardene, *Ethnic and Class Conflicts in Sri Lanka* (Dehiwala 1985), 84~90면을 참조하라.

42) Z. A. Zeman, *The Break-up of the Habsburg Empire, 1914-1918* (London 1961) 과 연구집 *Die Auflösung des Habsburgerreiches. Zusammenbruch und Neuorientierung im Donauraum* (Schriftenreihe des österreichischen Ost-und Südosteuropainstituts, vol. III, Vienna 1970).

조사를 요약하고자 한다. 하나크의 조사는 제1차 세계대전 동안 빈과 부다페스트에서 검열, 압수당했던 병사들과 그 가족들 간의 상당히 많은 서신을 분석한 데 기초를 두고 있다.[43] 전쟁의 처음 몇 해 동안, 이딸리아인 사이에 그리고 —— 루마니아의 참전 이후 —— 루마니아인 사이에 왕래된 편지에는 민족주의나 반(反)왕정주의가 많이 나타나지 않았다. 그 예외로는 세르비아인 같은 영토회복주의자(irredenta)들이 있는데, 그들은(주로 보스니아와 보이보디나 출신) 슬라브인과 정교도들이 성스러운 러시아 왕국에 동조하듯, 압도적으로 세르비아 왕국을 지지했다. 오스트리아에 대한 세르비아인의 적대감의 사회적 기반은 분명히 대중적인 반면, 이딸리아인과 루마니아인이 보낸 다량의 민족주의적 서신은 중간계급 또는 지식인이 쓴 것이었다. 합스부르크제국*의 전쟁 수행에 반대한 다른 유일한 주요 민족은 체코인이었다(다수의 애국적 투항자를 포함한 전쟁포로의 서한을 기초로 판단할 때). 그러나 합스부르크제국의 적극적인 적의 과반수 이상과 러시아에 자발적으로 합류한 체코 병력은 중간계급과 지식인 계층이었다. (보헤미아로부터 포로들에게 발송된 편지는 훨씬 더 신중했고 따라서 그들의 생각을 아는 데 그리 도움이 되지 않았다.)

전쟁기간, 특히 제1차 러시아혁명으로 검열 서한에서 정치적 내용이 급격히 늘어났다. 사실, 검열관의 여론 보고서에서는 한결같이 전쟁 발발 후 최하층의 사람들에게까지 충격이 파급된 최초의 정치적 사건은 러시아혁명이었음이 드러난다. 러시아혁명은 폴란드인, 우끄라이나인과 같은 피압박 민족의 일부 활동가들 사이에 개혁의 희망 —— 아마도 독립의 희망까지도 —— 을 북돋워주었다. 그러나 지배적 분위기는 평화와 사회변혁에 대한 염원이었다.

---

43) Peter Hanák, "Die Volksmeinung während des letzten Kriegsjahres in Österreich-Ungarn" in, *Die Auflösung*, 58~66면.

* 합스부르크제국은 네 민족 —— 이딸리아인, 루마니아인, 세르비아인 그리고 체코인 —— 으로 구성되었다 — 역자.

이제 심지어 노동자, 농민 그리고 노동계급 여성의 서한에까지 나타나기 시작한 정치적 여론은 다음의 세 가지 상호 맞물린 반대쌍에 의해 가장 잘 분석될 수 있다. 가진 자-없는 자(또는 지주-농민, 고용주-고용인), 전쟁-평화, 그리고 질서-혼란. 적어도 편지에 드러나는 연관은 명백하다. 가진 자는 잘 지내고 군대도 가지 않으며, 가난한 사람들의 운명은 부자와 권력을 쥔 자, 국가와 군대 등의 당국 손에 달려 있다. 새로운 점은 가난한 사람은 여러가지 면에서 군대나 집에서 부당한 대접을 받는다는 불평이 점점 더 자주 토로된다는 것과 아울러, 이제 운명에 대한 피동적 체념을 넘어 본질적인 변화에 대한 혁명적 기대가 생겨난 데 있다.

가난한 자의 편지에 스며 있는 본질적인 주제는 전쟁을 생활과 노동의 질서를 무너뜨리고 파괴하는 것으로 본 점이다. 그 결과, 절도있는 일상으로 되돌아가고 싶은 갈망이 점차 전쟁, 징집, 전쟁경제 등에 대한 반대와 평화에 대한 염원을 의미하게 되었다. 그러나 우리는 또다시 불만이 저항으로 전환된 것을 본다. 편지 내용에서 "오직 구세주만이 우리에게 평화를 가져다 준다"는 "우리는 할 만큼 했다"로, 또는 "그들은 사회주의자가 평화를 이룰 것이라고 말한다"로 바뀐다.

이러한 주장에서 민족감정은 단지 간접적으로만 표출되었다. 하나크의 말을 인용하면, 이는 "1918년까지 민족감정이 아직 안정된 의식 요소로 광범한 대중 속에 파고들지 못한 탓이거나, 또는 사람들이 국가에 대한 충성과 민족에 대한 충성 사이의 괴리를 아직 느끼지 못했거나 아직 둘 중 어느 하나를 분명히 택하지 않았기 때문이다."[44] 많은 경우, 민족은 빈부간 갈등의 한 측면처럼 보인다. 이는 부자와 가난한 자가 각각 다른 민족에 속할 때 특히 그러했다. 그러나 가장 강력한 민족적 감정이 존재하던 곳에서조차 —— 체코인, 세르비아인 그리고 이딸리아인의 편지에

---

44) 같은 책, 62면.

나타나는——우리는 또한 사회변혁에 대한 욕구가 지배적이었음을 발견
한다.

필자는 1917년의 변화 분위기를 포착한 검열관의 상세한 기록을 뒤쫓
지는 않겠다. 그러나 1917년 11월 중순과 1918년 3월 중순 사이의——
10월 혁명 이후——약 1500통의 편지를 표본으로 한 하나크의 분석은
시사하는 바가 크다. 이 편지의 2/3는 노동자와 농민이, 그리고 나머지
1/3은 지식인이 쓴 것이며, 민족적 분포는 제국의 민족구성에 대략 상응
한다. 편지의 18%는 일차적으로 사회적 주제를, 10%는 평화에 대한 바
람을, 16%는 민족문제와 왕국에 대한 태도를 드러내고 있으며 56%에는
이러한 것이 혼합되어 있다. 도식화하면, 29%는 빵과 평화를, 9%는 빵
과 민족을, 18%는 평화와 민족을 원했다. 이처럼 사회적 주제가 편지의
56%, 평화는 57% 그리고 민족 주제는 43%를 각각 차지했다. 사회적
따라서 혁명적인 어조는 체코인, 헝가리인, 슬로바키아인, 독일인 및 크
로아티아인 등의 편지에서 특히 강하다. 편지의 1/3이 소망한 러시아로
부터의 평화, 또다른 1/3이 원한 혁명으로부터의 평화, 그리고 20%가
갈망한 양자의 혼합은 자연히 모든 민족의 서신 왕래자들에게 필자가 의
미하는 바의 한정된 호소력을 가졌다. 민족 주제에 관한 서신 중에서 60%
는 제국에 대한 적대감과 독립에 대한 다소 숨김없는 희망을, 40%는
——독일인과 헝가리인을 제외하면 28%——제국에 대한 충성심을 드
러냈다. '민족적 서신'의 35%는 연합군 측의 승리로 독립이 이루어지리
라 기대한 반면, 12%는 여전히 그들이 왕국 내에서 성취할 수 있는 것
이라 믿었다.

예상할 수 있듯이, 평화와 사회혁명에 대한 바람은 특히 독일인, 체코
인 및 헝가리인 사이에서 같이 추구되었다. 그러나 평화와 민족적 갈망
은 그처럼 쉽게 양립할 수는 없었다. 민족독립은 그만큼 연합군의 승리
에 달려 있는 듯이 보였기 때문이다. 사실, 브레스트-리토프스크
(Brest-Litowsk) 협정 동안, 많은 민족주의적 편지들은 이러한 이유에서

즉각적인 평화적 종결을 거부하였다. 특히 이는 체코, 폴란드, 이딸리아 및 세르비아의 엘리뜨의 편지에서 두드러진다. 10월 혁명이 그 첫번째 영향을 행사한 시기는 사회적 요인이 공공의 감정을 극도로 지배했던 기간이었지만, 제만(Zeman)과 하나크가 모두 동의하듯이, 동시에 혁명을 바라는 민족적·사회적 요소들이 분열하고 갈등을 빚기 시작한 시기이기도 했다. 1918년 1월의 대규모 파업은 일종의 대전환점을 이룬다. 제만이 말한 것처럼, 어떤 의미에서 혁명적 열망을 억압하고 지는 전쟁을 계속하기로 결정한 합스부르크왕국 정부는 이후의 유럽은 쏘비에뜨 유럽이 아니라 윌슨적 유럽임을 천명한 셈이다. 그러나 민족적 주제가 대중의 의식 속에 지배적으로 자리잡은 1918년에도 그것은 사회적 주제와 분리되거나 그것에 반하는 것이 아니었다. 대부분의 가난한 사람들에게 그 둘은 함께 있는 것이었다. 합스부르크왕정은 이를 분쇄했다.

이 간략한 조사를 통해 우리는 무슨 결론을 내릴 수 있는가? 첫째, 우리는 아직 관련 민족 대중에게 민족의식이 무엇을 의미했는지에 대해 아는 바가 극히 적다는 것이다. 이를 알기 위해서는 하나크가 검열 편지를 통해 시도하려 했던 것과 같은 종류의 연구가 더 많이 필요할 뿐 아니라 이러한 연구가 유용해지도록, 이 시기의 '민족문제'를, 특히 민족주의적 입장에서 본 문제를 둘러싼 용어와 이데올로기를 냉정하게 탈신비화시켜야 한다. 둘째, 민족의식의 획득은 이 시기에 일어난 다른 형태의 사회적·정치적 의식의 획득과 분리될 수 없다는 점이다. 그것들은 더불어 있는 것이다. 셋째, 민족의식(비계급적이고 통합적이거나 극우적인 민족주의와는 다른)의 발전은 단선적이 아니며 또한 반드시 사회의식의 여타 요소들의 희생을 요구하지도 않는다는 것이다. 1914년 8월의 시각에서 보면, 민족과 민족국가가 그밖의 모든 경쟁적인 사회적·정치적 충성에 대해 승리했다고 결론지을지도 모른다. 1917년의 시각에서도 그렇게 볼 수 있었을까? 가난한 유럽 사람들의 진정한 이해를 반영한 운동이 1918년에 실패했다는 점에서, 민족주의는 호전적인 유럽 내의 기왕의

독립민족들에서 왕성하였다. 민족주의가 승리했을 때 피압박 민족들의
중간층 및 하층 중간계급은 새로이 독립한 윌슨적 소국가들의 지배 엘리
뜨가 되었다. 연합국의 승리에 힘입어 사회혁명 없이 민족독립을 성취한
것은 양자의 결합을 바랐던 사람들에게는 있을 수 있는 후퇴를 의미했
다. 그러나 패전국 또는 반(半)패전국에서는 그러한 후퇴는 불가능하였
다. 거기서 패배는 사회혁명으로 이어졌다. 쏘비에뜨, 심지어 단명의 쏘
비에뜨 공화국들마저 체코인과 크로아티아인 사이에서가 아니라 독일,
독일계 오스트리아, 헝가리에서 나타났다. 그리고 그 잔영은 이딸리아에
드리워졌다. 거기서 민족주의는 사회혁명의 연성 대체물로서가 아니라
퇴역 병사와 하층 중간계급 및 중간계급의 시민을 반혁명에 동원하는 것
으로 나타났다. 그것은 파시즘의 모체로 등장했다.

제 5 장

민족주의의 극성기
1918~1950

19세기 '민족의 원칙'(principle of nationality)이 승리한 시점이 있다면, 그것은 제1차 세계대전이 끝날 무렵이다. 비록 이는 예측할 수도 없었고 미래 승자의 의도도 아니었지만 말이다. 사실, 그것은 두 가지 의도하지 않은 발전, 즉 중앙 및 동부 유럽에 걸친 거대한 다민족적 제국의 붕괴와 연합국들로 하여금 볼셰비끼 카드에 대해 윌슨적 카드를 사용하는 것을 바람직스럽게 만든 러시아혁명이 가져온 결과였다. 왜냐하면, 우리가 앞서 보았듯이, 1917~18년 동안 대중을 동원하는 것처럼 보인 것은 민족적 자결이 아니라 사회혁명이었기 때문이다. 혹자는 전유럽에 걸친 혁명의 승리가 대륙의 민족들에게 끼친 영향에 대해 깊이 생각해볼지도 모른다. 그러나 그런 추측은 한가로운 놀음이다. 쏘비에뜨 러시아를 제외하면, 유럽은 볼셰비끼의 '민족문제' 정책에 따라 재구성되지 않았다. 기본적으로 대륙은 유럽사에서 처음이자 마지막으로 거의 예외없이 민족국가로 그리고 부르조아 의회민주주의 국가로 정의된 국가들로 구성된 퍼즐이었다. 이러한 형편은 극히 한시적이었다.

양차 대전 사이의 유럽에서는 또한 앞에서 논의한 '부르조아' 국가의 다른 한 측면인 '국민경제'로서의 민족이 승리하였다. 대부분의 경제학자, 기업인 그리고 서유럽 정부는 1913년의 세계경제로 복귀하기를 꿈꾸었지만, 이는 불가능한 것으로 판명이 났다. 실제로 그렇게 됐다 하더라도, 영국의 전지구적 패권이 절정에 달했을 때의 세계경제의 이상이자 현실의 일부이기도 했던, 자유경쟁의 사기업과 자유무역의 경제로 복귀하지는 못했을 것이다.

1913년에 이르기까지 자본주의 경제는 이미 대기업 집중의 방향으로 빠르게 나아가고 있었다. 정부는 기업 집중을 지원, 보호했으며, 심지어 얼마간 추진하기마저 했다. 전쟁 자체는 이와같은 국가경영적, 나아가 국가계획적 자본주의로의 변환을 크게 앞당겼다. 레닌이 1914년 전에는 아무도 머리에 떠올리지조차 못한 미래의 계획적 사회주의 경제를 생각해냈을 때, 그의 모델은 1914~17년간의 독일의 전쟁 계획경제였다. 물론, 전쟁으로 서구 경제에서 경제적·정치적 권력의 극적인 재분배가 이루어졌음을 생각할 때, 그처럼 대기업과 국가가 밀접히 연관된 경제로의 복귀로도 1913년의 국제적 형태가 재수립되지는 못했을 것이다. 그러나 어떤 식으로건 1913년으로 되돌아가는 것은 유토피아적인 희망임이 증명되었다. 양 대전 사이의 경제적 위기는 폐쇄적 '국민경제'를 극도로 강화했다. 몇년 동안 세계경제 자체는 붕괴 직전이어서, 국제적 이주는 거의 이루어지지 않을 정도로 줄어들었고, 외환거래가 엄격히 통제됨으로써 국제지불이 억제되었으며, 국제거래는 축소되었고, 심지어 국제투자는 붕괴의 화폐적 징후를 나타냈다. 영국조차 1931년에 자유무역을 포기한 것처럼, 국가들은 보호주의로 깊숙이 후퇴하여 쌍무협정에 의해 보완되는 자급자족 정책을 채택할 정도로 방어적이 된 듯이 보였다. 간단히 말해, 경제적 곤란이 전 세계경제를 휩쓸에 따라 세계 자본주의는 각각 독립된 단위의 민족국가 경제 및 부속 제국으로 후퇴했다. 그렇게 해야만 했는가? 이론적으로는 그렇지 않다. 1970년대 및 1980년대의 세계적인 경제위기는 지금까지 과거와 같은 후퇴 현상을 낳지 않았다. 그러나 양 대전 사이에는 의심할 나위 없이 폐쇄적 보호주의로 나아갔다.

이처럼 양 대전 사이의 상황은 민족주의와 민족국가의 한계 및 잠재력을 평가하는 데 아주 좋은 기회를 제공한다. 그러나 이들을 고려하기에 앞서, 베르사이유 평화협정과 1921년의 영국-아일랜드 협정을 비롯한 관련 국제조약들로 인해 유럽의 민족국가들이 지니게 된 실제 존재형태에 대해 간단히 살펴보자. 이 간략한 논의로도 국경과 민족 및 언어를 일치시키려던 윌슨적 원칙의 비현실성이 여지없이 드러난다. 왜냐하면 독일 국경에 관한 정치전략적 결정과 이딸리아와 폴란드의 팽창주의에 대한 마지못한 양보를 제외하면, 1918년 후의 평화협정은 가능한 한 이 원칙을 실행하려 했기 때문이다. 그 이전이나 이후에도 유럽 또는 그밖의 어느 곳에서 정치적 지도를 민족 경계에 따라 다시 그리는 시도는 이 시기만큼 체계적이지 않았다.

그것은 간단히 되지 않았다. 구 제국들의 붕괴를 기초로 세워진 새로운 국가 대부분이 그것들이 대체한 구 '민족의 감옥'과 마찬가지로 다민족적이었다는 점은 현실적인 민족 분포를 고려할 때 불가피하였다. 체코슬로바키아, 폴란드, 루마니아 그리고 유고슬라비아 등이 이에 해당한다. 이딸리아 내의 독일인, 슬로베니아인 그리고 크로아티아인 등의 소수민족은 합스부르크제국 내의 이딸리아 소수민족을 대체했다. 주요 변화는 국가의 크기가 이제 평균적으로 훨씬 작아지고 그 속의 '피압박 인민'이 이제 '피압박 소수민족'으로 지칭되었다는 점이다. 종족적, 언어적으로 동질적인 인구가 분립하여 거주하는 응집력있는 영토국가로 짜여진 대륙을 창조하는 데 따르는 논리적 함의는 소수민족의 대량 축출 또는 살상이었다. 이는 1940년대까지 충분히 드러나지 않았지만, 영토적 민족주의의 살인적인 논리적 귀결이었으며 현재도 그러하다. 그러나 대량축출, 나아가 민족근절은 제1차 세계대전 동안과 그 이후에 남유럽 변두리에서 시작되었다. 즉 터키는 1915년에 아르메니아인의 대량학살을 시도했으며, 1922년의 그리스-터키 전쟁 후에는 130만 내지 150만명의 그리스인을 그들이 호메로스 시대부터 살아온 소아시아 지방에서 몰아냈던 것이다.[1] 이 점에서 논리적 윌슨주의자라 할 수 있는 아돌프 히틀러는 그가 유대인을 영원히 멸종시키려 한 것처럼, 이딸리아 티롤 남부에 사는 독일인과 같이 조국의 강토에 살지 않는 독일인을 독일 영토 내로 이주시키려 했다. 제2차 세계대전이 끝나고 프랑스와 러시아 내륙 사이의 거대한 유럽지역에 거주하던 유대인이 사실상 사라진 후, 대량축출의 다음 차례는 독일인, 특히 폴란드와 체코슬로바키아의 독일계 사람들이었다. 동질적인 영토 민족은 이제 오로지 야만인, 또는 적어도 야만적 방법에 의해서만 실현가능한 프로그램으로 인식될 수 있었다.

민족과 국가가 상응치 않을 수 있다는 사실의 발견이라는 역설적인 결과는 베르사이유 협정으로 획정된 국경이 비록 윌슨적 기준에서 보면 불합리하지만 영구한 것으로 판명이 났다는 것이다. 1945년 이전의 독일이나 1940년 이후의 소련처럼, 강대국이 자국의 이익에 따라 국경을 변경한 경우는 예외에 속한다. 오스트리아제국과 터키제국을 승계한 국가들의 국경을 재획정하려는 여러가지 단명한 시도들에도 불구하고, 승계 국가들의 국경은 적어도 소련 국경의 남부 및 서부의 경우 여전히 제1차 세계대전 후에 결정된 그대로이다. 이딸리아가 점했던 아드리아해 연안지역이 1918년 이후에 유고슬라비아로 넘어간 것은 예외일 뿐이다.

그러나 윌슨적 체제는 약간은 예상할 수 있었던 중대한 몇가지 다른 결과를 낳았다. 첫째, 그것은 약소민족들의 민족주의가 레닌이 '대민족국수주의'라고 한 것에 못지않게 소수민족에 대해 관용적이지 않음을 보여주었는데, 이는 그리 크게 놀랄 만한 일이 아니었다. 그것은 물론 합스부르크 헝가리를 지켜본 사람들에게는 새로운 발견이 아니었다. 더 새롭고 더 중요한 것은 공식적 주창자들에 의해 정식화된 '민족적 관념'이

---

1) C. A. Macartney, "Refugees" in *Encyclopedia of the Social Sciences* (New York 1934), vol. 13, 200~5면; Charles B. Eddy, *Greece and the Greek Refugees* (London 1931). 그리스는 사십만 명의 터키인을 축출했다는 것 또한 언급해야 공정하다.

관련 인민들의 실제 정체성과 반드시 일치하지는 않는다는 사실을 발견한 것이었다. 다양한 민족이 섞여 있는 여러 지역에서 1918년 이후 그 거주민을 대상으로 경쟁관계에 있는 민족국가들 중 소속하고 싶은 국가를 묻기 위해 실시된 국민투표는 하나의 언어를 쓰는 상당수의 사람들이 다른 언어를 사용하는 국가를 선택한 사실을 밝혀준다. 이 사실은 종종 정치적 압력이나 사기 선거 탓으로 설명하거나, 정치적 무지와 미성숙으로 무시해버릴 수 있었다. 이 가설들이 완전히 엉뚱하지만은 않다. 그러나 부활한 폴란드에서보다 독일에서 살고 싶어한 폴란드인들과 신생국 유고슬라비아보다 오스트리아를 택한 슬로베니아인들의 존재는, 민족의 체현체임을 주장하는 영토국가와 민족성원이 필연적으로 일치한다고 생각하는 사람들에게는 선험적으로 설명할 수 없는 것인지 모르나 부정될 수는 없었다. 이러한 이론은 이제 급속하게 뿌리를 내리고 있었다. 20년 후 영국 정부는 이 이론을 바탕으로 독일 태생의 모든 사람은 최우선으로 그 나라에 충성을 바칠 것이라는 이유로, 유대인과 반파쇼 이민자를 포함해 영국 내 대다수의 독일인 거주자를 억류토록 하였다.

정의와 실체 간의 한층 심각한 괴리는 아일랜드에서 발생했다. 에밋(Robert Emmet)과 월프 톤(T. Wolfe Tone)의 반대에도 불구하고,* 북아일랜드(Ulster)의 여섯 카운티에 있는 많은 공동체는 자기들을 아일랜드 26개 카운티의 대다수 거주민이, 심지어 국경 남부의 소수 프로테스탄트가 의미하는 바의 '아일랜드인'으로 생각하기를 거부했다. 단일한 아일랜드 내에 단일한 아일랜드 민족이 존재한다는 가정, 또는 아일랜드 섬의 모든 거주민이 단일하며 통합된 독립적 페니어 아일랜드에 대한 열망을 공유했다는 가정은 오류임이 판명되었다. 다른 한편, 아일랜드자유국(후에 공화국)이 수립된 후 50년 동안, 페니어주의자 및 그 동조자들은 아일랜드의 분할을 영국의 제국주의적 음모로, 얼스터의 영국 합병주의자

---

* 로버트 에밋과 월프 톤은 아일랜드의 애국자다 — 역자.

들(Ulster Unionists)을 영국에 의해 조종되는 꼭두각시로 무시할 수 있었던 반면, 과거 20년의 역사는 아일랜드 분리의 뿌리가 런던에 있지 않다는 사실을 분명히 보여준다.

또, 남슬라브 왕국의 수립은 그 나라의 거주민이 19세기 초 일리리아적 관념을 제창한 크로아티아인들이 가정했던 단일한 유고슬라비아 의식을 갖지 않았으며, 대학살을 낳을 정도로 강력한 구호 아래 크로아티아인, 세르비아인, 또는 슬로베니아인으로서 쉽게 동원될 수 있었음을 보여주었다. 사실 크로아티아의 대중적 민족의식은 유고슬라비아가 수립되고 나서야 새 왕국에 대항해, 더 정확히는 세르비아인으로 간주되는 이들의 지배에 대항하여 발전하기 시작한 듯하다. [2] 새로운 체코슬로바키아 내의 슬로바키아인은 체코인의 형제적 포용을 끊임없이 거부했다. 비슷한 현상은 민족해방 및 식민지해방에 의해 형성된 많은 국가들에서 유사한 이유 때문에 더욱더 분명해졌다. 인민들은 그들의 지도자나 대표자가 그들에게 지시한 대로 그들의 '민족'과 일체감을 느끼지는 않았다. 하나의 통일된 인도 대륙을 꿈꾼 인도 국민회의(Indian National Congress)는 1947년 인도의 분할(파키스탄의 분리―역자)을 받아들여야만 했다. 마찬가지로, 그 대륙에 통일된 이슬람교 국가를 세우려 했던 파키스탄은 1971년 파키스탄의 분할(방글라데시 분리―역자)을 받아들여야 했다. 인도 정치가 일단 소수의 고도로 영국화 또는 서구화된 엘리뜨의 독점으로부터 벗어나자, 인도는 언어 분규에 직면해야 했다. 인도의 일부 공산주의자들은 제1차 세계대전 직전에 이러한 요구에 귀기울이기 시작하기는 했지만, 초기 민족운동은 이같은 요구를 염두에 두지 않았었다. [3] 언어 경

---

2) Mirjana Gross, "On the integration of the Croatian nation: a case study in nation building" (*East European Quarterly*, 15, 2 June 1981), 224면.

3) G. Adhikari, *Pakistan and Indian National Unity* (London 1942) passim, 특히 16～20면. 이것은 국민회의와 마찬가지로 단일한 민족어로서 힌두스탄어를 옹호했던 초기 공산당의 노선을 포기했다(R. Palme Dutt, *India To-day*, London 1940), 265～66면.

쟁의 결과, 영어는 인도 7억 인구 중 극소수만이 말함에도 불구하고 오늘날까지 인도의 공용어가 되고 있다. 그 까닭은 다른 인도 사람들이 인구의 40%가 쓰는 힌디어의 지배를 받아들이려 하지 않기 때문이다.

베르사이유 평화협정은 또하나의 새로운 현상을 드러내었다. 민족주의 운동의 지리적 확산, 그리고 유럽 패턴과는 다른 새로운 형태의 민족주의의 출현이 그것이다. 열강들이 공식적으로 윌슨적 민족주의를 천명하는 상황에서 압박받거나 또는 인정받지 못한 인민의 이름으로 말한다고 주장하는 그 누구도 —— 그들은 최고 중재국들을 상대로 대거 로비 활동을 폈다 —— 민족적 원칙으로, 특히 자결권의 개념으로 말해야 함은 자연스러운 일이었다. 그러나 이는 효과적인 논쟁적 주장 이상이었다. 식민지 및 반식민지 해방운동의 지도자들과 이데올로그들은 종종 서구에서 또는 서구로부터 배운 유럽 민족주의의 개념을 심지어 그것이 그들의 상황에 걸맞지 않을 때조차 사용했다. 그리고 러시아혁명의 급진주의가 프랑스혁명의 그것을 대체하여 세계해방의 주요 이데올로기로서 자리잡았기 때문에, 이제 스딸린의 교시에 담긴 자결권은 마찌니의 범위를 벗어난 이들에게 파급되었다. 아직 제3세계로 불리지 않던 곳에서의 해방은 이제 어디서나 '민족해방' 또는 맑스주의자들 사이에서는 '민족 및 사회해방'으로 인식되었다.

그러나, 다시 말하거니와, 실제는 이론에 부합하지 않았다. 해방의 실제적이고 증대하는 힘은 피부빛, 의상 및 관습 등의 요인에 의해 외국인으로 간주된 정복자, 지배자 및 착취자, 또는 그들을 위해 일하는 자들에 대한 적개심에 있었다. 그것은 반제국주의적이었다. 일반 사람들이 종족적, 종교적 및 그밖의 원형민족적 일체감을 가졌다면, 그것은 아직 민족의식을 북돋우는 것이라기보다는 장애물이었으며 제국주의 세력에 의해 민족주의자들에 반대하는 것으로 쉽게 이용되었다. 이리하여 민족운동은 '분열시켜 통치한다'는 제국주의적 정책을 그리고 종족주의, 지방자치주의, 또는 단일한 민족으로 통일되어야 하나 그렇지 못한 인민들의 분열 등을 조장하는 제국주의 정책을 비난하게 되었다.

더구나, 만일 유럽 내에 위치했다면 '역사적 민족들'(historic nations)로 인지되었을 중국·한국·베트남, 그리고 아마 이란, 이집트 등과 같이 상대적으로 영구한 몇몇 정치체를 제외하면, 소위 민족운동이 그 독립을 이루려고 애썼던 영토적 단일체들은 압도적으로 제국주의 정복의 실제적 창조물로서, 그 역사는 불과 수십년을 넘지 못했거나, 그렇지 않으면 그것들은 유럽적 의미의 '민족'이라기보다는 종교적-문화적 동일 지역을 대표하였다. 식민지 해방을 위해 투쟁한 사람들은 단지 외국정부의 전복에 꼭 맞는 서구 이데올로기를 채용했다는 의미에서만 '민족주의자들'이었다. 심지어 그런 경우에도, 그들은 보통 몇 안 되는 토착적인 진보적 지식인(évolués)이었다. 범아랍주의, 범남미주의 또는 범아프리카주의 등과 같이 문화적이거나 지정학적인 운동들은 이처럼 제한된 의미에서조차 민족주의적이 아니라 초민족주의적이었다. 그러나 범게르만주의같이 민족적 유럽의 핵심부에서 생겨난 제국주의적 팽창의 이데올로기는 명백히 민족주의와 친화력을 갖는다. 식민지에서의 이러한 운동들은 진정한 국가나 민족과는 전혀 무관한 지식인들의 건축물이었다. 초기 아랍 민족주의자들은 이집트가 아니라 한 나라로서 미미한 실체였던 오스만 시리아(Ottoman Syria)에서 발견되었는데, 거기서 이집트보다도 더 이집트적인 것을 지향하는 운동이 일어났던 것이다. 어떤 경우든지, 그러한 운동들은 아주 광범위하게 사용되는 문화언어로 교육받은 남성들이 그러한 문화영역 내의 어디에서든 지적인 자리를 차지하는 데 필요한 언어적 자격을 갖추게 된다는 분명한 사실을 표현할 뿐이었다. 이 점은 그들 중 대부분이 살면서 언젠가는 한번 정치적 망명을 해야 할지도 모르는 라틴 아메리카의 지식인들에게, 그리고 걸프 지역과 모로코 사이의 어느 곳에서도 즉각 일자리를 구할 수 있는 팔레스타인의 대학 졸업자들에게는 아직도 다행한 일이다.

다른 한편, 영토 지향적인 해방운동들은 식민권력(들)이 영토에 부과한 공통 요소들을 기초로 하여 국가건설을 해야 한다. 왜냐하면 이는 종종 미래의 국가가 지니는 유일한 통일성과 민족적 특성이기 때문이다. 정복과 식민통치에 의해 부과된 통일성은, 독립국가의 존재가 어떤 경우 시민적 애국심을 만들어내듯, 장기적으로 볼 때 때때로 스스로를 '민족'으로 인식하는 민족집단을 만들어냈다. 알제리는 1830년 이후의 프랑스 식민지 경험을, 그리고 더 정확히는 그에 따른 반식민지 투쟁을 제외하고는 한 나라로서 아무런 공통점을 갖고 있지 않다. 그럼에도 불구하고, 오늘날 우리는 알제리의 민족성이 적어도 마그레브(Maghreb), 튀니지 및 모로코 등의 '역사적' 정치 단일체들만큼 잘 형성되어 있다고 생각할 수 있다. 시온주의자들의 정착 및 정복이라는 공통의 경험이 팔레스타인의 영토적 민족주의를 만들었다는 것은 더욱더 확실한 사실이다. 팔레스타인 민족주의는 1918년까지 팔레스타인인들이 살던 남부 시리아 내에서 어떠한 지역적 정체성도 지니지 않았던 것이다. 그러나 이것이 대체로 1945년 이후에 진행된 탈식민지화에 의해 출현한 국가들을 '민족'으로 지칭하는 데, 또는 식민지 해방을 주도했던 운동들을 ── 탈식민지화가 해방운동의 결과라고 가정할 때 ── '민족주의적' 운동이라고 부르는 데 충분하지는 않다. 종속세계에서 더 근래에 이루어진 변화는 아래서 다룰 것이다.

그전에, 민족주의의 고향인 유럽으로 되돌아가보자.

유럽에서 민족 경계에 따른 지도의 재구성은 민족주의에서 그 해방적이고 통일적인 내용을 앗아갔다. 왜냐하면 지금까지 투쟁해온 대부분의 민족들에게 이러한 목적은 이미 상당히 달성되었기 때문이다. 어떤 점에서 유럽의 상황은 제2차 세계대전 후에 정치적 독립을 획득한 '제3세계'의 상황을 예측케 하며, 미성숙한 신식민주의의 실험장인 라틴아메리카와 유사하다. 영토적 국가의 정치적 독립은 대체로 성취되었다. 그 결과, 더이상 미래의 문제를 독립 또는 자결이 달성된 뒤로 미룸으로써 이전처럼 쉽게 단순화하거나 은폐할 수는 없게 되었다. 독립이나 자결이 모든 문제를 자동적으로 해결하지 못한다는 점은 이제 분명해졌다.

그러면 구시대의 해방적·통일적 민족주의에는 무엇이 남아 있는가? 한편으로, 대부분의 민족들에게는 루마니아의 헝가리인과 오스트리아의 슬로베니아인과 같이 본국으로 돌아가지 못한 소수민족이 민족국가의 경계 밖에 남아 있었다. 다른 한편, 외국인 또는 국내 소수민족의 희생하에 진행된 민족국가의 민족적 팽창이 남았다. 따라서 동부 및 서부 유럽에는 여전히 국가 없는 민족들, 예를 들어 마케도니아인과 까딸루냐인 등이 존재하게 되었다. 그러나 1914년 이전의 민족운동의 특징이 합스부르크제국이나 오스만제국과 같은 다민족적이거나 초민족적인 국가들 또는 정치적 집괴(political agglomerations)에 대한 저항이었다면, 1919년 후 유럽의 민족운동은 전반적으로 민족국가들에 대한 저항이었다. 그러므로 분리주의 열망은 정치적 현실주의에 의해 약화되거나 북아일랜드 병합주의에서처럼 다른 나라에 귀속됨으로써 은폐될 수는 있었지만, 그것은 대부분 정의상 통일적이라기보다는 분리주의적이었다. 그러나 이는 오래된 일이다. 새로운 점은 그러한 열망이 서유럽의 명목상으로는 민족적이나 실제로는 다민족적인 국가들 내에서 근본적으로 문화적이 아닌 정치적인 형태를 띠고 출현했다는 사실이다. 비록 그러한 신민족주의적 집단들의 하나나 둘, 예를 들어 양 대전 사이에 등장한 웨일즈 및 스코틀랜드의 민족정당들이 아직 대중적 지지를 얻지 못했고 민족주의 발전의 'B단계'를 경험하기는커녕 이제 막 그 단계에 들어섰을 뿐이긴 했지만, 정치적인 성격을 띠기 시작했음은 사실이다.

사실, 아일랜드는 제쳐두더라도, 서유럽의 약소 민족주의는 1914년 이전에는 큰 힘을 발휘하지 못했다. 1905년 이후 약간의 대중적 지지를 획득한 뒤 1917~19년의 지방선거를 휩쓴 (빌바오의 노동계급 유권자를 제외하면) 바스끄민족당은 다소 예외이다. 바스끄당의 청년 투사들의 열정은 1916~22년 동안의 아일랜드의 혁명적 민족주의를 본딴 것이었고, 그 대중적 기반은 프리모 데 리베라(Primo de Rivera)의 중앙집중적 독재와

182

프랑꼬(Franco) 장군의 더욱 무자비하고 더욱 집중적인 탄압에 의해 강화되었다. 까딸루냐 분리주의는 일차적으로 여전히 지방의 중간계급, 소읍의 지방명사 및 지식인 등의 전유물이었다. 무정부주의(anarchism)에 압도된 전투적인 노동자계급은 그들이 까딸루냐인이든 이민자든간에 계급적 시각에서 민족주의에 회의적이었기 때문이다. 무정부주의 운동의 문헌은 스페인어로 의식적이고도 의도적으로 출판되었다. 다시 말해, 지역적 좌익과 우익은 까딸루냐의 자치에 바탕을 둔 마드리드 왕정에 반대하는 대중전선을 통해 프리모 데 리베라 아래 하나로 뭉쳤다. 공화국 및 프랑꼬 독재는 대중의 까딸루냐 자치주의를 강화하였다. 비록 까딸루냐 말이 1980년에 지식인 및 중간계급의 저널에서 원기 왕성한 장르로서 그 굳건한 유포망이 마련되었다 해도, 까딸루냐 자치주의는, 프랑꼬 독재의 말년에 그리고 그의 사후에야, 현재의 구어일 뿐 아니라 확고히 제도화된 문화언어로의 대중적 언어 이행을 실제로 이루었을 것이다. 1980년 바르셀로나의 일간지 중 6.5%만이 까딸루냐어로 씌어졌다.[4] 그러나 까딸루냐 전주민의 80%가 까딸루냐 말을, 그리고 갈리시아(그곳의 지역운동은 그리 활발하지 않다.) 주민의 91%가 갈레고(Gallego) 지방말을 사용하는 반면, 1977년—— 최근의 수치도 변함없는 듯하다[5]—— 바스끄의 경우에 오직 30%만이 바스끄어를 사용했는데, 이 사실은 바스끄 민족주의자들의 염원이 자치가 아닌 완전 독립인 것과 무관하지 않다. 이것을 하나의 지표로 하는, 바스끄 민족주의와 까딸루냐 민족주의 간의 괴리는 시간이 지남에 따라 더 벌어져왔다. 중요한 이유는, 까딸루냐 자치주의가 강력하고 독자적인 노동운동을 통합하기 위해 좌익화함으로써만 대중적 지지를 획득했고 할 수 있었던 반면에 바스끄 민족주의는 전통적인 노동자계급의 사회주의 운동을 고립시키고 결국에는 사실상 제거하는 데

4) *Le Monde*, 11 January 1981.
5) H.-J. Puhle, "Baskischer Nationalismus im spanischen Kontext" in H. A. Winkler (ed.), *Nationalismus in der Welt von Heute* (Göttingen 1982), 53~54면.

성공을 거두었기 때문이다. 이 사실은 분리주의적인 '자유조국 바스끄'
(ETA)의 혁명적인 맑스주의적 어법으로도 숨길 수 없다. 까딸루냐 자
치주의가 대부분 외국인 혐오증으로 뭉친 바스끄 운동에 비해 이주민들
(주로 노동자계급)을 까딸루냐에 동화하는 데 더욱 성공을 거둔 것은 그
리 놀랄 일이 아니다. 1977년 그곳에서 출생하지 않은 까딸루냐 주민의
54%가 까딸루냐 말을 하는 반면, 바스끄 말이 배우기 힘들다는 점을 고
려해야만 한다 해도 그곳 출신이 아닌 바스끄인 중 바스끄어를 쓰는 이
는 단지 8%에 불과했다.[6]

상당한 정치세력으로 성장한 서유럽의 민족주의로 말하면, 플랑드르
민족운동은 1914년 그 일부가, 벨기에 대부분을 정복하여 점령한 독일인
과 제휴했을 때 새롭고 한층 위험한 단계에 돌입하였다. 그것은 제2차
세계대전중에는 더욱 극적인 방식으로 독일과 손을 잡기까지 했다. 그러
나 1945년이 지난 얼마 후까지 플랑드르 민족주의는 벨기에의 통합을 심
각하게 위협하지는 못했던 것 같다. 그밖의 약소 서유럽 민족주의들은
여전히 무시할 수 있을 정도였다. 양 대전 사이의 공황 동안에 막 부상
하기 시작한 스코틀랜드 및 웨일즈의 민족주의 정당들은 여전히 그들 국
가의 정치적 주변에 머물렀다. 그 한 예로, '웨일즈당'(Plaid Cymru)*¹의
창설자는 샤를르 모라스(Charles Maurras)*²와 같은 대륙의 보수주의자를
닮은 데다가 로마 카톨릭 교도였던 것이다.[7] 위에서 언급한 어느 당도

---

6) 표본조사를 바탕으로 까딸루냐와 바스끄의 여론과 언어적 관행을 충실히 대조
   한 것으로는 M. García Ferrando, *Regionalismo y autonomías en España* (Ma-
   drid 1982) and E. López Aranguren, *La conciencia regional en el proceso autonó
   mico español* (Madrid 1983)을 보라.

*1 '웨일즈당'은 웨일즈 민족주의자들에 의해 1926년에 결성되었다 — 역자.

*2 샤를르 모라스는 프랑스의 비평가이자 시인으로 근대사회를 비판하고 왕정복
   고론을 전개했다 — 역자.

7) E. Sherrington, "Welsh nationalism, the French Revolution and the influence
   of the French right" in D. Smith (ed.), *A People and a Proletariat: Essays in the
   History of Wales 1780~1980* (London 1980), 127~47면.

제2차 세계대전 이후까지 선거에서 큰 지지를 얻지 못했다. 그러한 종류의 운동들 대부분이 민속적 전통주의 및 향토적 분노를 넘어서지 못했다.

그러나 1918년 후의 민족주의를 관찰하기 위해서는 국경 분규, 선거/국민투표 그리고 언어적 요구라는 전통적인 영역 밖으로 눈을 돌려야 한다. 이 시기의 민족적 동일성은 현대적이고 도시화된 고도기술 사회에서 자신을 표현하는 새로운 방법을 찾았다. 그중에서 두 가지가 결정적으로 중요하다. 첫째는 별로 언급할 필요가 없는 것으로서, 신문·영화·라디오와 같은 현대적 매스 미디어의 출현이다. 이러한 수단을 통해 대중적 이데올로기는 사적 이익과 국가에 의해 의도적인 선전에 이용되었을 뿐 아니라 표준화, 동질화되고 변형될 수 있었다. (선전과 '공공계몽'을 담당하는 정부 부서가 독일에서 1933년 처음으로 아돌프 히틀러의 새 정부에 의해 조직되었다.) 그러나 의도적인 선전보다 분명히 더 중요한 것은 실제로 민족적 상징이던 것을 모든 시민의 생활의 일부로 만들고 그리하여 대부분의 시민이 일상적으로 숨쉬는 사적·지방적 영역과 공적·전국적 영역 간의 구분을 없앨 수 있는 매스 미디어의 능력이었다. 현대적 매스 미디어가 아니었다면, 영국 왕가가 민족 동일성의 공적인 우상은 물론 사적인 우상으로까지 숭배될 수 없었을 것이다. 실제로 그것의 가장 의도적인 예식 행사는 라디오를 위해 특별히 고안되었고 나중에는 텔레비전을 위해 짜여졌다. 1932년에 제도화된 왕실의 성탄방송이 바로 그것이다.

사적 세계와 공적 세계 간의 간극은 또한 스포츠에 의해 메워졌다. 양 대전 사이에, 대중의 구경거리였던 스포츠는 국가-민족을 상징하는 선수와 팀간의 끊임없이 이어지는 검투사적 시합으로 바뀌었고, 오늘날 이는 전지구적 생활의 일부이다. 그때껏 올림픽 대회 및 국제 축구경기와 같은 행사는 중간계급 일반의 주된 관심사였으며(올림픽 대회는 1914년 이전에 이미 국민 경쟁의 의미를 내포했지만), 국제시합은 다민족국가들의

구성 민족원을 통합하는 것을 목적으로 실시되었다. 국제경기는 다민족
국가의 통일을 상징하였다. 왜냐하면 민족간의 친선경쟁은 집단갈등의
배출구를 제공한 정기적인 경기의 제도화를 통해 모든 민족이 하나라는
감정을 강화하였기 때문이다. 집단갈등은 상징적 사이비 투쟁을 통해 위
험없이 무화되었다. 유럽에서 열린 오스트리아와 헝가리의 첫번째 국제
축구시합에서 이러한 예식적 갈등 해소의 요인을 찾기는 어렵지 않다.[8]
1880년대 영국에서 민족감정이 격화함에 따라 잉글랜드와 스코틀랜드 간
의 럭비 경기가 웨일즈와 아일랜드로 확산된 것도 비슷한 현상이라고 볼
수 있다.

　그러나 조지 오웰(George Orwell)이 즉각 발견한 것처럼 양 대전 사이
의 국제경기는 민족 투쟁의 표현이었으며, 각기 자기의 민족 또는 국가
를 대표한 선수들은 상상된 공동체의 일차적 표현이었다. 이 시기에 뚜
르 드 프랑스(Tour de France)*는 민족 팀들의 격전장이 되었고, 중앙
유럽 각국의 선발팀들은 미트로파컵을 놓고 각축을 벌였으며, 세계축구
에서 월드컵 대회가 시작되었고, 그리고 1936년에는 올림픽 대회가 의심
의 여지없이 민족들이 자기 주장을 내세우는 행사가 되어버렸다. 운동경
기가 민족감정을 고양하는 효과적인 매개체로 된 것은, 가장 정치적이지
않고 공적이지 않은 개인들마저도 그들 모두가 직접 해보고 싶거나 한때
해보고 싶어했던 것을 훌륭히 보여주는 젊은 선수들로 상징되는 민족과
쉽게 일체감을 가질 수 있기 때문이다. 수백만으로 구성된 상상된 공동
체는 민족이라는 이름이 붙여진 축구팀의 선수 열한명으로 한층 현실적
이 되는 것이다. 일 개인, 심지어 오직 응원만 하는 이조차, 자신이 민
족의 상징으로 되는 것이다. 필자는 빈의 한 친구 집에서 1929년에 처음
으로 열린 영국과 오스트리아 간의 축구경기를 라디오 중계를 들으며 흥

---

8) E. J. Hobsbawm, "Mass-Producing traditions" in E. J. Hobsbawm and
　T. Ranger (eds.), *The Invention of Tradition* (Cambridge 1983), 300~1면.
＊ '뚜르 드 프랑스'는 프랑스 일주 자전거 경주를 말한다 — 역자.

분했던 일을 기억하고 있다. 그때 오스트리아 친구들은 기록상 예견되는 영국의 승리를 놓고 만일 영국이 승리하면 필자에게 분풀이하겠다고 말했다. 그 자리에 있던 단 한 명의 영국 소년인 필자는 바로 영국이었고, 그 친구들은 오스트리아였다. (다행히도 그 경기는 무승부였다.) 이처럼 열두살 난 소년들은 축구팀에 대한 애착심을 민족전체에까지 확대시켰다.

그러므로 유럽의 양 대전 사이의 민족주의를 지배한 것은 기성 민족국가들의 민족주의와 그들 내 영토 회복주의자들(irredentas)의 민족주의였다. 과거에 전투적이었던 사람들 사이에서 민족주의는 물론 전쟁에 의해 강화되었는데, 이는 1920년대 초에 혁명의 희망이 무산된 다음에 특히 그러했다. 파시스트와 기타 우익운동들은 재빨리 이 기회를 이용했다. 그들은 전투적 국제주의와 쉽게 동일시될 수 있었던 공산화 위협에 —— 특히 볼셰비끼 식의 혁명 —— 그리고 그와 아주 흡사해 보이는, 1914~18년 동안의 전쟁 경험으로 공고해진 반군국주의 등에 대항하기 위해 일차로 중간계층 그리고 사회혁명을 두려워하는 계층을 동원했다. 그러한 민족주의적 선전의 호소는 자국의 실패와 나약함을 외국의 적 및 국내의 모반자들 탓으로 돌리는 한, 심지어 노동자들에게조차 더더욱 효과적이었다. 그리고 그렇게 설명될 수 있는 실패와 취약점은 많이 있었다.

대공황 동안 그렇게 많은 사람들을 나찌당과 여타 유럽의 극우적 운동으로 몰고 간 것은 분명히 실패, 좌절 및 절망 등이었음에도 불구하고, 그러한 전투적 민족주의가 절망감의 반영에 불과한 것이었다고 말하는 것은 지나치다. 그러나 1918년 패전 뒤 독일인의 대응과 1945년 후 서독인의 대응 간에는 중대한 차이가 있다. 바이마르공화국하에서 공산주의자들을 포함한 거의 대부분의 독일인은 베르사이유 평화조약이 견딜 수 없을 정도로 부당한 것이라고 확신했으며, 따라서 그 조약에 대한 투쟁은 좌우익을 막론하고 모든 정당이 대중동원을 할 수 있었던 주요한 힘 중의 하나였다. 그러나 1945년 이후 독일에 부과된 조건은 1919년보다 훨씬 더 감내하기 힘들고 더 자의적이었다. 더구나, 독일 연방에는 이 조약에 분개한 수백만의 민족주의적 독일인들이 존재하였다. 중부 및 동부 유럽에서 야만적으로 축출당한 그들은 베르사이유 조약이 나찌 독일이 다른 국민들에게 저지른 훨씬 더한 만행에 대한 정당한 징벌이라고 믿지 않았다. 그럼에도 불구하고 전투적인 정치적 수정주의는 독일 연방의 정치에서 결코 급속히 축소된 평범한 역할 이상을 하지 않았으며, 지금도 분명히 주요 변수는 아니다. 바이마르공화국과 본(Bonn)공화국이 다른 이유는 찾아내기 어렵지 않다. 연방공화국의 경우 1940년대 말 이후 모든 일이 대부분의 시민에게 아주 잘 풀린 반면, 바이마르공화국은 약 5년간의 패전, 혁명, 불황 및 높은 인플레 등으로부터 겨우 벗어나려 했을 때 참혹한 공황을 만났던 것이다.

전투적 민족주의의 부활을 절망감의 단순한 반영으로 보지 않더라도 그것은 분명히 실패, 무능, 그리고 여타 이데올로기, 정치적 계획 및 프로그램이 인간의 희망을 실현시킬 수 없는 데에 따른 공백을 채운 것이었다. 전투적 민족주의는 계몽시대의 오랜 유토피아를 상실한 이들의 유토피아이며, 다른 프로그램에 대한 신념을 잃어버린 사람들의 프로그램이었고, 옛날의 정치적·사회적 확실성의 지주를 잃은 이들의 기둥이었다. 이 문제는 뒤에 다시 논의될 것이다.

그러나 앞장에서 주장하려 했듯이, 민족주의는 그것을 유일한 정치적 지상명제로 믿는 사람들과 동일시될 수 없으며, 이 시기에 그렇게 될 수도 없었다. 앞에서 본 것처럼, 민족주의는 민족적 일체감의, 또는 시민의 권리와 의무라는 관점에서 말하면, 애국주의의 유일한 형태는 아니었다. 국가의 배타적 민족주의나 모든 다른 형태의 정치적·사회적 일체감을 대체한 우익 정치운동과, 현대 국가에서 모든 다른 정치적 감정이 자라나는 토양을 형성하는 복합적인 민족/시민적 사회의식을 구별하는 것이 중요하다. 이런 뜻에서 '민족'과 '계급'은 쉽게 분리되지 않았다. 계급의식이 실제로 시민-민족적 차원을 포함한다는 사실, 그리고 시민-민족적 또는 종족적 의식이 사회적 차원을 갖는다는 것을 인정한다면, 제1차 세계대전 후의 유럽에서 노동계급의 급진화가 그들의 잠재적 민족의식을 강화했을 것이라고 생각할 수 있다.

반파쇼 시기 동안 비파쇼 국가들의 좌파가 민족적 애국심을 재획득하는 데서 비상한 성공을 거둔 것을 달리 어떻게 설명할 수 있겠는가? 왜냐하면 특히 제2차 세계대전중 반나찌 저항운동이 민족감정과 사회적 개혁 및 해방에 대한 열망에 호소하려 했다는 사실은 좀처럼 부정하기 어렵기 때문이다. 1930년대, 공산주의 운동은 애국심의 상징 —— 심지어 '마르세예즈'[9] 혁명가와 같이 혁명적이고도 실제로 사회주의적인 과거 역사와 긴밀히 연관된 상징조차 —— 을 부르조아 국가 및 소부르조아 정치인들에게 넘겨줬던 제2, 제3인터내셔널의 전통과 분명히 결별하였다. 그후 공산주의 운동이 이러한 상징을 되찾고 악마의 군대가 최상의 진군가를 부르지 못하게 하려 했던 시도는, 미국 공산당이 공산주의는 20세기 미국주의(Americanism)임을 —— 불행히도 별로 놀랍지 않게 —— 선언했을 때처럼, 적어도 밖에서 회상컨대 기괴한 면을 지녔다. 그러나 반파쇼 저항운동에서 공산주의자들이 했던 역할은 특히 1941년 이후 그들이 애국주의를 다시 주장하는 것을 수긍토록 하였다. 확실히 이는 드 골(De Gaulle) 장군의 우려를 자아낼 만하였다.[10] 더구나 운동의 내외적으로 공산주의와 민족주의의 결합은 진정 대중적이었다.

좌파가 정말 민족감정의 홍수에 휩쓸렸는지, 혹은 오랫동안 좌파의 공식적 반민족주의 및 반전투주의에 밀려 주변을 맴돌던 자꼬뱅류의 전통

---

9) 프랑스 및 독일에서 전통적 혁명의 노래 '마르세예즈'는 '인터내셔널'로 대체되었다. 이에 대해서는 M. Dommanget, *Eugène Pottier* (Paris 1971), 제3장. 애국심이 갖는 호소력에 관해서는 Maurice Thorez, *France To-day and the People's Front* (London 1936), XIX, 174~85면, 특히 180~81면.

10) Charles De Gaulle, *Mémoires de Guerre,* II (Paris 1956), 291~92면. 미국의 상황에 대해서는 Earl Browder, *The People's Front in the United States* (London 1937), 특히, 187~96, 249~69면.

적인 혁명적 애국심이 다시 무대의 중심에 등장한 것인지는 대답하기 어렵다. 이 문제가 성실한 연구를 통해 밝혀질 수 없는 것이 아니지만 그리고 당대 사람들의 기억만큼이나 당대의 정치적 기록이 빈약한 것 또한 사실이지만, 이 문제에 대해서는 거의 연구가 이루어지지 않아왔다. 분명한 점은 사회적 혁명과 애국심의 재결합은 극히 복합적인 현상이었다는 것이다. 이 복잡한 현상을 해명하자면 연구가 더 진척되기를 기다려야겠으나 적어도 다음 몇가지는 언급할 수 있다.

첫째, 반파쇼 민족주의는 국제적인 이데올로기적 내전의 맥락에서 등장했다. 이 내전에서 수많은 민족적 지배계급의 일부는 우익의 국제적인 정치적 동맹과 그와 제휴한 국가들을 선택했다. 국내의 그러한 우익정당들은 한때 그들이 이용해왔던 외국 혐오적 애국주의에 더이상 호소하지 않았다. 다음의 프랑스 문구는 이를 말해준다. "레옹 블룸*보다는 히틀러가 낫다"(Better Hitler than Léon Blum). 이 구절은 유대인보다는 독일인이 좋다는 뜻이었을 테지만, 그것은 곧 너무 간단히 조국보다 외국을 사랑한다와 같이 읽힐 수 있었다. 이로 인해 좌파가 우익의 손에 헐렁하게 쥐여 있는 국기를 빼앗아오는 것이 더욱 쉬워졌다. 영국에서도 마찬가지로 히틀러 회유 정책에 반대하는 것은 보수당보다 좌파에게 훨씬 쉬운 일이었다. 보수당은 히틀러가 대영제국을 위협하기보다는 볼셰비즘을 저지하는 강력한 방벽이라는 점을 정확히 인지했다. 이처럼 어떤 점에서 반파쇼 애국주의의 발흥은 한 유형의 국제주의의 승리로 정당하게 인식될 수 있는 것의 일부분이었다.

둘째, 노동자와 지식인 모두 또한 **국제주의적** 선택을 했다. 그러나 그러한 선택은 결과적으로 민족주의적 감정을 강화하였다. 1930년대 영국 및 이딸리아 공산주의에 대한 최근의 연구는 젊은 노동자와 지식인들을

---

* 레옹 블룸은 프랑스의 정치가이자 문예평론가로 제1차 세계대전 후 사회당을 지도했다. 1936년에는 인민전선 내각의 수상이 되었고, 제2차 세계대전 후에는 임시정부 수반을 지냈다 ─ 역자.

190

공산주의에 끌어들이는 데서 반파쇼 동원이 한 역할을 강조하였다. 특히 스페인 내전의 역할은 좋은 예이다. [11] 그러나 스페인에 대한 지지는, 더욱더 제한적인 호소력을 지녔던 인도나 모로코를 위한 반제국주의 캠페인처럼, 국제적 연대의 단순한 행위가 아니었다. 영국의 반파쇼 및 반전 운동은 영국인에, 프랑스의 투쟁은 프랑스인에 관련된 것이었으나 1936년 7월 이후 우연히 주전선은 마드리드 근방이 되었다. 본질적으로 각국의 국내적인 문제들과 관련된 전투가 역사의 우연에 의해 대부분의 노동자들에게 너무나 낯설고 거리가 먼 나라의 전선에서 벌어진 까닭에, 전투를 치르지 않는 보통의 영국인은 실제로 그와 아무런 연관을 갖지 않았다. 나아가, 파시즘과 전쟁이 독일과 이딸리아 같은 특정한 외국과 동일시되었던 한, 이 투쟁의 핵심은 영국이나 프랑스 내부의 미래, 또는 일반적인 전쟁과 평화뿐만 아니라 독일인의 침략에 맞서 영국이나 프랑스 민족을 방위하는 것이기도 했다.

셋째, 제2차 세계대전이 끝날 무렵 분명해진 것처럼, 반파쇼 민족주의는 민족적 갈등뿐 아니라 사회적 갈등과도 명백히 관련되었다. 영국인에게도 유럽대륙의 저항운동에도 승리와 사회변혁은 분리될 수 없는 것이었다. 종전과 함께, 사랑받고 존경받던 전쟁 영웅이자 영국 애국주의의 상징이던 윈스턴 처칠이 선거에서 지고 노동당이 압승한 것은 위의 사실이 이론의 여지가 없는 것임을 말해준다. 왜냐하면, 다른 곳에서의 해방감이 무엇이든, 영국의 1945년 총선은 여론의 존엄한 표현으로서 이의를 허락치 않았기 때문이다. 보수당과 노동당 모두 똑같이 승리를 추구했지만 승리와 사회변혁을 공식적으로 천명한 것은 오직 하나의 정당이었다.

나아가, 많은 영국 노동자들에게 전쟁 자체는 사회적 차원을 갖고 있었다. 1941년에 독일이 소련을 공격함으로써 군인 민간인 할 것 없이 영

11) Hywel Francis, *Miners Against Fascism: Wales and the Spanish Civil War* (London 1984); Paolo Spriano, *Storia del Partito Cominista Italiano*, vol. III (Turin 1970), 제4장.

국 노동자들 사이에 친쏘비에뜨주의의 물결이 크게 인 것은 우연이 아니
다. 이 물결은 소련과 자국의 공산주의자들이 1939년 9월에서 1941년 6
월 사이에 한 행위에 전혀 영향을 받지 않았다. 그것은 단순하게 영국이
마침내 홀로 싸우지 않게 되었다는 것이 아니었다. 당시 영국군의 노동
계급 부대의 병사로서 이같은 전환점을 경험했던 우리들이 보기에 정치
적으로 각성한 병사들 즉 노동당 당원과 노동조합의 조합원들 다수가 여
전히 소련을 어떤 식으로든 '노동자들의 국가'로 인식하였음은 명백하다.
어니스트 베빈(Ernest Bevin)같이 철저한 반공주의자였던 노동조합 지도
자마저 제2차 세계대전의 어느 시점까지는 이러한 생각을 버리지 않았
다. [12] 이 정도로 전쟁은 국가간뿐 아니라 계급 사이의 전쟁이라는 요소
도 지닌 것 같았다.

　민족주의는 이처럼 반파쇼 기간에 좌파와 강력한 연계를 맺었다. 이
연계는 후에 식민지에서의 반제국주의적 투쟁에 의해 강화되었다. 식민
지 투쟁은 여러가지 면에서 국제주의적 좌파와 선이 닿았기 때문이다.
그들의 중심국가에서의 정치적 동지는 거의 한결같이 이러한 부분에서
발견되었다. 제국주의의 이론(즉 반제국주의 이론)은 오랫동안 전체 사
회주의 사상의 유기적 부분을 형성해왔다. 소련의 많은 지역이 아시아에
속한다는 점, 그리고 소련의 세계관이 비유럽적 —— 양 대전 사이에는
일차적으로 아시아적 —— 이라는 점은 아직 '제3세계'라고 지칭되지 않았
던 곳의 활동가들에게 영향을 주지 않을 수 없었다. 역으로, 레닌이 피
압박 식민지 인민의 해방이 세계혁명의 중대한 잠재력임을 발견한 이후,
공산주의 혁명가들은 중심부 제국주의자들이 혐오하는 것은 어느 것이나
노동자들에게는 환영받을 만한 것이라는 논거에서 식민지 해방투쟁을 위
해 전력을 투구했다.

---

12) A. Bullock, *The Life and Times of Ernest Bevin,* vol. 2 (1967), 77면에 실린
　　1941년의 베빈의 연설을 참조하라. H. Pelling, *The Labour Governments 1945
　　~51* (London 1984), 120면.

종속국가의 좌파와 민족주의 간의 관계는 물론 단순한 공식으로 제시
되는 것보다 훨씬 복잡하였다. 반제 혁명가들 자신의 이데올로기적 선호
는 논외로 하더라도, 그들은 이론적으로는 아무리 국제주의적일지라도
오직 자기 나라의 독립을 얻는 데에만 집착하였다. 그들은 더 광범한 세
계적 목적을 위해 그들의 목적이 지연되거나 수정되어야 한다는 제의를
받아들이지 않았다. 예를 들어, 그들은 식민지 제국의 적인 나찌 독일과
일본을, 특히 그들이 승리하는 듯할 때, 자기들 민족의 동지로 간주했다
(전통적인 페니어 원칙에 따라). 반파쇼 좌파의 시각에서 볼 때 프랭크
라이언(Frank Ryan) 같은 이는 이해하기 곤란한 인물이었다. 라이언은
아일랜드공화국의 투사로서 국제의용군(International Brigades)에 참가할
정도로 좌파적 성향을 지녔으나, 프랑꼬 장군의 포로가 되었다가 후에
베를린에 나타나 독일 승전 후의 아일랜드 남북의 통일과 아일랜드공화
국군(IRA)의 독일 지지를 놓고 협상하는 데 최선을 다한 인물이었다. [13]
전통적 아일랜드 공화주의의 관점에서 보면, 라이언은 올바른 판단에서
취한 정책은 아니지만 일관된 정책을 추구한 것으로 해석될 수 있다. 벵
골 대중의 영웅이며 전에는 인도 국민회의의 급진적 인물이던 수브하스
보즈(Subhas C. Bose, '네타지')도 흡사한 경우이다. 그는 일본군에 협력
하여 전쟁 초에 포로가 된 군인들을 상대로 반영(反英) 인도 민족군을
조직하였다. 그러나 1942년에 연합군이 아시아에서 승리를 거둘 것이 더
확실했다면 그렇게 할 수는 없었을 것이다. 일본의 성공적 인도 침략은
가능한 일이었다. 우리가 기억하는 것보다 더 많은 반제운동의 지도자들
이 특히 1943년까지 독일과 일본의 승리가 영국 및 프랑스를 제거하는
길이라고 인식했다.

그럼에도 불구하고 독립과 탈식민지화를 지향하는 일반적인 운동은 특

13) Sean Cronin, *Frank Ryan, The Search for the Republic* (Dublin 1980); 또한,
Frank Ryan (ed.), *The Book of the XV Brigade* (Newcastle on Tyne 1975,
초판은 Madrid 1938)를 보라.

히 1945년 후 의심할 바 없이 사회주의적/공산주의적 반제국주의와 일체
감을 느꼈다. 이 때문에 그 많은 탈식민지의 신생독립국들이 식민지 해
방투쟁에서 사회주의자와 공산주의자만이 중요한 역할을 한 것이 아닌데
도 스스로를 '사회주의' 국가로 선언하였던 것이다. 민족해방은 좌파의
구호가 되었다. 역설적이게도, 서유럽에서의 새로운 종족적·분리주의적
운동은 이처럼 1914년 이전의 그들의 이데올로기적 근원인 극우적, 친파
쇼적, 나아가 일부 노(老)투사의 전쟁중의 부역 기록에 전혀 걸맞지 않
은 사회혁명적이고 맑스-레닌주의적인 어법을 채용하게 되었다.[14] 1968
년이 기대했던 천국을 이룩하지 못하자 즉흥적 좌파의 젊은 지식인들이
그러한 운동으로 몰려갔던 사실은 민족주의적 수사의 이같은 변화에 또
하나의 촉진제가 되었다. 이 변화에 의해 자결에 대한 자연권 행사를 금
지당해온 구시대 민족들 또한 제국주의적 수탈로부터 스스로를 해방하는
'식민지'로 재분류되었다.

 1930년대부터 1970년대까지 민족해방의 지배적 담론은 좌파이론, 특히
코민테른 맑스주의의 발전을 반영하는 것이라고 주장될 수 있다. 민족주
의와 파시즘의 결합으로 인해 민족열망을 달리 표현하는 것은 사실상 한
세대 동안 공공의 담론으로부터 배제될 정도로 불신당해왔기 때문에 좌
파 담론의 헤게모니는 더욱 명백해졌다. 히틀러와 탈식민지화는 1848년
이전에 그토록 자연스러운 것처럼 보였던 민족주의와 좌파의 동맹을 복
원한 듯하였다. 오로지 1970년대에 와서야 민족주의에 대한 또다른 정당
화가 다시 등장하였다. 이 시기에 서구의 주요한 민족주의적 선동은 기
본적으로 공산주의 정권(regime)을 겨냥하며, 그것이 공산주의적 지배
정당으로부터 나오는 여하한 이데올로기를 실제로 거부하지 않았을 때조
차 좀더 단순하고 감정적인 형태의 민족적 주창으로 복귀하였다. '제3세

---

14) 프랑스의 많은 '종족적' 활동가들의 전쟁중의 부역에 대해서는, William R.
 Beer, "The social class of ethnic activists in contemporary France" in Milton J.
 Esman (ed.), *Ethnic Conflict in the Western World* (Ithaca 1977), 157면.

계'에서의 종교적 통합주의의 등장, 특히 다양한 이슬람교적 형태와 아울러 여타 종교의 변종(예를 들면, 스리랑카의 싱할라 극단주의자 사이의 불교)과 관련된 통합주의의 등장은 혁명적 민족주의와 민족적 탄압둘 다에 토양을 제공하였다. 돌이켜보면, 1930년대 이후 좌파의 이데올로기적 헤게모니는 과도기적 현상이었거나, 또는 하나의 환상이었던 것같다.

이제 우리는 다음과 같은 중대한 문제에 답해야 한다. 민족주의적 감정과 운동들이 처음 발생했던 지역을 넘어 파급됨에 따라 민족주의의 운명은 어떠한 영향을 받아왔는가? 1920년대의 유럽의 관찰자들은 종속세계 —— 즉 실제로 아시아와 이슬람 국가들 —— 에서의 민족주의에 대해아마도 우리가 돌이켜 생각하는 것보다 더 심각하게 고려하기 시작했을테지만,[15] 그들은 그것을 유럽적 분석의 수정을 요하는 것으로 여기지는않았다. 유럽 밖에서 최대 독립국가군을 형성하고 있는 라틴아메리카의공화국들은 미국 외에는 어디서도 거의 관심을 끌지 못했고, 이 지역에서의 민족주의는 1930년대와 40년대에 특정한 집단들이 유럽의 파시즘에동조하기 전까지는 낭만적 환상으로 간주되었거나 또는 상당한 수준의인디오 문명 및 전통의 문화적 재발견(indigenismo)에 비유되었다. 이리하여 라틴아메리카의 민족주의는 쉽게 묵살될 수 있었다. 일본은 그 자체로서 아주 특이한 경우로 인식되었지만 또한 명예로운 서구적 제국주의 열강으로, 따라서 다소 서구 모델과 같은 민족 및 민족주의적 국가로서 생각될 수 있었다. 아프가니스탄과 아마도 샴(태국)을 제외하면, 유럽 중심부에 의해 소유되지 않고 통치되지 않았던 아프리카-아시아 지역

---

15) 한스 콘의 다음 두 저작은 아마 이 주제를 처음으로 다룬 주요 업적일 것이다. 콘은 아마도 그의 시온주의적 관심에서 이 지역에 초점을 두게 되었을 것이다. Hans Kohn, *History of Nationalism* (New York 1933); *Nationalism and Imperialism in the Hither East* (New York 1932). 초판은 각각 1928년, 1930년에 독일어로 출간되었다.

에서 독립운동의 여력을 지녔던 유일한 국가는 오스만제국의 후예 터키
뿐이었다.

실제로 조금이라도 중요한 모든 반제운동은 다음 세 가지 유형 중의
어느 하나로 분류될 수 있었고, 또 중심부에서는 일반적으로 그렇게 분
류되었다. 유럽적 '민족자결'을 모방한 지방의 교육받은 엘리뜨(인도),
대중적이고 반서구적인 외국인 혐오증(광범하게 적용되는 만능 분류, 특
히 중국), 호전적 부족의 자연적인 높은 기상(모로코 또는 아랍 사막).
마지막의 경우에 그처럼 건장하고 대개 비정치적인 남자들을 제국군에
편입할 가능성을 놓치지 않았던 제국적 통치자들과 지식인들은 그들을
관대히 대함으로써, 도시 선동자들 특히 어느정도 교육받은 사람들에 대
한 대항세력으로서 호전적인 부족의 실제적 적대감을 유보해두었다. 이
슬람교 국가들에서의 대중적 운동의 예, 그리고 심지어 인도대중들을 향
한 간디의 호소는 종교가 근대 유럽에서 보통 지녔던 것보다 더 막강한
동원력을 지녔음을 말해주기는 하지만, 이 중 어느 것 때문에도 이론에
대해 크게 재고할 필요는 없는 것 같다. 제3세계에 의해 고무된——혁
명적 좌파 외부에서——민족주의 사상에 가장 근접한 것은 '민족적' 개
념의 보편적 응용 가능성에 대한 일반적인 회의였다. 제국주의적 관찰자
에게는 종속세계의 민족주의가 대중과 괴리된 소수 진보적 지식인이 들
여다놓은 지적 수입품처럼 보였고, 공동체와 정치적 충성에 대한 대중의
생각은 지식인의 그것과 완전히 다른 것으로 여겨졌다. 그러한 사고는
제국주의 지배자들이나 유럽에서 온 정착자들로 하여금 대중의 민족적
일체감이 일어나는 것을 간과토록 하는 경향이 있기는 했지만 종종 올바
른 것이었다. 실례로 특히 시온주의자들과 이스라엘 유대인들은 팔레스
타인 지역 아랍인의 민족적 각성을 간과하였다.

종속세계의 '민족문제'에 대한 양 대전 사이의 가장 흥미로운 사상은
비록 당시에 정식화된 레닌주의적 맑스주의의 경직된 틀을 벗어나지는
못했지만 국제공산주의운동에서 생겨났다. 그러나 맑스주의자들을 사로

잡았던 주요 문제는 민족 및 사회 해방을 위한 광범한 반제운동 내에서
의 계급관계였다(식민지 국가의 부르조아지와 프롤레타리아트처럼 상호
간의 계급투쟁에 필히 관련되었던 것을 포함하여). 토착의 식민지 사회
가 서구에서 파생된 개념을 통해 분석할 필요가 있는 계급구조를 갖고
있는 한, 그것은 맑스주의적 분석에 한층 복잡한 문제를 제기하였다. 다
른 한편, 자유를 쟁취하려는 '민족'에 대한 현실적 정의는 별다른 연구
없이 기존의 민족운동으로부터 일반적으로 그대로 이어받은 것이었다.
그리하여 인도 민족은 인도 국민회의가 주장한 것처럼 인도 아(亞)대륙
의 인구로 정의되었고, 아일랜드 민족은 페니어회원들의 생각에 따라 정
의되었다.[16] 현재의 목적상 이 흥미로운 주제에 대해 더이상 말할 필요
는 없다.

제3세계의 반제국주의적 '민족' 운동은 제국주의자들이 도래하기 이전
에 존재하고 있던 정치적 또는 종족적 실체와 거의 일치하지 않았기 때
문에 19세기 유럽적 의미의 민족주의의 발전은 대체로 탈식민지화 이후,
즉 주로 1945년 이후에 진행되었다. 그러므로 대부분의 '민족'운동은 외
국의 제국주의적 억압자에 대한 저항이 아니라 존재하지 않는 민족적 동
질성을 앞세우는 신생해방국에 대한 투쟁이었다. 다시 말해서, 그것들은
때때로 제국주의자들의 권력을 세습한 근대화 엘리뜨가 계승한 서구적
이데올로기의 비현실성에 대한 투쟁이기도 하지만, 제국주의 시대가 종

---

16) *Die nationale Frage und Österreichs Kampf um seine Unabhängigkeit: Ein
Sammelband*, 요한 코플레니히(Johann Koplenig)의 서문(Paris 1933)에는 주요
예외인 오스트리아가 기록되어 있다. 맑스주의자들은 그때까지 독일어를 쓰는
오스트리아의 거주민을 독일 민족으로 보았다. 이는 오스트리아의 사회민주당
이 독일과의 통합을 외친 주된 이유인데, 이러한 주장은 히틀러가 집권한 다음
에 문제를 야기했다. 칼 레너(후에 제2오스트리아 공화국의 초대 대통령)가 실
제로 1938년 통합을 열렬히 환영했듯이, 사회민주주의자들은 자신들의 입장을
견지한 반면, 오스트리아 공산주의자들은 이 난처한 문제를 회피한 독립 오스
트리아 민족 이론을 발전시켰다.

속세계를 분할해놓은 영토의 '민족적' 즉 종족적 또는 문화적 비현실성에 대항하는 것이었다.

그러나 그것들은 오랜 '민족의 원칙'과 자결의 요구에 상응하는 어떤 것의 이름으로 항쟁했는가 또는 하는가? 어떤 경우, 그것들은 명백하게 동일한 개념을 사용한다. 이는 더이상 마쩌니로부터 직접적으로 유래하지 않았고 종속세계의 많은 지역의 지식인들에게 영향을 준 주요 이데올로기였던 양 대전 사이의 맑스주의를 통해 간접적으로 전해졌다. 스리랑카의 경우, 비록 싱할라 지방 자치주의가 아리아인의 우월성을 증명하기 위해 19세기 서구의 언어적/인종주의적 관념에 의존하기는 했지만, 싱할라와 타밀의 극단주의자는 모두 명백히 이에 해당한다. [17] 그러나 제3세계에서의 공동체간의 갈등과 경쟁 그리고 종족적 집단주장이 이와같은 측면, 즉 영토국가의 수립을 최종 목표로 하는 잠재적 국가창설의 운동으로 가장 잘 파악되는 것은 아니다. 아프리카의 많은 지역에서 분명히 아주 강력한 지지를 받는 '부족주의'가 "상대적으로 미발달한 국가의 강제기구에도 저항할 능력이 없다는 것"[18]은 우리로 하여금 이 문제에 대해 다시금 생각해보게 한다. 달리 말하면, 레바논과 같이 자치구로 쪼개진 지역은 민족국가 또는 그밖의 여하한 국가로 희미하게나마 기술될 수 있는 어떤 것을 유지할 능력이 없다는 점은 앞의 주장에 회의를 품게 한다.

물론 1945년 후에 생긴 국가들은 명백히 몇몇 지역——둘 또는 넷——으로 나뉘어 있다. 그리고 이 지역들은 사회정치적 구조, 문화, 종

17) Kumari Jayawardene, *Ethnic and Class Conflicts in Sri Lanka* (Dehiwala 1985); Jayawardene, "The national question and the left movement in Sri Lanka" (*South Asia Bulletin*, Ⅶ, 1 and 2, 1987, 11~22면); Jayadeva Uyangoda, "Reinterpreting Tamil and Sinhala nationalism" (같은 책, 39~46면); R. N. Kearney, "Ethnic conflict and the Tamil separatism movement in Sri Lanka"(*Asian Survey*, 25, 9 September 1985, 898~917면).

18) Fredrik Barth (ed.), *Ethnic Groups and Boundaries* (Boston 1989), 34면.

족, 또는 기타 정치적인 문제와 관련되는 특징 면에서 현저히 다르며, 국제적 상황이 아니었다면 때때로 실제 그랬듯이(예를 들어, 동서 파키스탄, 터키계 키프로스와 그리스계 키프로스) 위에서 말한 골절선을 따라 쪼개졌을 것이다. 수단과 차드(이슬람교인/아랍 북부, 기독교인/정령 숭배의 네그로 남부) 그리고 나이제리아(이슬람교인과 하우사 북부, 요루바 서남, 이보 동남) 등이 이에 해당한다. 그러나 1967년의 (이보) 비아프라 분리운동이 실패한 후 나이제리아의 위기 상황이 외양상 해소되었다는 사실은 중요하다. 즉, 지배적이던 세 공동체가 분열되고 원래의 3분할이 19개의 더 작은 국가로 대체됨으로써 결국 하우사, 요루바 및 이보는 나이제리아 전인구의 60%도 채 안 된다는 사실을 보여주었던 것이다. 하나의 패권적 공동체가 권력을 독점하는 국가의 내부 상황은 불안정하다는 사실 또한 명백하다. 만일 권력이 아직 국가의 전영토에 대한 지배를 확립하고 있는 중이라면, 국내 정정은 특히 불안정하다. 에티오피아가 이 사례에 속할 것이다. 거기서는 소수의 기독교 공동체를 기초로 19세기에 제국이 형성되어——암하라 말을 하는 사람은 기독교인 40%, 이슬람교인 40%, 기타 20%로 구성된 인구의 25%를 차지한다——짧은 이딸리아 식민지 시대로 단절을 겪고 다시 확장된 제국으로 복원된 후 1974년에는 혁명을 맞았다. 설사 그렇다 해도, 에티오피아가 에리트레아(Eritrea)——국제적 편의에 의해 역사상 처음으로 에티오피아에 편입되기 전에는 이딸리아 식민지로서 그리고 영국의 통치하에서 나름의 독립된 정치적 운동과 영토적 정체성을 발전시킬 위치에 있었던——를 병합하려 했던 시도를 제외하면, 기아와 전쟁에 찌들리는 이 불행한 나라의 영토적 통일이 심각한 위기에 빠질 것 같지는 않다.

아시아와 아프리카의 수많은 신생 독립국가들 내에 종족적, 부족적 갈등이나 촌락간의 갈등이 많다는 것은 분명한 사실이다. 그러나 다종족간의 잠정적인 타협 같은 것으로 성립된 듯한 나라들은 논외로 하더라도 국가 분리주의가 각 민족집단 또는 심지어 그 지도자와 대표자들이 갖고 있는 생각인지는 분명치 않다.

종족집단과 공동체, 특히 준비가 안 된 상태에서 극적인 사회경제적 변화를 맞고 있는 집단들의 실질적 문제는 사뭇 다르다. 그것은 새로운 민족의 형성과 같은 것이라기보다는 오랜(또는 새로운) 산업국가들로의 대량이주와 같은 문제, 즉 종족적 다원사회인 새로운 세계에 어떻게 적응할 것인가 하는 문제일 것이다. 물론 그러한 이주자들은, 우리가 앞서 보았듯이, 불안과 향수에서 벗어나기 위해, 상호부조를 위해, 자신과 같은 사람들에 대한 외부의 적대에 대한 반작용으로, 그리고 선거정치의 강력한 조직 매체가 존재하는 곳에서는 이를 통해, '조국' 또는 '고향' 출신의 사람들과 자연히 집단을 이루게 된다. 북미의 어느 시정치인도 알고 있듯이, 그들은 종족적 호소에 강하게 응답하며 특히 이민의 성격이 부분적으로 정치적이거나 이데올로기적일 경우에 자기들이 떠나온 나라의 민족적 주의 주장으로 보이는 어떠한 것에 대해 지지를 보내더라도 그에 열렬한 반응을 보인다. 그 예로 아일랜드공화국군(IRA)에 대한 아일랜드계 사람의 지지, 야세르 아라파트(Yasser Arafat)에 대한 유대인의 반감, 발트해 연안 국가들의 부활에 대한 라뜨비아인의 관심을 들 수 있다. 그러나 모든 정치인이 또한 알고 있듯, 신 페인(Sinn Fein) 운동, 팔레스타인 해방기구(PLO) 그리고 스딸린주의 등에 대해 옳은 말을 하는 것은 선거구민의 대표가 해야 할 정치적 업무의 중요치 않은 부분에 불과하며, 중요 업무는 미국인 또는 캐나다인으로서의 이주민들의 이익을 돌보아주는 것이다. 다종족적 또는 다공동체적 사회에서 이는 기본적으로 국가 내에서 한 집단이 획득 가능한 자원의 몫을 놓고 다른 집단과 흥정하고, 차별당하지 않게 그 집단을 지켜주며, 일반적으로 집단 구성원의 기회를 극대화하고 불이익을 극소화하는 것을 의미한다. 독립된 영토국가 또는 심지어 언어적 독자성을 요구하는 의미의 민족주의는 디아스포라를 기분 좋게 할지는 몰라도 이와는 무관하다.

미국 내의 흑인의 경우는 이 점을 극명히 보여준다. 왜냐하면 인종이

200

한 집단으로서의 흑인의 상황을 너무나 분명히 지배하기 때문이며, 그들
의 사회적 격리와 게토화에도 불구하고 영토적 분리주의는 그 비현실성
은 제쳐두더라도—— 다른 (아프리카) 나라로의 대량탈출이나 또는 미국
의 일부 지역을 확보하는 형태—— 명백히 요점을 벗어나는 것이기 때문
이다. 대량탈출은 때때로 서반구의 흑인들 사이에서 꽤 감정적인 지지를
얻었으나 유색 이주민들의 대량축출('본국 송환')을 상상하는 광신적 극
우파를 제외하고는 진지한 프로그램으로 간주하지 않아왔다.

　국내적 해결책은 '민족자결'의 원칙에 따라 공산당 인터내셔널에 의해
한때 잠깐 제시된 적이 있었으나 흑인들 사이에서 어떠한 관심도 불러일
으키지 못했다. 인구조사에 의해 흑인 다수지역으로 드러난 남부 주의
카운티 분포를 지도로 나타냄으로써 흑인공화국의 기초가 되는 미국 흑
인의 '민족적 영토'를 (수많은 고립지역을 지닌) 다소 연속적인 지대로
표시할 수 있었다. [19] 이러한 지도 제작상의 환상의 불합리성은 (백인이
지배적인) 미국에서의 흑인의 생활문제가 분리주의에 의해 어떻게든 제
거될 수 있다고 믿는 가정에서 발견된다. 나아가, 아주 외딴 지방 어느
곳에 흑인공화국이 세워진다 해도 흑인들이 이미 들어가 있는 북부 및
서부의 도시 게토에는 거의 아무런 영향도 줄 수 없다는 것은 이미 자명
했다. 1970년 비남부 흑인의 97%가 도시에 거주한다는 사실이 보여주는
흑인의 도시집중—— 남부 흑인의 3분의 1은 여전히 농촌에 거주하고 있

19) "당은 흑인과 백인 간의 동등한 권리 및 '흑인지대'의 분리를 포함한 자결권
　　을 위한 투쟁을 강조하였다."(*Die Kommunistische Internationale vor dem VII
　　Weltkongress: Materialien.* MoscowLeningrad 1935, 445면), '1930년 가을의 결
　　정'에 관한 보고서. 1928년 제6차 국제공산당대회의 관련 소위의 토론에서 미국
　　내 흑인 주민을 위한 흑인공화국 건설을 찬성하는 슬로건을 둘러싸고 '격심한
　　이견'을 보인 것에 관해서는, 대회에 참가했던 포드와 존스의 기고문을 보라
　　(*Compte-Rendu Sténographique du VIe Congrès de l'Internationale Communiste
　　17 juillet-1 septembre 1928.* In *La Correspondance Internationale,* no. 125, 19
　　October 1928, 1292~93면; no. 130, 30 October 1928, 1418면).

다——은 미국 흑인에게 상당한 힘을 발휘하는 선거의 지렛대를 갖다 주었고 거기서 흑인은 약간의 이익을 얻을 수 있었다. 그러나 그것은 그들 종족집단을 위해 전사회의 자원과 시설에서 더 큰 몫을 따내려고 전력을 쏟음으로써 얻을 수 있는 것이었다. 벨파스트와 베이루트가 보여주듯, 다원사회에서 게토의 영토적 격리는 종족적 단합에 큰 힘이 될 수 있다. 그러나 그것은 영토국가의 형성을 통한 자결을 주장한 고전적 시각을 극히 적은 예외를 제외하면 실지로 쓸모없게 만든다.

더구나, 대대적이며 다층적인 인구 이동과 변동에 기반을 둔 도시화와 산업화는 기본적으로 종족적, 문화적 및 언어적인 면에서 동질한 인구가 거주하는 영토에 대한 민족주의의 기본 가정을 허물어뜨린다. '낯선 사람들'의 대량유입에 대한 이민 수입국 또는 지역의 토착주민의 극심한 외국인 혐오증 및 인종주의는 불행하게도 1890년대 이후의 미국에서 그리고 1950년대 후의 서유럽에서 익히 알려져 있다. 그러나 외국인 혐오증과 인종주의는 징후이지 치유가 아니다. 단일한 민족으로의 복귀를 꿈꾸는 수사가 무엇이든간에 종족적 공동체 및 집단의 공존은 현대사회의 운명이다. 대량학살과 대량추방('본국 송환')은 실제로 유럽의 종족 지도를 극적으로 단순화했으며, 기타 다른 지역에서도 시도되었을지 모른다. 그러나 민족의 이동은 그것이 시작된 이래 야만주의가 제거하려 했던 종족적 복합성을 되살리고 있다. 오직 오늘날에만, 이민을 받는 대부분의 국가들 내의 전형적인 '소수민족'이 응집된 땅 덩어리가 아니라 작은 섬들로 된 다도해를 이루고 있다. 그들의 문제에 적실한 것은 마찌니가 아니라 오토 바우어일 것이다.

본질적으로, 이는 다양한 종족과 공동체를 지닌 제3세계 국가들 즉 카리브해의 작은 섬보다 큰 대부분의 과거 식민지 국가와 심지어 군소국가들 안에서 종족집단이 처해 있는 상황이다. 그 국가들 내의 종족집단 또는 촌락집단은 종종 그 자체로서 강하게 조직되어 있는데, 신생국에서는 주로 종족적 이익의 사실상의 대변인인 정당 및 압력단체들을 통해서 조

202

직되어 있다. 많은 그러한 나라들에서 근대적 기업가 자질을 충분히 갖추지 못한 사람들이 부와 자본을 축적하는 주된 방법은 국가 및 공공기업체의 자리 ── 전통적으로 소수민족 집단과 백인들에 의해 수행된 ── 를 차지하는 것이다.[20] 교육을 통해 그러한 자리에 오를 수 있는 한(장교가 주도하지 않은 군사쿠데타라는 극히 드문 경우를 제외하면) 프레드릭 바르드(Fredrick Barth)가 예리하게 관찰하듯이, '경쟁하는 종족적 집단들'은 "…교육시설을 통제하거나 독점하려는 시도와 교육수준에 따라 구분된다."[21]

이러한 집단경쟁이 (영토)국가를 통제하거나 그 기구 내의 지위를 얻기 위한 경쟁인 한, 그러한 종족적 경연은 제4장에서 논의한 '소부르조아적' 민족주의의 등장과 공통점을 갖는다. 극단적인 경우, 집단경쟁은 스리랑카의 타밀인들에서처럼 분리주의로 전개될 수 있다. 타밀인은 (지리적인 면에서 부분적으로 분리된) 소수민족으로서 영국 식민지하의 공직을 과대점유했으며 높은 교육을 받았을 것이다. 이후 타밀인은 전인구의 절대다수를 차지하는 싱할라인들로부터 압력을 받아왔다. 적지 않은 압력수단은 1956년에 유일한 공식 국어로 싱할라어를 채택한 것이었다. (만일 힌디어가 인도 인구의 40%가 아니라 72%가 쓰는 언어였다면, 공용어로서의 영어를 말살하려는 유혹은 더 컸을 것이며 인도대륙의 타밀 및 기타 분리주의의 위험도 더 커졌을 것이다.)[22] 그러나 영토적 민족주의는 특수하고 한정된 경우이다. 심지어 스리랑카에서마저 분리주의의 열망은 독립후 약 25년이 지날 때까지 연방주의의 열기를 대신하지 않았다. 일반적인 경우는 경쟁적 공존이며 이는 필요할 경우 다양한 류의 분

20) 물론 그러한 소수민족은 국가권력에의 특권적 접근을 통해 활동하기도 한다.
21) Barth (ed.), *Ethnic Groups*, 34~37면.
22) Sunsil Bastian, "University admission and the national question" and Charles Abeysekera, "Ethnic representation in the higher state services" in *Ethnicity and Social Change in Sri Lanka*(사회과학자 협회가 주최한 쎄미나에 제출된 논문, December 1979), Dehiwala 1985, 220~32, 233~49면.

산화 및 자치에 의해 지탱되었다. 그리고 한 사회가 더욱 도시화되고 산
업화되면 될수록, 확장된 경제 위에서 활동하는 종족적 집단들을 한층
협소한 영토적 조국에 한정시키려는 노력은 더욱더 인위적이게 된다. 남
아프리카에서 이루어진 그러한 시도는 아프리카인을 위한 고전적인 민족
형성의 활동으로가 아니라 인종주의적 탄압을 영구히하려는 계획으로 정
확하게 인식된다.

그러나, 바르드가 또다시 지적한 것처럼,[23] 그와같이 복합적인 다종족
적/공동체적 사회들에서의 집단관계는 전통적인 사회에서 쉽게 발견되는
집단관계와 다르고 또 덜 안정되어 있다. 첫째로, 근대적 또는 더 선진
적인 사회에 진입하는 집단들이 취할 수 있는 전략은 (완전히 구분되지
는 않지만) 세 가지다. 집단 구성원들은 선진사회의 구성원으로서의 동
화 혹은 '귀속'을 추구할 수 있다. 그 결과 어떤 구성원은 성공할 수도
있으나, 전체 공동체는 "내적 분화의 근거를 상실할 것이며 아마도 전체
사회 체계 내에서 지위가 낮은, 문화적으로 보수적인… 집단으로 남게
될 것이다." 둘째로, 집단은 소수의 지위를 수용하여 소수에 따르는 무
능력을 줄이려 할 것이나, '비접합부문' 내에서 자신의 특수성을 유지해
야 한다고 주장할 것이다. 따라서 여기서는 다종족적으로 조직된 사회가
생겨나고 산업사회에서 마침내 동화가 이루어지는 일은 분명히 없을 것
이다. 끝으로, 집단은 종족적 동일성을 강조하고 이를 이용하여 이전에
는 그 사회에 없었거나 적합치 않았던 … 새로운 지위와 형태를 새로운
목적을 위해 개발할 수 있다. 바르드의 주장에 의하면, 이는 탈식민지
사회의 종족적 민족주의를 만들어내거나 가능한 국가형성을 이루는 것에
가장 근접한 전략이다. 그러나 필자가 주장한 것과 같이, 이것이 위 전
략이 통상 목적으로 삼거나 당연히 함의하는 바는 아니다. 어쨌든간에,
종족 집단의 이러한 생존방식 모두를 '민족'과 '민족주의'라는 동일한 제

---

23) Barth (ed.), *Ethnic Groups*, 33~37면.

하에서 취급하는 것은 분석에 도움이 되지 않는다. 퀘벡인, 그리스 및 발트해 지역의 이주민들, 알공킨 원주민, 에스키모, 우끄라이나인 그리고 영국계 스코틀랜드인 등은 단순히 하나의 다종족 사례이다.

둘째로, 전통적인 종족간의 관계는 대부분의 경우 종종 노동의 분절적 사회분업으로 발전함으로써 정착되어 '외부인'은 하나의 인정된 기능을 가지며, 외부인의 집단과 '우리'의 갈등이 무엇이든간에, '우리'와 경쟁하기보다는 차라리 우리를 보완한다고 인식된다. 그대로 놔두면, 그러한 종족적으로 분절된 노동시장과 용역 유형은 서구의 산업화·도시화 과정에서도 자연스럽게 발전한다. 이는 부분적으로는 그러한 시장의 특수한 부분이 어떻게든 채워져야 하기 때문이며, 주요 이유는 특정한 지역에서 온 이민자들의 비공식적인 상호 부조망이 그 특수한 부분을 친구, 친족 그리고 보호가 필요한 고향 출신 사람들로 채우기 때문이다. 심지어 오늘날 뉴욕에서마저 우리는 청과상에 들어서면 한국인을 만날 것을 예상하며, 고층 빌딩의 철골조립공 중에는 유난히 모호크(Mohawk) 인디언이 많음을 발견하고, (런던의 경우) 신문판매인은 인도 태생의 사람이 많고 인도 식당의 종업원은 방글라데시의 실헤트 지역에서 온 사람이 대부분임을 알게 된다.

"전통적인 다종족체제가 그렇게 종종 확연히 경제적임을 고려할 때" (바르드), 다원국가에서의 종족적 동일성을 강조하는 운동이 이러한 종류의 사회분업에는 그토록 거의 관심을 갖지 않으면서 국가 내의 공동체 간의 자유경쟁에서 집단이 차지하는 경쟁적 위치에 관심을 갖는 것은 놀라운 일이다. 탈식민지 민족주의라고 통용되는 많은 것은 실재의 종족적-경제적 노동분업이나 기능이 아니라 정치적 힘의 균형(또는 우세)에 기초를 둔 집단관계의 결과적인 불안정을 반영한다.

그러므로 종족적·공동체적 마찰과 갈등은 민족주의의 원래 영역 밖의 세계에서 상당히 나타나며 그것들이 마치 '민족적' 모델에 들어맞는 것처럼 보이는 것일지도 모른다.

 그러나 또다시 언급되어야 할 것은, 이 모든 것이, 맑스주의자들의 논쟁거리이자 그것에 의해 유럽지도가 다시 그려진 '민족문제'와 동일한 것은 아니라는 점이다. 바꿔 말하면, '민족주의'가 본래 영역을 넘어 확장됨으로써 민족주의 현상에 대한 본래의 분석범위를 벗어난다는 것이다. 그 증거로서 그것을 분석하기 위해 에스니(ethnie, '종족적 집단' 또는 '민족'으로 지칭될 수 있는 것을 의미하기 위한)와 같은 새로운 용어가 자연스레 등장한 것을 들 수 있는데 이는 최근에 만들어진 듯하다.[24) 비록 "유럽 민족주의와는 아주 상이한 현상에 직면해 있다"는 점을 잘 인식하고 있었던, 비서구적 민족주의에 대한 초기 관찰자들이, "모든 면에서 민족주의라는 용어가 채용되는 점을 고려할 때" 그 말을 쓰지 않으려는 것은 '부질없다'고 생각했음에도 불구하고, 유럽과 비서구 민족주의는 다르다고 오랫동안 간주되어왔다.[25) 그러나 민족주의라는 용어의 사용 여부와 관계없이 이 현상은 몇가지 면에서 새로운 문제를 야기한다. 필자는 이 중의 한 문제인 언어에 관해 이 장의 결론 삼아 간략히 언급하고자 한다.

 언어적 민족주의의 고전적인 유형, 즉 한 종족의 언어가 새로운 만능의 표준 '민족적' 문어로 발전하여 공용어가 되는 것이 계속되거나 될 수 있다는 주장은 결코 확실치 않다. (심지어 오래된 표준어들도 최근 하위 변형이나 방언이 학교교육을 할 수 있는 매개체로 바뀜에 따라 분화하는

---

24) *Trésor de la Langue Française* (vol. VIII, Paris 1980)는 에스니라는 용어가 1896년에 기록되기는 했으나 1956년까지 사용되지는 않았음을 보여준다. Anthony D. Smith는 *The Ethnic Origins of Nations* (Oxford 1986)에서 그 용어를 광범위하게 사용하고 있기는 하나 분명히 아직 완전히 영어화되지 않은 신프랑스어로 보았다. 필자는 이 용어가 1960년대 후반 이전의 민족 논의에서, 색다르게 사용된 것을 제외하면, 발견될 수 있다고 보지 않는다.

25) John H. Kautsky, "An essay in the politics of development" in John H. Kautsky (ed.), *Political Change in Underdeveloped Countries: Nationalism and Communism* (New York-London 1962), 33면.

경향이 있다. 그 예로 '흑인 영어' 또는 몬트리올 하층계급이 쓰는 강한
영국식 발음의 프랑스어 주얼(Joual)*을 들 수 있다.) 오늘날 대다수 국
가에서 실용상 다양한 언어가 사용되는 것은 피할 수 없는 현상이다. 왜
냐하면 이민으로 인해 서구의 거의 모든 도시가 '종족적' 식민지로 바뀌
었고, 오늘날 대부분의 신생국가에는 서로 이해할 수 없는 구어가 무수
히 많은 까닭에 한층 간소한 프랭커어를 고려하지 않을 경우 민족적 (그
리고 오늘날 차라리 국제적) 상호소통 수단이 없어서는 안되기 때문이
다. (인구 250만에 700개가 넘는 언어를 가진 파푸아 뉴기니는 극단적인
사례이다.) 신생국가에서 정치적으로 가장 받아들이기 쉬운 말이 지방적
인 종족적 동일성을 지니지 않은 통신 건축물임은 이미 분명하다. 피진
어나 바하사 인도네시아어, 또는 어느 한 종족집단에 특별한 이익이나
불이익을 주지 않는 외국어(아마도 세계문화어), 특히 영어 등이 이에
속한다. 이러한 상황은 "인도네시아 엘리뜨 사이의 특이한 언어적 유연
성과 '모국어'에 대한 감정적인 애착 결여로 보이는 것"을 설명해줄 수
있으며[26] 명백히 유럽의 민족주의적 운동에서 일어났던 경우와는 다르
다. 다인종에 대한 쎈서스 조사를 행하는 캐나다의 정치 또한 옛날의 합
스부르크제국의 그것과 비교해보면 다르다(이 책 132~34면을 보라). 왜냐
하면 이민 종족 집단의 구성원들이 종족과 캐나다인이라는 것 중에서 어
느 하나를 선택할 것이냐는 질문에 대해 자신을 캐나다인으로 여긴다는
것과 그들이 영어에 끌린다는 것을 알고 있는 종족적 압력집단은 쎈서스
에 언어 및 종족적 정체성의 조항을 삽입하는 데 반대하며, 그리고 최근
까지 쎈서스는 부계적 인종 기원을 밝히기를 주장하고 아메리카 인디언
을 제외하고는 '캐나다인' 또는 '미국인'을 질문에 대한 답으로 인정하지
않았기 때문이다. 본래 프랑스계 캐나다인이 퀘벡 밀집지역 이외의 그들

---

* 주얼(Joual)은 캐나다 퀘벡의 속어를 말한다 — 역자.
26) N. Tanner, "Speech and society among the Indonesian elite" in J. B. Pride and J. Homes (eds.), *Sociolinguistics* (Harmondsworth 1972), 127면.

의 수를 부풀리기 위해 고안한 이러한 '쎈서스 가공물'의 종족성은 또한
이민 종족 지도자들의 목적을 도와주었다. 왜냐하면 그것은 1971년의 쎈
서스에서 자신이 폴란드계라고 한 315,000명의 사람 중에서 단지 135,000
명만이 폴란드어를 모국어로 지목했으며 오로지 70,000명만이 가정에서
폴란드어를 쓴다는 사실을 은폐하기 때문이다. 우끄라이나계 캐나다인의
수치도 이와 견줄 만하다. [27]

간단히 말하면, 종족적·언어적 민족주의는 각기 다른 방향으로 진행
할 수 있으며, 둘 다 오늘날 민족적 국가권력에 점차 덜 의존해가고 있
다. 19세기의 공식적 문화/국가 언어와 비공식 방언 및 사투리 간의 관
계와 유사한 소위 비경쟁적 다중언어주의 또는 이중언어주의는 이미 공
통된 현상으로 보인다. 민족적/국제적 문화어에 견주어 —— 라틴아메리
카의 스페인어, 아프리카 일부 지역에서의 프랑스어, 더 일반적으로는
영어(영어는 필리핀에서 중등교육의 매개체이며, 혁명 전의 에티오피아
에서 그러했다) —— 토착어들에 공식적 지위를 부여하는 경향이 오해를
일으켜서는 안된다. [28] 모델은 퀘벡에서와 같이 더이상 우월성의 투쟁이
아니라, 파라과이에서와 같은 기능의 분업이다. 스페인어와 구아라니어
(Guarani) 모두가 도시의 엘리뜨에 의해 말해지고 가르쳐지는 파라과이
의 경우, 스페인어는 '아름다운 말'로서가 아닌 문어적 목적에 쓰이는 소
통수단이다. 1975년 이후 페루에서 스페인어와 동등한 공식적 지위를 획

---

27) Robert F. Harney, "'So great a heritage as ours.' Immigration and the survival
of the Canadian polity" (*Daedalus*, vol. 117/4 Fall 1988), 68~69, 83~84면.

28) 영어의 중요성에 대해서는, François Grosjean, *Life with Two Languages*
(Cambridge MA 1982)를 보라. 이 책에서 저자는 74년 당시 오직 38개국에서
만 영어가 어떤 공식적인 지위도 갖지 않는다고 말한다. 20개국(비영어권)에서
영어는 유일한 언어였고 다른 36개국에서 영어는 법원에서 사용되고 학교 교육
의 주요한 매개 언어였다(114면). 또한 영어와 다른 언어의 경쟁에 대해서는,
L. Harries, "The nationalization of Swahili in Kenya" (*Language and
Society*, 5, 1976), 153~64면을 보라.

득한 퀘차어(Quechua)*가 일간신문과 대학의 언어로서 스페인어를 대신할 것 같지는 않다. 또 아프리카나 태평양의 영국 식민지였던 지역에서 교육, 부 그리고 권력 등에 이르는 길이 계속하여 영어를 통하지 않고는 가능할 것 같지 않다.[29]

　이러한 추론은 민족과 민족주의의 앞날에 대해 결론을 다룬 다음 장에서 논의된다.

---

* 퀘차어는 페루, 볼리비아, 에꾸아도르 등의 인디오가 사용하는 언어다 — 역자.

29) 어떤 점에서 "문자해득의 힘든 단계를 요구하지 않는"(David Riesman, Introduction to Daniel Lerner, *The Passing of Traditional Society*, New York 1958, 4면) 현대의 대중매체(시청각)로 인해, 더 넓은 세계에 관한 정보를 이제 더이상 차단당하지 않는 한 가지 언어만 하는 사람에게 국문학의 실용성에 대해 주장하는 것은 점차 힘을 잃어왔다. 예를 들어, 다음을 보라. Howard Handelman, *Struggle in the Andes: Peasant Political Mobilization in Peru* (Austin 1974), 58면. 1960년대 초에 일어난 이 혁명에 대해 필자로 하여금 처음으로 관심을 갖게 한 사람은 호세 마리아 아르궤다스(José María Arguedas)다. 그는 리마로 이주한 사람들을 위해 퀘차어로 하는 지방 라디오 방송이 배증한 점을 지적했다. 이 방송은 보통 인디오 노동자들만이 깨어 있을 때 행해졌다.

제 6 장

20세기 후반의 민족주의

1

이 책이 처음 출간된 1990년 초 이래 금세기 사상 어느 때보다도 많은 새로운 민족국가들이 생겨났거나 탄생중에 있다. 소련과 유고슬로비아의 해체로 현재까지 16개의 주권국이 새로이 국제사회에 등장하였으며 그 분열로 얼마나 더 많은 국가가 나타날지는 아직 말할 수 없다. 현재 모든 국가는 공식적으로 '민족'국가이며, 모든 국가들의 정치적 열기는 외국인에 적개심을 품고 실제로 그들을 괴롭히며 몰아내려 한다. 따라서 민족주의가 역사 변동의 힘으로서 1830년대서부터 제2차 세계대전이 끝날 때까지 했던 역할과 비교해 저락하고 있다고 결론짓는 것은 고의적인 역사 외면일 것이다.

소련과 초강국인 소련을 축으로 약 40년간 유지되어온 지역 및 국제 체제의 붕괴가 심대하고 아마도 영구한 역사적인 변화를 나타낸다는 점은 부정할 수 없으나, 그 변화가 함축하는 바는 현재로서는 불투명하다. 그러나 소련의 1991년 붕괴가 대체로 유럽과 까프까즈 산맥 이남 지역에 국한되었던 1918~20년 동안의 제정러시아의 (일시적) 붕괴보다 훨씬 심대하다고 할 때에 한에서만 현재의 붕괴는 민족주의의 역사에 새로운 요인으로 작용할 수 있다. [1] 왜냐하면, 1988~92년의 '민족문제'는 기본적으로 새로운 것이 아니기 때문이다. 현재의 '민족문제'는 거의 대부분 민족주의의 발생지인 유럽에 한정되어 나타난다. 적어도 캐나다를 제외한 남북 아메리카에는 지금까지 정치적 분리주의의 징후가 없다. 이슬람 지역 또는 적어도 그 지역 내에서 일고 있는 근본주의 운동이 정치적 분리주의를 기도하는 징후도 찾을 수 없다. 이슬람 근본주의 운동은 창시자들의 원리를 지키는 방향으로 가고 있다. 사실, 분리주의 그 자체가 그들의 관심을 끌 수 있을 것 같지는 않다. 분리주의(주로 테러리스트)는 분명 남아시아의 인도대륙을 뒤흔들어놓고 있지만 (방글라데시의 분리를 제외하면) 이 지역 국가들은 분리되지 않고 있다. 사실, 이 지역에서뿐 아니라 탈식민지 민족주의 정부들은 자유주의적이며 혁명적-민주적인 19세기의 민족주의 전통을 아직도 강하게 지지한다. 간디와 네루일가, 만델라(Mandela)와 무가베(Mugabe), 부토(Zulfikhar Bhutto)와 반다라나이케(Bandaranaike), 그리고 버마(미얀마)의 연금당한 지도자 아웅산 수지(Aung-San Su xi) 여사는 란즈베르기스(Landsbergis)*나 터지만(Tudjman) 같은 민족주의자가 아니었고 현재도 아니다. 그들은 마씨모 다쩰리오와 같은 입장의 민족주의자들이지 민족분리를 꾀하는 이들이 아니다 (이 책 67면 참조).

아프리카의 많은 탈식민지 국가들은 남아프리카를 포함한(그렇지 않기를 바라지만) 몇몇 국가에서 최근 그런 것처럼 혼돈과 무질서의 나락으

---

1) 그렇다 할지라도, 중앙아시아에 대한 터키의 범타타르주의(pan-Turanian) 야심 ── 이는 다행스럽게도 케말 아타튀르크(Kemal Atatürk)에 의해서가 아니라 그의 정치적 적수였으나 결국 패배했던 엔버 파샤(Enver Pasha) 같은 이에 의해 추구되었다 ── 과 러시아의 극동 태평양 지역에 대한 일본의 이해관계는 1990년대에 많은 사람이 듣게 될 주제가 될 것이다.

*란즈베르기스는 1988년 결성된 리뚜아니아 민족운동단체(사유디스)를 통해 리뚜아니아의 분리운동을 펼친 인물이다. 1990년 3월 리뚜아니아 의회의 최고의 장에 선출되었고, 이후 리뚜아니아 대통령이 되었다 ── 역자.

로 떨어질지도 모른다. 그러나 소말리아나 에티오피아의 붕괴를 주권국
가를 형성하려는 민족의 신성한 권리가 낳은 것이라고 보는 것은 적절치
않다. 종종 유혈사태를 빚는 종족집단간의 반목과 갈등은 민족주의의 정
치적 프로그램보다 오랜 역사를 갖고 있으며 앞으로도 오래갈 것이다.

  유럽에서 분리주의적 민족주의가 분출한 것은 그 특수한 역사적 뿌리
를 20세기에 두고 있다. 베르사이유와 브레스트-리토프스크의 달걀이 이
제 부화하고 있는 것이다. 본질적으로 합스부르크제국과 터키제국의 역
사적 몰락 그리고 러시아제정의 일시적인 붕괴는 몰락한 국가들과 마찬
가지 문제를 내포한 일단의 민족국가를 낳았다. 위의 문제들은 장기적인
면에서 대량학살 또는 대량의 강제이주가 아니면 해결될 수 없는 성격을
지니고 있었다. 1988~92년의 폭발적인 이슈들은 1918~21년에 생겨났
다. 바로 이때 체코인은 역사상 최초로 슬로바키아인에 속박되었고, 슬
로베니아인(이전까지 오스트리아인)은 크로아티아인(한때 터키인에 대한
군사적 방벽 역할을 했다)에, 그리고 천년에 걸쳐 서로 다른 역사를 꾸
려온, 그리스 정교를 믿고 오스만제국에 속했던 세르비아인 등과 합쳐졌
던 것이다. 루마니아제국의 규모가 두 배로 늘어나면서 소속 민족들간에
갈등이 빚어졌다. 승리한 독일인은, 적어도 에스또니아와 라뜨비아에서
는 눈에 띄는 민족적인 요구가 없었음에도 불구하고 역사상 국가형성의
전례가 전혀 없는 발트해 연안에 작은 3국을 세웠다.[2] 발트 3국은 그후
연합국에 의해 볼셰비끼 러시아에 대한 '완충지대'(quarantine belt)로 계
속 유지되었다. 러시아가 가장 취약했을 때 독일은 그루지야와 아르메니
아의 독립을, 영국은 석유지대인 아제르바이잔의 자치를 부추겼다. 남까
프까즈 민족주의(Transcaucasian nationalism, 만일 이 말이 아제리 터키
인의 반(反)아르메니아 감정을 너무 자극하지 않는다면)는 1917년 이전
에는 정치적으로 심각한 문제가 되지 않았다. 명백히 아르메니아인들은

---

  2) 이는 O. Radkey의 *Russia Goes to the Polls* (Ithaca 1989)에서 분석된 바 있
    는 1917년 11월 러시아 제헌의회 선거의 투표수치에서 나온 것이다.

모스끄바보다 터키를 두려워했으며 그루지야인들은 명목상의 전러시아맑스주의당(멘셰비끼)을 그들의 민족당으로 지지하였다. 그러나 합스부르크나 오스만 제국과는 달리 러시아의 다민족제국은 10월 혁명과 히틀러 덕분에 그후 3세대 동안 더 존속하였다. 러시아 내전에서의 승리는 우끄라이나 분리주의의 가능성을 없앴고 까프까즈 산맥 이남 지역의 회복은 국부적 민족주의를 제거하였다. 비록 그것이 부분적으로 케말주의자 터키와의 협정을 통해 이루어짐으로써 특히 아제르바이잔 까라바흐 산악지방의 아르메니아인 문제에서 나타나는 것처럼 후일 민족주의적 적대감과 관련된 민감한 문제가 일어날 소지를 남겨놓기는 했지만 말이다.[3] 1939~40년 소련은 핀란드(레닌은 핀란드의 평화적 분리를 허용했다)와 이전에 러시아 땅이었던 폴란드를 제외하고는 제정러시아가 잃었던 모든 지역을 되찾았다.

따라서 1988~92년 사이에 눈에 두드러지게 폭증한 분리주의는 간단명료하게 말하면 '1918~21년에 미완되었던 것'의 부활이라고 할 수 있다. 거꾸로, 1914년 이전에 유럽의 정치를 실제로 위협하는 것 같았던 오래고 뿌리깊은 민족문제는 폭발하지 않았다. 유고슬라비아를 붕괴시킨 것은 국제회의의 여러 분야에서 관련 학자들 사이에 논쟁의 핵심이었던 '마케도니아 문제'가 아니었다. 반대로, 마케도니아 인민공화국은 유고슬라비아가 붕괴될 때까지 세르비아-크로아티아 분쟁에서 발을 빼기 위해 최선을 다했고 그 구성 부분은 철저한 자기 방어 속에서 자신들을 돌보아야만 했다. (1913년 마케도니아 영토의 많은 부분을 갖고 있던 그리스

---

3) 아르메이나인의 예는 민족을 영토에 묶어놓는 것의 어려움을 잘 보여준다. 현재의 아르메니아공화국(수도는 예레반)은 1914년 전의 그 불행한 인민들에게는 특별한 의미를 지니지 않았다. '아르메니아'는 일차적으로 터키에 속했다. 러시아의 아르메니아인은 커다란 민족적·국제적 디아스포라였을 뿐 아니라 까프까즈 산맥 이남의 농촌 인민과 꽤 많은 도시주민들——아마 뜨빌리시와 바꾸 인구의 대부분——이었다. 혹자는, '아르메니아'는 아르메니아인들이 모든 다른 곳에서 전멸되거나 쫓겨났을 때 남게 된 것이라고 말할지도 모른다.

는 마케도니아 인민공화국의 공인을 이제껏 거부하고 있다.) 러시아제국
내에서 1917년 이전에 분리주의는 아니지만 진정한 의미의 민족주의 운
동을 전개했던 유일한 곳인 우끄라이나도 비슷한 경우이다. 발트해 연안
과 까프까즈의 공화국들이 분리를 주장하는 반면, 우끄라이나는 1991년
8월의 쿠데타 실패가 소련을 무너뜨릴 때까지 상대적으로 조용히 지방공
산당의 지도에 따르며 분리를 요구하지 않았다.

나아가, 1880~1950년 동안 식민지 경계가 다른 기준이 없는 상황에서
그대로 신생국 국경이 되었듯이(대부분의 사람들은 국경이 무엇인지 알
지 못했거나 신경을 쓰지 않았다), 역설적이게도 레닌이 윌슨과 공유한
'민족'과 민족 열망에 대한 정의는 공산주의 국가들이 수립한 다민족적
단일체가 분열하는 데 자동적인 기초가 되었다. 우리는 소련의 예를 더
잘 알고 있다. 소련의 공산당 정부는 의도적으로 아시아 이슬람교인들
또는 빌로러시아인(Bielorussians) 사이에 역사적 전례가 없는, 종족과 언
어에 기초를 둔 영토적인 '민족적 행정단위', 즉 근대적인 의미의 '민족'
을 조성하였다. 까자흐, 끼르기즈, 우즈베끄, 따지끄와 터키 '민족'을 기
초로 쏘비에뜨 공화국들을 세운다는 생각은 중앙아시아인들 어느 누구의
원천적인 열망이 아니라 쏘비에뜨 지식인들의 이론적 구성물이었다.[4]

서방의 일부 관측자들은 중앙아시아인들이 '민족적 압박'이나 이슬람교
정신으로 인해 소련체제에 막대한 압력을 가함으로써 마침내 그것을 무
너뜨렸다고 주장하나, 이는 소련체제에 대한 서방 관측자들의 정당화된
공포와 소련체제가 오래가지 못할 것이라는 믿음을 달리 표현한 데 불과
하다. 사실, 중앙아시아는 스딸린이 멀리 다른 지역으로 격리시키려 했
던 몇몇 소수민족에 대한 학살을 제외하면 소련이 붕괴할 때까지 정치적
으로 정체해 있었다. 현재 이 공화국들에 불고 있는 민족주의는 소련 붕

---

4) Graham Smith (ed.), *The Nationalities Question in the Soviet Union*, 제4부
'Muslim Central Asia' (London and New York 1990) 특히 215, 230, 262면을
참조하라.

괴 후에 나타난 현상이다.

이처럼 1989년과 그후에 일어난 역사적 변화는 본질적으로 민족적 갈등 탓이라 할 수 없다. 왜냐하면 민족적 갈등은 폴란드와 유고슬라비아에서와 같이 갈등이 실제로 존재하는 곳에서도 중앙의 당 권력이 기능하는 한 효과적으로 통제되었기 때문이다. 변화의 일차적인 원인은 소련체제의 자기 개혁 결정에 있었다. 소련의 개혁 결정은 첫째 위성국에 대한 군사지원을 거둬들였고, 둘째 체제가 작동할 수 있게 해준 중앙명령·권위 구조를 무너뜨렸고, 결국에는 심지어 발칸 유럽의 독립 공산정권들의 기초를 뒤흔들어버렸다. 민족주의는 이러한 사태발전에 힘입어 이루어진 것이지 결코 사태발전의 동력이 아니었다. 이처럼 동구 정권의 갑작스런 붕괴는 전혀 예측할 수 없는 것이었다. 폴란드가 보여주는 것처럼, 국민들에게 극히 인기가 없는 정권조차도 대규모의 조직적인 반정부 운동을 근 10년간이나 통제해오고 있었다.

차이점을 파악하려면, 1871년의 독일 통일과 1990년의 통일을 비교해야만 한다. 1871년의 통일은 역사적 숙원의 달성이었다. 당시의 통일은 독일 정치에 관심을 가진 모든 사람에게, 심지어 통일을 거부하는 이에게조차 어떤 식으로든 주요 문제였다. 맑스와 엥겔스마저 비스마르크가 "1866년에 그랬던 것처럼 우리가 해야 할 일의 일부분을 그의 방식으로 처리해주고 있다"고 생각했다.[5] 반면, 1989년 가을까지 서독 내 어느 주요 정파도 오랫동안 하나의 독일 국가를 이룩하는 데 대해 입으로만 떠들 뿐 큰 비중을 두지 않았다. 왜냐하면 통일은 고르바초프가 나타날 때까지 실현 불가능함이 분명했을 뿐 아니라 민족주의 조직과 열망은 정치적으로 주변적이었기 때문이다. 또한 통일의 염원은 동독 내 반정부 정치세력이나 서독으로 대거 탈출함으로써 동독 붕괴를 촉진했던 일반 동독인들을 고무하지도 않았다. 대부분의 독일인은 미래에 대한 극심한 불

---

5) Engels to Marx, 15 August 1870 (Marx-Engels, *Werke*, vol. 33, Berlin 1966), 40면.

안을 느끼는 가운데서 통일을 환영했지만, 철저한 준비 없이 시작된 매우 갑작스런 통일은 공식적 수사가 무엇이든간에 통일은 독일 밖의 예기치 않은 사건으로 인해 이루어진 것임을 보여준다.

소련의 경우, 관변 소련전문가들이 말한 것처럼 내부의 민족갈등[6]에 의해 무너진 것이 아니라 (물론 이 요인을 부정할 수는 없지만) 경제적 곤란에 의해 붕괴되었다. 소련의 개혁파 지도부가 뻬레스뜨로이까의 필요조건으로 생각했던 글라스노스찌로 인해 토론과 논의의 자유가 다시금 도입되었으며 정권과 사회 모두가 기반으로 한 중앙집중적 지휘체계가 약해졌다. 뻬레스뜨로이까의 실패로, 즉 일반시민의 생활여건이 점점 더 피폐해짐으로써 이에 책임을 지고 있는 연방정부에 대한 신뢰가 무너졌으며, 문제에 대한 지역적·지방적 해결을 실제로 고무하거나 나아가 부과하였다. 고르바초프의 등장 이전에는 발트 3국을 제외한 어느 공화국도 분리를 꿈꾸지 않았으며 심지어 발트 국가들에서조차 당시 완전한 독립은 꿈일 뿐이었다. 최근에 나타난 것처럼, 공포와 강제는 혼합 거주지역 내의 종족간, 집단간 긴장이 상호 적대적 폭력으로 진행하는 것을 막는 데 분명히 일조를 하였지만 오직 그것만으로 소련이 하나로 묶여왔다고 주장할 수는 없다. 사실 오랜 브레즈네프 시기 동안 지역적·지방적 자율성은 결코 환상이 아니었다. 더구나, 러시아인의 끊이지 않는 불만에서 알 수 있듯, 대부분의 다른 공화국들은 러시아공화국의 주민보다 형편이 나았다. 소련의 민족적 해체와 그에 이어 진행된, 실제로 거의 다민족적인 소속 공화국들의 민족적 분열은 모스끄바에서 일어난 사건들의 결과이지 그 원인은 아니다.

역설적이게도, 현재의 체제를 무너뜨릴 힘을 가진 민족주의 운동의 예는 서방 지역에서 더 강하게 나타난다. 서방에서의 민족주의 열망은 가장 오랜 민족국가의 전통을 지닌 국가들에서도 극성을 부리고 있다. 캐

---

6) Helène Carrère d'Encausse, *L'empire éclaté* (Paris 1978); Helène Carrère d'Encausse, *La gloire des nations, ou La Fin de l'empire sovietique* (Paris 1990).

나다는 물론이고 영국, 스페인, 프랑스, 그리고 대단하지는 않지만 스위스의 예가 그렇다. 퀘벡, 스코틀랜드 또는 기타 지역에서 실제로 분리주의가 성공할 것인가는 현재로서는(1992) 추론할 수 있을 뿐이다. 제2차 세계대전 이후 동구와 소련의 공산권 바깥에서 분리운동이 성공한 예는 극히 드물며 평화적인 분리는 사실상 없었다. 그럼에도 불구하고 스코틀랜드나 퀘벡의 분리는 오늘날 현실적인 가능성을 지닌 것으로 논의될 수 있다. 그러나 이는 25년 전에는 불가능했다.

2

현재의 민족주의가 피할 수 없는 것이라 해도, 이는 프랑스혁명에서 제2차 세계대전 후 제국주의적 식민주의가 종언을 고하기까지의 시대에서와 같은 역사적 힘을 지니지는 못한다.

19세기의 '발전된' 세계에서 민족국가와 민족경제를 결합하여 다수의 '민족'이 형성된 것은 분명히 역사적 변화의 중심이었으며 그렇게 여겨졌다. 20세기 전반에 '종속'세계에서 그리고 명백한 이유로 인해 특히 식민지에서 일어난 민족해방 및 독립 운동은 지구상의 대부분의 사람을 정치적으로 해방하는 주요 담당자였다. 다시 말해서, 그것은 제국통치 그리고 더 중요하게는 제국열강의 직접적인 무력지배를 종식시키기 위한 운동으로, 이러한 운동은 불과 반세기 전만 해도 거의 생각할 수 없었다.[7] 앞에서 말한 것처럼 제3세계에서의 이와같은 민족주의 운동은 이론 면에서는 서구의 민족주의 모델을 따른 데 반해 실제로 그들이 추구했던 국가형태는 우리가 이미 보았듯이, 서구 세계에서 '민족국가'의 정형으로 알려진 종족적·언어적 동질체와는 상반된다. 그러나 이 점에서도 제3세

---

7) 핵(그리고 화학/생물학적)무기를 제외한 모든 무기를 이용해 초강대국이 벌인 상당한 규모의 전쟁은 제2차 세계대전 전에 사람들이 기대할 수 있던 것보다 훨씬 덜 성공적이었다. 그 예로는 한국전과 베트남전이 있다.

계의 민족해방운동은 사실상 자유주의 시대의 서구 민족주의와 흡사하
다. 19세기 서구의 운동과 비교해볼 때 제3세계의 운동은 종종 의지가
역량을 넘어서기는 했지만, 양자는 통일과 해방을 추구한 점에서는 같
다.

 현재 발흥중인 본질적으로 분리주의적이고 분열적인 '종족' 집단적 주
장에는 위에서 언급한 적극적인 프로그램이나 전망이 없다. 이는 진정으
로 역사적인 프로젝트가 없기 때문에 종족적, 언어적으로 동질의 지역에
기반을 둔 민족국가라고 하는 정통 마찌니 모델을 재창조하려는 ('모든
민족은 각기 하나의 국가를 갖는다 —— 1민족 1국가') 단순한 사실에 의
해서도 분명히 드러난다. 이는 우리가 앞에서 본 것처럼(이 책 205~8면)
비현실적이며, 또한 20세기 후반의 언어 및 문화 발전과도 전혀 맞지 않
는다.

 앞으로 살펴보겠지만, 현재의 분리주의 운동은 20세기 후반의 문제와
는 전혀 무관하며 어떠한 일반적인 해결책을 제공하거나 아주 드물게 운
좋은 경우를 제외하고는, 지역적인 해결책도 제공하지 않는다. 그것은
단지 위의 문제를 처리하는 것을 복잡하게 만들 뿐이다.

 그러나 외국인을 위협적인 '그들'로 상정하여 '우리' 집단에 '종족적'/언
어적 아이덴티티를 부르짖는 감정적인 힘은 부정할 수 없다. 바로 20세
기 후반에 애국적 열정을 퍼뜨리기 위해 환상적 '우리'인 영국인이 상징
적 '그들'인 아르헨티나인에 대해 남대서양의 습지와 메마른 초지를 두고
저지른 광란의 전쟁과, 외국인 혐오증이 세계의 가장 광범한 대중 이데
올로기가 된 점이 이를 말해준다. 그러나 파시즘 시기보다도 1990년대의
유럽과 북미 대륙에 더 일반적인 현상이자 이미 인종주의화 경향을 띠는
외국인 혐오증은 역사적 프로그램이라기보다는 마찌니의 민족주의를 제
공한다. 실제로 그것은 고통과 분노에 찬 절규 이상을 가장하지도 않는
다. 나아가 선별된 약소민족의 주권독립에 낭만적으로 동조하는 이들조
차 르 뺑(M. Le Pen)*의 민족전선이 지니는 야누스적인 성격을 주장하는

218

것은 보기 힘들다. 그것은 하나의 얼굴을 가졌으며, 우리들 대부분은 얼굴이 없는 것보다는 그것을 더 좋아할 것이다.

이러한 비탄과 분노에 찬 절규의 본질은 무엇인가? 또다시 말하지만 종족적 일체성의 그러한 운동들은 취약함과 분노에서 오는 반동이며, 근대 세계의 힘을 거부하는 바리케이드를 놓으려는 시도이다. 이 점에서 그것은 선진적인 체코인의 분노보다는 19세기 초 체코인의 이주 물결로 궁지에 몰렸던 프라하의 독일인이 표출했던 분노와 흡사하다. 이와같은 반응은 극히 작은 인구변동에도 예민한 작은 언어 공동체에서 일어난다. 예를 들면, 인구밀도가 낮은 구릉지역이나 해안지방의 웨일즈어를 사용하는 웨일즈, 또는 에스또니아 말을 쓰는 사람이 백만 정도 되는 에스또니아 등은 모든 점에서 근대적 언어문화를 유지할 수 있는 인구 하한선에 놓여 있는 것 같다. 이 지역들에서 가장 폭발적인 문제가 영어 또는 러시아어만을 쓰는 이들의 통제불가능한 유입인 점은 놀라운 일이 아니다. 그러나 위와 비슷한 반응은 언어적/문화적 존재가 결코 위협받지 않는 또는 그렇게 보이는 더 많은 인구 가운데서도 나타난다. 이 중 가장 우스꽝스러운 예는 1980년대 후반 미국의 일부 주에서 정치적 영향력을 가졌던 운동으로, 그것은 영어를 미국의 유일한 공식어라고 선언하였다. 이것이 우스꽝스러운 것은, 미국의 일부 주에 스페인어를 쓰는 인구가 대거 이주해옴으로써 그들에게 그들의 언어로 말하는 것이 바람직하고 또 어떤 경우엔 필요해지기도 했지만, 미국에서 영어의 우위성이 위협당하거나 그럴 것 같다는 생각은 정치적 편집증이기 때문이다.

실제적 또는 상상적 위협에 대한 그와같은 방어적 반응을 부추긴 것은 국제적 인구이동과 1950~75년 동안의 특징인 초고속의 근본적이고도 전례가 없는 사회경제적 변동이 결합된 결과이다. 캐나다의 프랑스어 사용

*르 뺑은 프랑스 정치가로 극우정당인 민족전선 당수다. 최근 외국인 노동자들에 대한 프랑스 국내 특히 마르세이유 주변지역의 불만을 등에 업고 총선에서 급부상했다 — 역자.

지역은 강렬해진 소부르조아의 언어적 민족주의와 대중의 미래 불안이 결합된 예를 보여준다. 통계상 캐나다 전인구의 1/4, 또는 캐나다 본토 영어를 하는 인구의 약 1/2에 해당하는 사람들에 의해 모국어로 쓰이며, 캐나다 연방의 공식적인 이중언어 정책과 프랑스 문화의 국제적인 뒷받침 및 프랑스어 사용 대학에 재학중인 130,000명 이상의 대학생(1988) 등에 의해 유지, 장려되는 프랑스어는 아주 안전해 보인다. 그러나 퀘벡 민족주의는 그들을 압도할 듯 위협하는 역사적 힘 앞에서 급히 뒷걸음질치는 사람들에 의해 지지된다. 퀘벡 민족주의의 등장 자체는 성공으로서가 아니라 잠재적 취약성으로 인식된다.[8] 사실, 퀘벡 민족주의는 사실상 퀘벡 지방의 자치 또는 나아가 분리주의를 확고히하기 위해 뉴브런즈위크와 온타리오 내의 소수민족인 많은 프랑스어 사용 주민을 포기했다. 까나디엥의 불안감은, 캐나다의 '다중문화주의'가 "다중문화의 정치적 압력으로 프랑스어 사용의 특수한 필요를 말살"하려는 책략에 불과하다는 믿음에서 오는 것이다.[9] 그리고 이러한 믿음은 1945년 이후에 이주해온 350만 이주민들이 그들의 자녀가 북미 지역에서 프랑스어보다 훨씬 폭넓은 취업 전망을 제공해주는 영어로 교육받기를 선호함으로써 강화되었다. 그러나 1946년과 1971년 사이에 이주민의 15%만이 퀘벡에 정착한 사실을 볼 때, 통계상 프랑스어권에서의 이민의 위협은 영어권 지역에

---

8) Léon Dion, "The mystery of Quebec" (*Daedalus*, vol. 117/4, Fall 1988, 283~318 면)은 좋은 예다. 즉 이 새로운 세대는 프랑스어를 지키려는 열망을 전세대만큼 보이지 않고 있다. 그것은 부분적으로는 그들이 프랑스어 공용어 채택 (French Language Charter)…에 의해 보호되고 있다고 느끼기 때문이며, …또 부분적으로는 캐나다의 영어사용자와 다른 언어를 쓰는 이들이 프랑스어에 대해 더 관대해지고 있기 때문이다(310면). (French Language Charter는 1976년 퀘벡 주 의회 선거에서 연방으로부터의 분리 독립을 주장하는 퀘벡당이 압승한 후 주정부가 강행한 분리정책의 일환으로, 프랑스어를 주의 유일한 공용어로 선포한 것이다 — 역자.)

9) R. F. Harney, "'So great a heritage as ours.' Immigration and the survival of the Canadian polity" (*Daedalus*, vol. 117/4, Fall 1988), 75면.

비해 적다.

프랑스계 캐나다인의 두려움과 불안의 배후에는 명백히 사회적 대변동이 자리하고 있다. 사회적 대변동은 오랫동안 농민은 물론 도시 사람들에게도 뿌리내렸던 보수적, 구교적, 종교적이며 낙태금지를 규범으로 했던 사회에서 카톨릭교회가 극적일 정도로 갑작스레 붕괴한 것으로 나타난다. 1960년대 동안 이 지방의 예배 참석률은 80% 이상에서 25%로 떨어졌으며 퀘벡의 출산율은 캐나다에서 최저를 기록하였다. [10] 퀘벡 주민들의 도덕성을 그처럼 변화시킨 것이 무엇이든간에, 그것은 무너져가는 낡은 확신을 대신할 새로운 확신에 굶주린, 방향을 상실한 세대를 낳았다. 호전적인 분리주의의 등장은 잃어버린 전통적 카톨릭주의의 대체물이라는 주장마저 나타났다. 이같은 추측은 —— 그것은 설득력있는 증명이나 반증을 허락하지 않는다 —— 어쨌거나 필자와 같은 사람에게 수용하기 어려운 것이 아니다. 필자는 북부 웨일즈의 일부 지방의 젊은 세대 사이에서 일고 있는 전투적인 웨일즈 민족주의가 술집과 술을 좋아하는 점에서 완전히 비전통적이며, 완전히 반전통적임을 알고 있다. 그곳에서 교회는 텅텅 비고, 설교사나 아마추어 학자는 더이상 공동체의 목소리를 내지 못하며, 대중의 절제의식의 저하는 개인들이 청교도적 문화 및 그 공동체의 일원임을 드러내었던 가장 분명한 방법을 제거하였다.

대대적인 인구이동은 경제적 변화가 했던 것처럼 자연히 이러한 방향상실(disorientation)을 심화시켰다. 일부 경제변화는 지방적 민족주의의 발흥과 무관하지 않다. [11] 도시화된 사회에 사는 이는 낯선 사람을 만나

---

10) Gérard Pelletier, "Quebec: different but in step with North America" (*Daedalus,* vol. 117/4, Fall 1988, 217면); Harney, "'So great a heritage as ours,'" 62면.

11) 1970년대 퀘벡의 민족주의로 인해 그때까지 캐나다 시 중에서 가장 크고 캐나다 사업의 중심지였던 몬트리올에서 대기업이 빠져나가는 결과가 빚어졌고, 이는 토론토에 유리했다. "그 시(몬트리올)는 퀘벡과 캐나다 동부의 지역적 중심으로서 훨씬 평범한 운명을 맞고 있다." 그렇다 할지라도, 특히 소수민족의

게 된다. 고향을 잃은 남녀는 우리에게 우리 가족의 뿌리가 메말라버렸
거나 연약함을 일깨워준다.

유럽의 구 공산주의 사회의 경우, 이러한 사회적 방향 상실은 대부분
의 사람들이 알고 있고 깨닫기 시작한 것처럼 생활의 피폐에 의해 심화
된다. 미로슬라브 흐로흐가 동시대 중앙유럽에 관해 쓴 바에 따르면, 민
족주의 또는 종족주의는 "해체를 겪는 사회에서 사회통합의 대체물이다.
사회가 붕괴할 때 민족은 궁극적인 담보가 된다. "[12]

꼬르나이(Janos Kornai)의 표현에 따르면, 근본적으로 '결핍의 경제'[13]
에 의해 지배되는 사회주의 또는 구 사회주의 경제에서 친족과 같은 종
족과, 호혜나 시혜를 베풀 수 있는 다른 네트워크는 이미 더 구체적인
기능을 하였다. 그것은 부족한 자원을 "'다른' 집단의 구성원에 비해 자
기 집단의 구성원에게 더 많이 할당해주었다. "[14] 반대로 '다른' 집단의
이해는 '우리 것'에 비해 부차적인 것으로 정하였다. 옛 소련에서처럼 이
전의 전민족적 사회와 정부가 완전히 무너질 때 '외부인들'은 속수무책이
다. "도시, (행정지구), 공화국은 '이주민들의 요구'에 대해 방벽을 쳐간
다. " 식량 배급권은 경제를 미니경제로 분할시키고 "'외부인'에 대한 …

언어가 다른 도시에 비해 몬트리올에 영향을 덜 끼친다는 것이 언어적 전투성
을 약화시킨 것 같지는 않다. 몬트리올에서 프랑스계 캐나다인이 인구의 66%
를 차지하는 반면, 토론토와 밴쿠버에서 백인 앵글로 프로테스탄트가 더이상
인구 다수를 점하지 않는다. (*Daedalus*, vol. 117/4, Fall 1988), 237~64면.

12) M. Hroch, "Nationale Bewegungen früher und heute. Ein europäischer Ver-
gleich" (미간행논문 1991), 14면. 내가 별로 덧붙일 필요도 없이, 흐로흐는 동
유럽과 중앙유럽에서 오래된 민족적 열망이 뚜렷이 되살아난 것이 (대개) 오랜
민족적 전통이 이어진 것이 아니라 일종의 재창조된 전통, 즉 '되찾은 환상'이
라고 주장했다. 예를 들어 19세기 체코의 애국자가 후스파 전투인을 모방했듯
이 오늘날 현대 동유럽 민족운동의 애국자는 19세기 애국자를 모방하고 있다.

13) J. Kornai, *The Economics of Shortage* (Amsterdam 1980).

14) Katherine Verdery, "Nationalism and the 'Road to Democracy'"에 관한 미
간행초고 36면.

자원 배분을 금한다. "[15]

그러나 무엇보다도 공산주의 이후의 사회에서 종족적 또는 민족적 정체성은 죄없는 공동체를 분명히하고 '우리'를 곤경에 빠뜨린 범인을 색출하는 수단이다. 이는 공산정권이 더이상 희생양이 될 수 없을 때 특히 두드러진다. 어떤 이는 체코슬로바키아에 대해 다음과 같이 말했다. "이 나라는 이방인으로 우글거린다. 모든 사람은 엄지손가락이 아프도록 이 방인들에 대해 손가락질하고 욕을 퍼붓고 있다. "[16] 그러나 이는 단순히 과거 공산주의 사회였던 데 한정된 것이라기보다는 보편적인 것이다. 인류 역사상 가장 급속하며 심대하게 인간생활을 뒤흔든 40년이 지난 후 우리들 많은 이들이 느끼는 모든 고통과 불확실함과 방향 상실이 '그들'에게 돌려질 수 있고 그래야 한다. 그러면 '그들'은 누구인가? 그들은 명백히 정의에 의해 사실상 '우리가 아닌' 자들, 즉 낯선 까닭에 적인 이 방인들이다. 과거의 이방인, 현재의 이방인, 심지어 유대인이 전혀 없는 폴란드에서 폴란드 병의 원인으로 반유대주의가 지목되는 것처럼 순전히 명목적인 이방인이 거론된다. 만일 교활하고 사기에 능한 외국인이 없다면 그러한 이들을 만들어내는 것이 필요하다. 그러나 우리 천년왕국의 종말기에는 그들이 만들어질 필요가 없다. 그러한 외국인들은 공공의 위험이자 공해를 일으키는 주범으로 우리 도시 속 어디에나 존재하며 국경 바깥의 통제할 수 없는 곳에서 우리를 증오하며 음모를 꾸민다. 우리보다 불행한 나라에서 그들은 우리의 이웃이며 과거에도 언제나 그랬다. 그러나 이제 '그들'과의 공존 자체가 그들이 우리 민족과 우리 나라에 속한다는 용납될 수 없는 확신을 무너뜨린다.

그러한 종족적/민족주의적 반동이 세계 여러 곳에서 최근에 일어나는

---

15) Caroline Humphrey, "'Icebergs', barter and the mafia in provincial Russia" (*Anthropology Today*, vol. 7, no. 2, 1991), 8~13면.

16) Andrew Lass, Verdery의 "Nationalism and the 'Road to Democracy'" 52면 에서 재인용.

'근본주의' —— 이는 "우연적 존재와 설명되지 않는 조건을 참을 수 없는 사람들에게 호소한다고 기술되어왔다" —— 와 공통된 점이 있다면, 그것은 종종 가장 완전하고도 포괄적이며 터무니없는 세계관을 제공하는 이들을 중심으로 모이는 것이다. [17] 그것은 언제나 '반응적, 반동적인 것'으로 나타났다. "일정한 힘, 경향, 또는 적이 잠재적으로 또는 현실적으로 자신의 운동과 그것이 지향하는 바를 침식하고 부식하거나 위협하는 것으로 인식되어야 한다." 근본주의가 강조하는 '근본'은 "언제나 자기 자신의 성스런 역사에서 초기의 원초적이고 순수하다고 가정되는… 단계로부터 나온다." 그것은 "경계를 정하고 동류를 끌어들이고 다른 종류를 배척하는 구획화에 이용된다." 그리고 근본은 게오르크 짐멜(Georg Simmel)의 다음과 같은 오랜 관찰에 부합한다.

갈등관계에 있는 집단들, 특히 소수집단은 … 종종 다른 편에서 접근하거나 관용을 베푸는 것을 거부한다. 그들에게 호전성을 제공하는 이같은 반대가 지니는 폐쇄적인 성격은 모호하다…. 어떤 집단의 경우, 집단 구성원의 통일성을 도모하고 집단이 이러한 통일성을 핵심적 이익으로 의식하는 데 적이 얼마간 필요함을 아는 것은 심지어 정치적 지혜의 한 조각일 수 있다. [18]

최근의 수많은 종족적/민족주의적 현상과의 유사성은 명백하다. 특히 이 현상들 자체가 —— (이슬람교도) 아제리 터키인을 반대하는 (기독교도) 아르메니아인들이나, 운동 창시자의 호전적일 정도로 세속적이며 나아가 반종교적인 이데올로기와는 완전히 다른, 구약단계에서와 같은 최근 이스라엘의 리쿠드 시온주의(Likud Zionism)에서처럼 —— 특수한 종교적 신념과 연계돼 있거나 연계를 맺으려 할 때 둘은 분명히 유사하

---

17) Martin E. Marty, "Fundamentalism as a social phenomenon" (*Bulletin, The American Academy of Arts and Sciences*, 42/2 November 1988), 15~29면.
18) 같은 책, 20~21면.

224

다. [19] 외계의 방문객은 아마 종족적 배척과 갈등, 외국인 혐오증과 근본주의를 동일한 일반적인 현상의 측면들로 파악할 것이다. 그러나 중대한 차이점이 하나 있다. 근본주의는 그 종교적 색채가 무엇이든간에 개인과 사회 모두에 경전이나 전통에서 선택된 상세하고 구체적인 프로그램을 제공한다. 그러나 선택된 전통이 20세기 후반에 적합한 것인지는 명백하지 않다. 현재의 타락한 악마의 사회에 대한 대안이 무엇이든 그것은 당면한 문제를 제기하지 않는다. 여자는 다시 사람들의 눈에 띄지 않게 숨고 결혼한 여자는 머리를 잘라야 한다. 절도범은 다시 손이나 발이 절단되는 벌을 받는다. 술 또는 그밖에 의식이 금하는 것은 모두 금지된다. 그리고 코란이나 성경 또는 그밖의 영원한 지혜의 권위적 대요(大要)를 구성하는 것이 성직자들의 해석에 의해 모든 주민의 실제적·도덕적 지침이 된다. 종족 또는 언어는 심지어 새로운 국가들이 이러한 기준들에 의해 세워졌을 때마저도 미래의 지침이 될 수 없다. 종족이나 언어에의 호소는 단지 현상 유지에 대한, 더 정확히 말해서, 종족적으로 정의된 집단을 위협하는 '다른 사람들'에 대한 저항일 뿐이다. 왜냐하면, 근본주의는 그 현실적 호소가 아무리 협애하고 종파주의적이라도 이론적으로 모두에게 적용 가능한 보편적 진리에 대한 주장으로부터 힘을 끌어내는데 반해, 민족주의는 정의상 자신의 '민족'에 속하지 않는 사람들을, 즉 인류의 대다수를 배제하기 때문이다. 더구나, 근본주의는 적어도 얼마간 종교적 실천에 체현된 순수한 관습과 전통 또는 과거의 행위에 호소하는 반면, 앞에서 논의한 것처럼 민족주의는 과거의 실재적 방식에 적대적이거나 과거의 파괴를 바탕으로 일어난다.

19) 메시야가 오기 전에 이스라엘에 모든 유대인을 위한 국가를 수립하는 것과 당연히 상반되는, 순수하게 전통적인 유대인의 종교적 정통성이 시온주의에 대한 반대를 얼마나 약화시키거나 잠재웠는지는 분명하지 않다. 어쨌든 정착지에서 종교적 관습 절차를 선전하는 유대인 정착민이 세속사회에 매우 엄격한 예식을 다시금 강요하려는 유대인 근본주의의 다른 한 (아마 커가는) 분파와 자동적으로 동일시되어서는 안된다.

다른 한편, 민족주의는 근본주의에 대해 하나의 장점을 지닌다. 민족주의는 애매하고 프로그램적인 내용이 없는 까닭에 자신의 공동체 내에서 잠재적으로 보편적인 지지를 얻는다는 것이다. 근대성의 초기적 영향에 반응하는 참으로 전통적인 사회를 제외하면 근본주의는 보편적으로 소수적 현상인 것 같다. 이러한 사실은 주민이 싫어하거나 좋아하는 데 상관없이 그들에게 근본주의를 강제하는 정권의 힘(이란에서처럼), 또는 이스라엘이나 미국에서처럼 민주적 정체 내에서 전략적인 위치를 점하는 투표자들을 동원할 수 있는 근본주의적 소수파들의 능력에 의해 은폐될지도 모른다. 그러나 '도덕적 승리'(패배의 전통적인 완곡어법)가 실재적 승리가 아니듯이, 오늘날 '도덕적 다수'는 실재적(선거상) 다수가 아님을 인정해야 할지도 모른다. 그러나 종족은 매우 모호하고 사회와 무관한 호소를 계속해서 하기만 하면, 공동체의 엄청난 다수를 동원할 수 있다. 이스라엘에 살지 않는 세계 대부분의 유대인이 '이스라엘을 지지한다'는 점은 의심의 여지가 없다. 대부분의 아르메니아인은 나고르노-까라바흐(Nagorno-Karabakh)가 아제르바이잔에서 아르메니아로 양도되는 것을 지지한다. 그리고 대부분의 플랑드르인은 프랑스어를 말하지 않으려 최선을 다한다. 물론 이러한 일체성은 민족적 명분이 일반적인 것이 아니라 훨씬 더 분열적인 특수한 것과 동일시됨과 동시에 사라진다. 즉 '이스라엘' 일반이 아니라 베긴(Begin), 샤미르(Shamir) 또는 샤론(Sharon)의 정책과 동일시될 때, 웨일즈 일반이 아니라 웨일즈어의 우수성과 동일시될 때, 프랑스적인 것에 대한 플랑드르적인 것이 아니라 특정한 플랑드르 민족주의적 정당과 동일시될 때, 일체감은 사라진다.[20] 이처럼 특히 '민족주의적' 프로그램에 기반을 둔 대부분의 분리주의적 운동이나 정당들은 분파 또는 소수의 이익을 표현하고 있거나 또는 정치적으로 유

---

20) 1958년부터 1974년까지 3개의 주요한 벨기에 정당은 플랑드르에서 모두 합쳐 투표수의 81.2% 이상을 차지했다. A. Zolberg in M. Esman (ed.), *Ethnic Conflict in the Western World* (Ithaca 1977), 118면.

동적이고 불안정하기 쉽다. 지난 20년간 스코틀랜드, 웨일즈, 퀘벡 그리고 기타 민족주의적 정당들이 구성원 및 선거 득표율에서 급속한 기복을 보인 것은 이러한 불안정을 예시해준다. 언제나 그렇듯이, 그러한 정당들은 자신들을 '그들'에 대한 적대감인 집단적 분리의식, 그리고 그들의 '민족' 내에서 거의 보편적으로 감지되는 '상상적 공동체' 등과 동일시하고 싶어한다. 그러나 그들은 그러한 민족적 합의의 유일한 표현이 되기는 아주 어렵다.

3

이와같은 귀속에 대한 굶주림에서, 따라서 '정체성의 정치' ── 반드시 민족적 정체성일 필요는 없다 ── 에서 드러나는 좌절과 방향 상실이 역사의 추진력이 아닌 것처럼, 사회적 해체의 다른 측면에 대한 똑같은 반응이라고 이해될 수 있는 '법과 질서'에 대한 굶주림 또한 역사의 추진력이 아니다. 이 두 현상은 진단이 아니라 질병의 증세로, 치료가 아닌 것은 말할 필요도 없다. 그러나 그것들은 민족과 민족주의의 환상을 제3의 천년왕국을 준비하는 거부할 수 없는 힘으로서 창조한다. 이 힘은 오늘날 모든 국가는 공식적으로 '민족'(그리고 유엔의 구성원)화한다는 언어적 환상에 의해 실제와는 반대로 더 과장된다. 결과적으로 영토적 자율성을 추구하는 모든 운동은 실제로 그렇지 않을 때도, 스스로를 '민족'을 형성하는 것으로 믿는다. 그리고 중앙권력 및 국가관료제에 대항하는 지역적, 지방적 또는 심지어 분파적 이익의 모든 운동들은 할 수만 있다면 그들의 종족적-언어적 스타일의 민족적 의상을 걸치려 한다. 그러므로 민족과 민족주의는 실제보다 더 영향력있고 편재(遍在)하는 듯이 보인다. 아루바(Aruba)는 쿠라사오(Curaçao)에 속박되기 싫어서 네덜란드령 서인도로부터 독립하려고 한다. 그것이 민족을 구성하는가? 또는 이미 유엔 회원국인 쿠라사오나 수리남은 민족을 구성하는가? 콘월(Cornwall) 사람들은 다행히도 그들의 지역적 불만을 켈트 전통의 매력적인 색상으로 꾸밀 수 있었다. 비록 그것이 일부 콘월인으로 하여금 200년 동안 쓰이지 않던 언어를 재발명하도록 이끌었음에도 불구하고, 그리고 그 지방에 진짜 뿌리를 둔 단 하나의 민중적인 전통이 웨슬리 감리교임에도 불구하고, 켈트 전통은 콘월의 지역적 불만을 훨씬 더 생생하게 했다. 콘월 사람들은 머지사이드(Merseyside) 사람들보다 운이 좋았다. 머지사이드 사람들은 지키기 똑같이 또는 더 힘든 지역적 이익을 위해 명백히 분열적 색깔인 오렌지색과 녹색을 주민들에게 연상시키는 모든 것을 삼가는 데 신경쓰는 한편, 오직 비틀즈와 스카우스 코미디언의 세대에 대한 추억과 경쟁하는 축구팀의 자랑스런 전통만을 동원할 수 있었다. 머지사이드는 민족적 허세를 부릴 수 없고, 콘월은 그것이 가능하다. 그런데 한 지역에서 불만을 낳는 상황이 다른 지역에서 불만을 낳은 상황과 실제로 다른가?

사실, 분리주의적·종족적 열망의 발흥은 부분적으로 다음 사실에 기인한다. 제1차 세계대전 이후와는 달리 제2차 세계대전 이후의 국가형성의 원칙은 상식적인 믿음과는 정반대로 윌슨적 민족 자결주의와는 아무런 관련이 없다는 점이다. 국가형성의 원칙은 다음 세 가지 요인, 즉 탈식민지화, 혁명 그리고 말할 것도 없이 외부세력의 개입을 반영했다.

탈식민지화는, 독립국가가 대체로 식민지 경계 내의 기존 식민지 행정영역으로부터 형성되었음을 의미했다. 식민지 경계는 명백히 식민지 주민의 의사와 관계없이 때로는 주민의 존재를 무시한 채 그어졌으며 따라서 식민지 국가는 주민에게 아무런 민족적 또는 원형민족적 의미도 지니지 않았다. 여기서 예외인 주민은 식민교육을 받고 서구화된 소수의 토착민으로 일반적으로 극소수였다. 한편 많은 식민 군도에서처럼, 영토가 아주 작거나 분산되어 있는 경우, 이것들은 지방정치 또는 편의에 따라 결합되거나 분립되었다. 이 때문에 신생국의 지도자들은 '종족주의', '자치주의', 또는 공화국 X의 주민이 다른 공동체의 성원이 아니라 일차적으로 X의 애국적 시민이라고 느끼지 못하게 하는 힘이 무엇이든간에 그것을 극복하기 위해 한결같이 노력했으나 결국 실패하였다.

간단히 말해, 대부분의 그와같은 '민족' 및 '민족운동'의 호소는 공통된 종족, 언어, 문화, 역사적 과거 등등을 지닌 사람들을 묶으려는 민족주의와 정반대이다. 결국 그것은 국제주의적이었다. 제3세계 민족해방운동 지도부와 중간간부층의 국제주의는 위로부터의 해방을 맞이한 곳에서보다 그러한 운동이 해방에서 주도적인 역할을 했던 곳에서 더욱더 분명하다. 왜냐하면, 독립 이전에 '인민'의 단합된 운동으로서 활동했거나 한 듯한 것의 독립 후 분열은 훨씬 극적이기 때문이다. 인도에서처럼, 어떤 경우, 운동의 단합은 이미 독립 전에 붕괴되었다.

좀더 일반적인 경우는 독립을 이루자마자 독립운동의 구성부분간에 (알제리의 아랍인과 베르베르인에서처럼), 독립운동에 적극적으로 참여했던 이들과 그렇지 않았던 자들 간에, 또는 지도부의 개화된 비종파적 세속주의와 대중의 감정 간에 갈등이 발전하는 것이다. 그러나 다종족적·다공동체적 국가가 해체되거나 붕괴되어가는 사례가 자연히 가장 많은 관심을 끌기는 하나―― 1947년 인도 아대륙의 분할, 파키스탄의 분리, 스리랑카에서의 타밀 분리주의에 대한 요구―― 다종족적·다공동체적 국가가 정상적인 세계에서 이러한 사례는 특수한 경우에 속한다는 것을 잊어서는 안된다. 근 30년 전에 씌어진 다음 글은 대체로 옳다. "대부분의 아프리카 및 아시아 나라들처럼 많은 언어와 문화 집단을 포함하는 나라들은 분열되지 않았으며, 아랍 국가들 및 북아프리카 국가와 같이 단일한 언어 집단의 일부분만을 수용한 나라들은 … 통일되지 않았다."[21]

끝으로, 외부세력의 개입은 그 동기와 결과 면에서 순전히 우발적인 경우를 제외하면 명백히 비민족주의적이었다. 이는 너무나 자명하기 때

---

21) John H. Kautsky, "An essay in the policies of development" in John H. Kautsky (ed.), *Political Change in Underdeveloped Countries: Nationalism and Communism* (New York-London 1962), 35면.

문에 예증할 필요가 없다. 그러나 효과 면에서 이보다 덜하지만, 사회혁명의 영향 또한 자명하다. 사회혁명가들은 이데올로기적으로 민족적 자치에 전념했을 뿐만 아니라 민족주의의 힘도 예리하게 인식하고 있었다. 그들은 심지어 루사티아의 슬라브인(Lusatian Slavs)인들이 원하지 않을 때마저 그렇게 했다. 그러나 루사티아의 슬라브어는, 동독이 주권국가일 때 그것을 유지하려고 칭송할 만한 노력을 기울였음에도 불구하고 점차 죽어갔다. 1917년 이후 사회주의 국가들이 심각히 고려했던 유일한 헌법적 장치는 민족 연방과 자치를 보전키 위한 것이었다. 기타의 헌법적 주제는 그것이 존재했던 곳에서 오랫동안 순전히 명목적이었던 반면, 민족적 자치는 끊임없이 실질적 운용력을 가졌다. 그러나, 그러한 체제가 적어도 이론적으로 구성 민족들 중 어느 한 민족과 동일시되지 않고[22] 각 민족의 이익을 좀더 높은 공통의 목적보다 밑에 두는 한, 민족주의 체제가 아니다.

이제 우울한 회상으로 알 수 있듯, 다민족국가에서 공산주의 정권이 이룬 위대한 업적은 국가 내 민족주의의 파괴적 영향을 줄였다는 점이다. 유고슬라비아 혁명은 국경 내의 민족들간의 대량학살을 역사상의 어느 때보다도 오랫동안 잘 방지했다. 그러나 불행히도 이러한 성과는 현재 무너지고 있다. 한편, 오랫동안 제어되어왔던 (제2차 세계대전 기간을 제하면) 소련 내의 민족적 분열의 잠재력은 이제 나타나고 있다. 사실, 동구의 다양한 쏘비에뜨 민족이 반대한 '민족 차별' 또는 심지어 '억압'조차도[23] 쏘비에뜨 권력의 철수로 초래된 결과에 비해 훨씬 덜 심했

---

22) 차우셰스쿠가 통치하던 루마니아에서의 의식적인 루마니아 민족화 정책은 드문 예에 속한다. 이 정책은 제2차 세계대전 후 공산당이 정권을 잡았을 때 제도화되어 있던 민족자치를 위한 정교한 장치와 관계를 끊었다.

23) 이렇게 말한다고 해서 전쟁기간중 민족성을 기반으로 전주민의 대량이주를 감행한 것이 묵과될 수 있다고 이해해서는 안된다. 이는 그러한 주민이 소멸하지 않게 보호하려고 이루어질 때를 제외하고는 어떤 상황에서도 용납될 수 없는 것이다.

다. 1948년 이스라엘 국가가 수립된 이래 확실히 눈에 띄는 공식적인 소련의 반유대주의는 대중적인 정치적 동원이 (반동들의 동원을 포함하여) 다시 허용된 이래로 반유대주의가 발흥한 것과 견주어 판단되어야 한다. 사실, 독일인이 발트 국가들과 우끄라이나 내로 진격함에 따라, 그들에 의해 유대인 학살이 체계적으로 시작되기 전부터도 그곳의 지역 집단에 의해 상당한 규모의 유대인 대량학살이 자행되었던 것은 말할 필요도 없다. [24] 최근의 종족적 또는 소종족적 열망의 물결은 20세기 세계의 많은 부분에서 국가형성에 압도적이었던 비종족적·비민족주의적인 원칙에 대한 반응이라고 주장할 수 있다. 그러나 이것이 그러한 종족적 반응에서 21세기 세계를 정치적으로 재구조화하기 위한 대안적 원칙을 구할 수 있음을 의미하지는 않는다.

세번째의 관찰이 이를 확인시켜준다. 오늘날 '민족'은 그 오랜 기능들 중에서 중요한 부분을 눈에 띄게 상실해가고 있다. 잃어가는 중요한 역할이란 더 큰 '세계경제' 또는 적어도 지구상의 발전된 지역에서 나름의 단위를 형성했던 영토적으로 경계지어진 '국민경제'를 구성하는 것이었다. 그러나 제2차 세계대전 후 특히 1960년대 이후, '국민경제'의 역할은 붕괴되어왔거나 심지어 국제 노동분업의 대변혁과 이에 따른 국제도시 및 국제교역망의 발전에 의해 그 존재 자체가 의문시되어왔다. 국제분업의 기본 단위는 모든 규모의 초국적 또는 다국적 기업이며, 국제교역망은 실제로는 정부의 통제를 벗어나 있다. 정부간 국제조직의 수는 1951년의 123개에서 1972년에는 280개로 그리고 1984년에는 365개로 날로 증가하였다. 국제적인 비정부 조직의 수는 1951년의 832개에서 1972년에 2173개로 늘어났고 그후 12년이 지나서는 4615개로 또 배 이상 늘어났다. [25] 20세기 후반에 유일하게 작동하는 '국민경제'는 아마도 일본뿐이리

---

24) Arno Mayer, *Why Did the Heavens not Darken? The 'Final Solution' in History* (New York 1989), 257~62면.

25) David Held, "Farewell nation state" (*Marxism Today*, December 1988), 15면.

라.

　세계체제의 주요 블록으로서의 오래된(발전된) '국민경제'는 유럽경제 공동체와 같은 '민족국가들'의 커다란 연합과 국제통화기금(IMF) 같은 집단적으로 통제되는 국제기구들에 의해서만 대체된 것은 아니다. 물론 이러한 국제조직들이 생겨나는 것이 '국민경제'로 구성된 세계가 사라지고 있다는 징후임은 분명하지만 말이다. 유럽 달러시장과 같은 국제거래 체제의 중요한 부분들은 어떠한 통제도 받지 않고 있다.

　물론 이 모든 현상은 수송 및 통신 분야의 기술혁명과 제2차 세계대전 이래 광대한 지역에 걸쳐 오랫동안 발전돼온 생산요소들의 자유로운 이동으로 가능하였다. 이는 또한 20세기가 시작된 이래로 가장 큰 규모의 국제적 및 대륙간 인구이동을 유발했다. 이 거대한 인구이동은 다시 주로 인종차별주의로 나타나는 공동체간의 갈등을 격화시키는 동시에 순수하게 토착민으로만 구성된 민족 영토들의 세계를 21세기에 와서는 20세기보다 훨씬 덜 현실적인 선택으로 만들었다. 현재 우리는 20세기 후반의 기술과 19세기의 자유무역, 그리고 중세적 특징인 대륙적 중심지 같은 것의 부활 등이 기묘하게 혼합된 상태에 살고 있다. 홍콩과 싱가포르 같은 도시국가들이 다시 등장하며 한자동맹과도 같은 치외법권적 '산업구역'이 명목상의 주권 민족국가 내부에서 증가하고, 달리는 무용한 섬의 경제특구에서 배증한다. 경제특구의 유일한 기능은 민족국가의 통제를 받지 않고 경제 거래를 자유로이 하는 데 있다. 민족과 민족주의 이데올로기는 이러한 역사 진행과 아무런 관련이 없다.

　이것이 국가의 경제적 기능이 축소되거나 소멸해가리라는 것을 의미하지는 않는다. 반대로, 자본주의적 국가 또는 비자본주의적 국가 모두에서 국가의 경제적 기능은 1980년대에 들어와 양 체제가 사적 또는 그밖의 비국가 기업을 장려하는 경향을 띠는 데도 불구하고 확대되고 있다. 이론적으로 신자유주의를 외치는 국가들에서마저 국가 지도, 계획 및 경영이 계속 중요성을 지닌다는 사실은 차치하더라도 국가경제에서 공공

예산 및 지출이 점하는 단순한 비중, 특히 재정 및 복지 정책 수단을 통해 사회적 소득을 실지로 재분배하는 담당자로서의 점증하는 역할은 민족국가를 세계의 주민 생활에서 과거보다 중심적인 요소로 한다. 국제경제에 의해 아무리 침식당한다 해도 국민경제는 전자와 공존하며 얽혀 있다. 그러나 한 극단의 자기 폐쇄적인 사회 —— 버마(미얀마)마저 세계사회에 다시 들어간다면 몇이나 남겠는가? —— 그리고 다른 한 극단의 일본을 제외하면, 오랜 역사의 '국민경제'는 과거의 그것일 수 없다. 1980년대에도 여전히 다른 어느 나라를 고려치 않고 자국의 경제적 문제를 처리할 수 있을 만큼 충분히 강력하고 지배적인 듯한 미국조차 1980년대 말부터 "미국은 이제 미국 경제의 사활을 쥐고 있는 … 해외 투자가들에게 경제의 통제권을 넘겨주었다"(*The Wall Street Journal* 1988년 12월 5일자, 1면)는 사실을 인식하기 시작했다. 모든 약소국가 및 중간규모 국가들의 경제가 예전처럼 자율적이지 않은 것은 확실하다.

또다른 관찰을 통해서도 이 점이 드러난다. 오늘날 세계의 운명을 결정하는 듯한 기본적인 정치적 갈등은 민족국가와는 아무 관계도 없다. 왜냐하면 지난 반세기 동안 세계에는 19세기 유럽식의 국제적 국가체제가 존재하지 않았기 때문이다.

정치적으로 1945년 이후의 세계는 두 초강대국을 중심으로 한 양극체제였다. 두 초강대국은 바로 점보 민족으로 기술될 수 있을지는 몰라도 19세기 또는 1939년 이전에 존재했던 국제적 국가체제의 부분은 분명히 아니다. 그외의 국가들은 그들이 초강국과 동맹이든 비동맹이든간에 기껏해야 초강국의 행위에 제동을 걸 수 있을 뿐이었다. 물론 이 제동이 큰 효과를 내었다는 분명한 증거는 없다. 나아가, 미국에 관한 한 —— 그러나 이는 아마 고르바초프 시대 이전의 소련에도 해당될 것이다 —— 기본적인 갈등은 이데올로기적인 것이었으며 '우익' 이데올로기의 승리는 초강국의 우위와 동일시되었다. 1945년 후의 세계정치는 본질적으로 혁명과 반혁명의 정치였으며 민족문제는 이같은 본질적 문제를 증명해주거나 잠시 교란시킬 뿐이었다. 알다시피, 이러한 형태는 소련이 초강국의 지위를 상실한 1989년 붕괴되었다. 그리고 사실상 10월 혁명으로 분리된 하나의 세계라는 모델은 20세기 후반의 실체와 더이상 연관이 없다. 이의 즉각적인 결과는 세계에는 어떠한 국제체제나 질서의 원칙이 존재하지 않게 됐다는 것이다. 잔존하는 초강국이 혼자 힘으로 세계경찰을 자처한다 해도 이 역할은 단일한 국가의 경제적·군사적 힘으로는 해낼 수 없을 것이다.

이처럼 현재 국제체제는 존재하지 않는다. 종족적·언어적 분리가 단기적으로 대략적이나마 추측 가능한 안정된 질서의 어떠한 기반도 제공하지 않는다는 점은 1992년에 서구의 빈, 트리에스떼와 동구의 블라지보스또끄 사이에 위치한 넓은 지역을 힐끗 보기만 해도 알 수 있다. 지구 표면의 5분의 1을 차지하는 지도는 불확정의 예비 상태이다. 그리고 미래의 지도에 관해 유일하게 명백한 것은 미래는 러시아를 제외할 때 (러시아는 상당 규모의 정치체로 남을 것이다) 지역 외부의 몇 안 되는 주요 행위자들에 의해 결정될 것이라는 사실이다. 독일, 터키, 이란, 중국 및 일본 그리고 다른 한쪽의 미국이 주요 행위자인 것은 그들이 아직까지 분리주의적 열기로 혼란을 겪지 않았기 때문이다. [26]

새로운 '국가들의 유럽' 그리고 더더구나 '국가들의 세계'는 독립된 주권국가들의 집합체를 만들지조차 않을 것이다. 군사적인 측면에서 약소국가들의 독립은 국제질서의 본질이 무엇이든간에 그것에 달려 있다. 초강국간의 힘의 균형이 깨진 뒤의 중동 사례가 즉각 보여주듯, 국제질서는 약소국가들이 인접한 강대국의 침략을 받지 않게 보호한다. 새로운 국제체제가 나타날 때까지 적어도 현재 존재하는 국가들의 3분의 1―― 250만 이하의 인구를 가진 국가들―― 은 제대로 독립을 보장받지 못한

---

26) 이 글을 쓰는 시점에 그러한 유럽공동체는 국제외교에서 집단적인 행동을 할 수 있는 능력을 보여주지 못하고 있고, 유엔은 미국외교에 종속되어 있다. 물론 이것은 지속적인 상황이 아닐 수도 있다.

다. 몇몇 약소국가가 더 수립되는 것은 단지 불안정한 정치체의 수를 늘릴 뿐이다. 그리고 그러한 새로운 국제체제가 등장할 때 약소국들은, 마치 19세기에 올덴부르크(Oldenburg)나 메클렌부르크-슈베린(Mecklenburg-Schwerin)이 독일연방의 정치에 아무런 영향력을 발휘할 수 없었던 것과 마찬가지로, 세계체제에 실제로 거의 영향을 끼칠 수 없을 것이다. 우리가 본 바와 같이, 경제적으로 훨씬 더 강력한 국가들마저 자국이 통제할 수 없고 국내문제를 결정짓는 세계경제에 의존한다. 라뜨비아나 바스끄의 '민족'경제가 이전에 속해 있던 커다란 경제권과 분리될 때 '민족'경제는 빠리의 경제가 프랑스에서 떨어진 것과 같이 의미가 없어진다.

분리주의적 민족주의가 가장 크게 내세울 수 있었던 주장은 오늘날 '국민경제'가 쇠하고 국제경제가 활성화됨에 따라 약소국가의 경제적 생존력이 큰 국가보다 떨어지지 않는다는 것이다. 또한 유럽공동체 같은 커다란 경제 단위체의 하위 단위를 구성하는 '지역들'이 그것의 공식 구성원인 역사적 국가들보다 합리적이라고 주장할 수도 있다. 이 두 주장 모두 맞지만 논리적으로 연결되지 않는다. 스코틀랜드, 웨일즈, 바스끄 및 까딸루냐 등 서유럽의 분리주의적 민족주의는 오늘날 '지역들'로서 브뤼셀에 직접 접근함으로써 자신들의 민족 정부를 비켜가고자 한다. 그러나 약소국가가 규모가 작다는 사실로 인해 큰 국가에 비해 (예를 들어 스코틀랜드가 잉글랜드보다) 경제적 지역의 더 많은 것을 형성한다고 말할 근거는 없다. 그리고 역으로 하나의 경제적 지역이 사실 종족-언어적 또는 역사적 기준에 따라 형성된 잠재적인 정치적 단위와 일치해야 할 이유도 없다.[27] 더구나, 약소민족의 분리주의 운동이 더 큰 정치-경제 단위체(이 경우는 유럽공동체)의 하위 단위로서 자신을 정립하는 것을

27) 이 점은 시드니 폴라드(Sydney Pollard)의 *Peaceful Conquest: The Industrialization of Europe 1760~1970* (Oxford 1981)에서 분명해질 수 있다. 이 책이 주제로 다루고 있는 것은 '유럽적 상황에서의 하나의 지역'이다(vii면).

최대 바람으로 삼을 때 그들은 실제로 주권 독립국가의 수립이라는 분리주의 운동의 고전적인 목표를 포기하고 있는 것이다.

그러나 적어도 종족-언어적 형태의 소국가체제(Kleinstaaterei)에 대한 반론은, 소국가체제가 오늘날의 현실적인 문제를 푸는 해답이 아닐 뿐더러 소국가가 정책 추진력을 가지는 한 그것은 이러한 문제들을 더 풀기 어렵게 한다는 것이다. 현재의 문화적 자유와 다원주의는 작은 국가에서 보다 큰 국가에서 확실히 더 안전하다. 큰 국가는 스스로가 다민족적이고 다문화적임을 잘 알고 있는 반면, 작은 국가는 종족-언어적 및 문화적 동질성을 추구하기 때문이다. 1990년 슬로바키아 민족주의의 가장 즉각적인 요구는 "슬로바키아 말을 유일한 공식어로 하고 60만의 헝가리인으로 하여금 대정부 관계에서 슬로바키아 말만을 사용토록 하는 것이었다."[28] 1990년 후반 "아랍어를 민족어로 정하고 공적 업무에서 그외의 언어를 사용하는 데 대해 높은 벌금을 부과토록 한" 알제리의 민족주의적 법안은 프랑스 영향력으로부터의 해방이 아니라 베르베르 말을 사용하는 알제리 인구 3분의 1을 배척하는 것으로 간주될 것이다.[29] 아래와 같은 관찰은 올바르다.

> 19세기 이전 세계의 편견없는 지방 애착심의 현대판은 건전하지만 그것은 오늘날의 민족국가 해체론자들이 가리키는 방향은 아닌 듯하다…. 그들은 관용적이며 공정하게 개방된 작은 나라들에 기초를 둔 국가가 아니라 사람들을 결집시켜야 하는 것이 종족적, 종교적 또는 언어적 동일성이라는 선동적 입장에 기반 둔 국가를 지향하고 있다.[30]

이러한 부류의 단일화(monolithic) 열기는 벌써 그러한 민족주의적 단

---

28) Henry Kamm, "Language bill weighed as Slovak separatists rally," *New York Times*, 25 October 1990.

29) "Algerians hit at language ban," *Financial Times*, 28 December 1990.

30) "The state of the nation state," *Economist*, 22 December 1990 ~ 14 January 1991, 78면.

위체 내에서 위협받는 소수민족의 자치주의적이고 분리주의적인 열망으로, 그리고 발칸화가 아니라 레바논화라고 불러야 마땅한 것으로 진행중이다. 터키인들과 러시아인들은 몰다비아에서 떨어져 나오려 하며, 세르비아인들은 민족주의적인 크로아티아로부터의 독립을 선언하며, 다른 까프까즈인들은 그루지야인의 지배를 거부한다. 반대로 빌니우스(Vilnius)에서 일고 있는 극단적인 종족적 주장은 독일계 이름을 가진 지도자가 리뚜아니아인의 가슴 밑바닥에 깔려 있는 종족적 열망을 정확하게 이해할 수 있는지에 대해 의문을 표하고 있다. 약 180개 국가 중 아마도 12개에 훨씬 못 미치는 국가만이 그들의 시민이 진정한 의미에서 단일한 종족적 또는 언어적 집단과 일치한다고 그럴듯하게 주장할 수 있는 세계에서, 그러한 동질성의 확립을 기초로 하는 민족주의는 바람직하지 못할 뿐 아니라 대체로 자기 파괴적이다.

간단히 말해, 일반적인 프로그램으로서 분리마저 불사하는 고전적인 윌슨적-레닌적 형태의 자결 구호는 21세기의 해결책이 될 수 없다. 그것은 '민족국가'의 19세기적 개념이 붕괴하는 증좌로 가장 잘 이해될 수 있으며, 『이코노미스트』지가 '과대민족주의'와 '과소민족주의'라고 한 것 사이에 끼여 있다. [31] 그러나 큰 민족국가의 위기는 또한 그 역사의 길고 짧음에 관계없이 작은 민족국가의 위기이기도 하다.

따라서 의문스러운 것은 남녀가 집단 정체성을 갈망하는 강도가 아니다. 민족은 집단의식의 한 표현이며 (이슬람 세계가 보여주듯) 그것의 유일한 표현은 아니다. 또한 국가의 경제적 또는 문화적 힘의 중앙집중화 및 관료주의화, 즉 국가의 소원(remoteness)과 통제불가능에 대한 반응의 강도도 아니다. 또 화려한 깃발 속에 포장될 수 있는 지역적 또는 분파적 불만의 거의 모든 것이 민족적 정당화를 내세우는 것이 매력적임을 발견한다는 점은 의문의 여지가 없다. [32] 회의론자들은 동질적 민족국

31) 같은 책, 73~78면.
32) …[옥시땅 운동의] 지도자적인 활동가의 계급구성에서 이러한 불만의 원인이

가를 형성하려는 욕구가 그토록 불가항력적인 것인가 그리고 그것이 21
세기의 개념과 프로그램으로서 유용한가를 묻고 있다. 심지어 독립된 민
족국가에 대한 고전적인 열망이 강력했을 것이라고 여겨지는 지역에서조
차 실제의 권력이양이나 지역화는 위의 열망을 앞질러 봉쇄했거나 정반
대의 방향으로 끌고 갔다. 아메리카 대륙에서의, 특히 캐나다 남쪽에서
의 국가 분리주의는 미국내전 이후 위축되었다. 그리고 통계상 바이에른
과 시칠리아는 스코틀랜드와 스위스 베른의 프랑스어 인구지역에서처럼
분리주의의 분명한 번식지이지만, 제2차 세계대전의 패전국들은 고도의
권력이양을 할 수밖에 없었던 까닭에 —— 아마도 파쇼의 중앙집중화에
대한 반작용으로서 —— 나머지 서유럽지역에서와 같은 분리주의 운동이
거의 일지 않았다. 실제로, 1943년 후 시칠리아에서 전개된 분리주의 운
동은, 아직도 그 패퇴를 '시칠리아 민족의 종말'로 애도하는 사람이 약간
있기는 하지만, 단명하고 말았다.[33] 그것은 1946년의 지역자치법안에 의
해 사그라들었다.

이처럼 오늘날 민족주의는 조락한 윌슨적-레닌적 이데올로기 및 프로
그램의 반쪽만 인지된 위기를 반영하는 것이다. 우리가 본 바와 같이,
오랜 역사를 지닌 많은 강력하고 확고한 민족주의 운동들마저, 그들이
현재 속한 국가들로부터의 완전한 분리를 그 목적으로 계속 지니고 있을
때조차 (바스끄와 스코틀랜드 민족주의자들이 그러하듯), 현실적인 국가
독립에 대해서 회의한다. 여전히 적절한 해답을 얻지 못한 오래된 '아일
랜드 문제'가 이러한 불확실성을 예증한다. 독립된 아일랜드공화국은 브

지역적으로 불균등한 경제발전에 있는 것이 아니라 프랑스 전역에 걸쳐 … 전문
가와 사무직 종사 계급이 느끼는 비탄에 있음이 드러난다. (옥시땅 운동은 랑
그 독 지역의 지역주의 운동이다 — 역자.) William R. Beer, "The social class
of ethnic activists in contemporary France" in Milton J. Esman (ed.), *Ethnic
Conflict in the Western World* (Ithaca 1977), 158면.

33) Marcello Cimino, *Fine di una nazione* (Palermo 1977); G. C. Marino, *Storia
del separatismo siciliano 1943~1947* (Rome 1979).

리튼으로부터의 완전한 정치적 자치를 강조하는 한편—— 제2차 세계대전중에 중립을 지킴으로써 확연해진—— 실제로는 영국과의 상당 정도의 상호 관련성을 수용한다. 아일랜드 민족주의는 아일랜드 시민이 영국에 거주할 때 마치 그들이 영국에서 분리되지 않은 양 완전한 시민 권리를 누리는, 다시 말해 이중 국적을 소유하는 괴이한 상황에 적응하는 데 곤란을 느끼지 않아왔다. 다른 한편, 하나의 통일된 독립 아일랜드라고 하는 고전적인 프로그램에 대한 신념은 급속히 무너져갔다. 이처럼 더블린과 런던의 양국 정부는 단일한 연합 아일랜드의 (상대적인) 바람직함에 대해 합의하였을 것이다. 그러나 아일랜드공화국에서조차 거의 대부분이 그러한 통합을 악성 해결책 중에서 악성이 가장 덜한 것으로 인식할 뿐이다. 반대로, 만일 얼스터가 영국과 아일랜드 모두로부터 독립을 선언한다면, 대부분의 얼스터 개신교도들 또한 이같은 교황거부를 악성이 덜한 해결로 생각할 것이다. 간단히 말해, 오직 몇몇 광신적 민족주의자들만이 민족적/공동체적 자결의 이러한 성취를 극히 불만족스러운 현상태보다 약간 나은 것 이상으로 받아들일 것이다.

우리는 또한 같은 이유로 오랜 역사를 지닌 국가들에서 민족의식이 위기를 맞고 있음을 발견할 수 있다. 19세기 유럽에서 등장한 그러한 의식은 인민-국가-민족-정부를 꼭지점으로 하는 사변형의 어딘가에 자리잡고 있다. 이론적으로 이 네 요소는 만난다. 히틀러 시기에 (이때 Volk라는 단어는 '인민'과 '민족' 모두를 의미했다) 독일은 '한 인민, 한 제국, 한 총통'(Ein Volk, ein Reich, ein Fuehrer), 즉 한 인민/민족, 한 국가, 한 정부로 구성되었다. 실제로 국가와 정부의 관념은 위대한 18세기 혁명시대 이후의 시기에 전형적인 정치적 기준에 의해 결정되었으나, '인민'과 '민족'의 관념은 대체로 환상적 및 상상적 공동체의 형성에 유용했던 전정치적(pre-political) 기준에 의해 결정되었다. 정치는 항상 자신의 목적을 위해 그러한 전정치적 요소들을 받아들여 재주물한다. 위의 네 요소들간의 유기적인 관계는 당연한 것으로 가정되었다. 그러나 이 가정은 역사적이거나 수립된 지 오래된 커다란 민족국가에서는 더이상 가능하지 않다.

이 점은 서독에서 1972년 실시된 여론조사를 통해 예시될 수 있다.[34] 알려져 있듯, 이는 독일이 히틀러하의 이론상 가장 완전한 범게르만의 정치적 통일로부터 공존하는 두 국가가 독일 민족의 전부 또는 일부를 갖는다고 주장할 수 있었던 상황으로 변한 이래 극단적인 경우이다. 그러나 바로 이같은 상황을 통해 우리는 대부분의 시민들이 '민족'을 생각할 때 그들의 마음속에 있는 불확실성과 모호함을 읽을 수 있다.

이 추적으로 제일 먼저 알 수 있는 점은 불확실성이 상당하다는 것이다. 서독인의 83%가 자신들이 자본주의가 무엇인가를 알고 있다고 생각했으며, 78%는 사회주의를 알고 있다고 응답했다. 반면 오직 71%만이 '국가'에 대한 의견을 말했고, 34%는 '민족'을 어떻게 정의하고 서술하는지 전혀 알지 못했다. 불확실성은 교육을 적게 받은 시민들의 경우에 훨씬 더 컸다. 중등교육을 마친 독일인의 90%는 자신들이 위에서 말한 네 요인을 알고 있다고 생각한 반면, 초등교육만을 받은 (비숙련노동에 종사하는) 독일인은 54%만이 '국가'가 무엇을 의미하는지 알고 있다고 응답했으며 47%만이 '민족'을 안다고 말했다. 이러한 불확실성은 '인민', '민족' 및 '국가' 간의 오랜 일치가 무너진 데서 비롯되었다.

"민족과 국가가 같은 것인가 또는 다른 것인가?" 하는 질문 사항에 대해 서독인의 43% —— 가장 교육을 많이 받은 이들의 81% —— 는 두 개의 독일이 존재하기 때문에 그들은 같은 것이 아니다라고 응답하였다. 그러나 35%는 민족과 국가는 불가분의 것이라고 보았고 지극히 논리적으로 노동자의 31% —— 40세 미만의 노동자 중 39% —— 는 동독을 가리켜 그것은 상이한 국가이기 때문에 현재 상이한 민족이라고 결론지었다. 또한 우리는 국가와 민족의 동일성을 가장 강하게 확신한 집단은

---

34) Bundesministerium für innerdeutsche Beziehungen, *Materialien zum Bericht zur Lage der Nation,* 3 vols. (Bonn 1971, 1972, 1974), III, 107~13면, 특히 112면.

—— 42% —— 숙련 노동자들로 구성된 점을 본다. 독일은 한 민족으로 구성되었지만 두 개의 국가로 분열되었다고 강하게 믿은 집단은 사회민주당에 표를 던진 이들이었다. 사회민주당 지지자의 52%가 이렇게 믿은 반면, 기민당 지지자의 36%가 그렇게 생각했다. 이를 두고 어떤 이는 독일 통일 후 1세기가 지난 뒤 전통적인 19세기적 '민족' 개념은 노동계급에 가장 강하게 남아 있다고 말할지도 모른다.

이것이 시사하는 바는 '민족'이란 관념이 연체류와 같이 일단 '민족국가'라는 외견상 딱딱한 껍데기에서 떨어지게 되면 불안정한 형태로 떠오른다는 것이다. 1918년에서 1945년 사이에 오스트리아 사람 다수가 그랬던 것처럼 1945년 이후 대부분의 오스트리아 사람들이 자신들을 더 커다란 독일의 일부로 보지는 않았겠지만, 엘베강 양쪽의 독일인들은 심지어 두 국가가 통일되기 전에도 여전히 자신들을 '독일인'으로 생각하였다. 그리고 확실히 독일어를 쓰는 스위스인들은 독일인이라는 관념을 자신들에게서 떨쳐내려 애썼다. 동독 및 서독 사람들이 확신할 수 없었던 것은 '독일인'이라는 것이 지니는 정치적 또는 그밖의 의미로, 이는 그럴 만한 이유가 있었다. 그리고 1990년 하나의 독일연방이 수립됨으로써 이러한 불확실성이 완전히 제거되었다고 말하기는 어렵다.

다른 역사적 '민족국가'에서의 비슷한 조사가 독일과 마찬가지로 혼란스런 반응을 낳으리라고 생각할 수 있다. 예를 들어, '프랑스인'과 '프랑스어 사용자'(이 말은 최근까지 존재하지조차 않았다. 그것은 1959년에 처음으로 도입되었다)는 어떤 관계인가? 드 골 장군이 퀘벡 주민을 해외 프랑스인이라고 주장했을 때, 그의 의도와는 상관없이 그의 말은 이제까지 살펴본 프랑스인에 대한 전통적이고 비언어적인 정의를 벗어났다. 퀘벡의 민족주의적 사고는 다시 "고국(la patrie)이라는 용어를 다소 포기했으며 대신 민족, 인민, 사회 및 국가와 같은 용어들의 장단점에 대한 끝없는 논쟁에 휘말리게 되었다."[35] 1960년대까지 법과 행정의 관점에서 '영국인'이라 함은 영국인 부모에게서 태어나거나 또는 영국 땅에

서 태어난 이, 영국인과 혼인한 사람, 또는 귀화인을 의미하는 간단한
문제였다. 그것은 오늘날 그처럼 간단치 않다.

이 어느 것도 민족주의가 오늘날의 세계정치에서 그리 특별하지 않다
거나 또는 과거보다 덜 특별하다는 것을 뜻하지는 않는다. 필자는 오히
려 민족주의가 눈에 띄게 두드러짐에도 불구하고 역사적으로 덜 중대하
다는 점을 주장하는 것이다. 민족주의는 19세기와 20세기 초에 그랬던
것처럼 더이상 세계적 정치프로그램이 아니다. 기껏해야 그것은 다른 역
사발전을 복잡하게 만들거나 촉진하는 요소일 뿐이다. 유럽중심적인 19
세기의 세계사를 월터 배저트처럼 '민족형성'의 역사로 보는 것은 받아들
이기에 어렵지 않다. 위진 웨버의 『농민으로부터 프랑스인으로』[36]라는
책의 제목이 제시하는 것처럼, 우리는 1870년 이후의 주요한 유럽국가들
의 역사를 여전히 이러한 시각으로 본다. 20세기 후반과 21세기 초반의
세계사를 그러한 관점에서 쓸 역사가가 있는가? 답은 거의 부정적이다.

반대로, 새로운 시대의 세계사는 이제까지 정치적으로, 경제적으로,
또는 문화적으로, 나아가 언어적으로도 정의되곤 했던 '민족들'과 '민족
국가들'의 한계 내에 더이상 갇혀 있을 수 없는 세계의 역사로서 씌어야
한다. 그것은 대체로 과대민족적이고 과소민족적일 것이나 심지어 과소
민족조차도, 그것이 군소민족주의의 의상을 걸치든 그렇지 않든간에, 하
나의 작동하는 실체로서 오랜 역사를 지닌 민족국가의 몰락을 반영할 것
이다. 새로운 세계사는 '민족국가들'과 '민족들' 또는 종족/언어적 집단들

---

35) Dion, "The mystery of Quebec," 302면. 1967년 7월 31일의 프랑스 내각 성
   명에 드러난, 퀘벡을 프랑스의 일부로 보는 드골적 관점은 프랑스가 "프랑스인
   의 후손이자 칭송받을 정도로 조국에 충성하는 사람들의 현재와 미래의 운명에
   관심을 기울이지 않을 수 없으며 캐나다를 다른 외국과 마찬가지로 간주할 수
   없었다"는 것이었다. (*Canadian News Facts*, vol. I, no.15, 14 August 1967, 114
   면).

36) Eugene Weber, *Peasants into Frenchmen: The Modernizatior of Rural France,*
   1870~1914 (Stanford 1976).

을 일차적으로 세계의 새로운 과대민족적 재구조화 앞에서 뒷걸음질치거
나 저항하거나, 적응하거나 흡수 또는 해체되는 것들로 분석할 것이다.
민족과 민족주의는 새로운 역사 속에 계속 존재할 것이지만 그 위치는
낮을 것이며 종종 대수롭지 않은 역할만을 할 것이다. 이는 민족의 역사
및 문화가 특정 국가, 특히 작은 국가들의 교육체계와 문화생활에서 중
대하게 —— 아마도 전보다 더욱 중대하게 —— 보이지 않을 것이라는 말
이 아니다. 또한 민족의 역사와 문화가 더 광범한 과대민족적 구조 내에
서 지방중심적으로 만개할 수 없다는 것을 의미하지도 않는다. 오늘날
까딸루냐 문화는 꽃피고 있다. 그러나 이같은 왕성한 문화활동은 다음의
암묵적인 가정, 즉 까딸루냐의 거주민이 아닌 사람은 누구도 까딸루냐
말로 의사소통을 할 수 없을 것이기 때문에 까딸루냐인들은 스페인어와
영어로 외부세계와 의사소통을 할 것이라는 데 기초를 두고 있다.[37]

필자가 시사한 것처럼, '민족'과 '민족주의'는 분석은 고사하고라도 그
렇게 기술된 정치적 실체나 한때 이러한 용어로 기술된 감정들을 기술하
는 데도 더이상 적절한 용어가 아니다. 민족주의는 민족국가의 쇠퇴와
더불어 쇠퇴하는 것이 불가능하지는 않다. 민족국가가 존재치 않은 상황
에서 영국인 또는 아일랜드인 또는 유대인, 또는 이 모든 것을 다 지닌
사람이라고 하는 것은 사람들이 필요에 따라 자기 정체성을 기술하는 하
나의 방법일 뿐이다.[38] 이 날이 벌써 가까웠다고 주장하는 것은 무모할

---

37) 1970년대에 까딸루냐인의 3분의 2는 외국에 있을 때 자신들을 '스페인 사람'
   으로 간주했다. M. García Ferrando, *Regionalismo y autonomias en España*
   (Madrid 1982), 표 2.

38) 민족주의의 힘과 지배에 대한 나의 의구심을 공유하는 듯한 이론가는 드문
   데, 그중에 『민족주의와 국가』(*Nationalism and the State*)를 쓴 존 브릴리가
   있다. 그는 "민족주의의 명백한 성공이 의미하는 바는 민족주의가 인민의 사고
   와 행위에 매우 강하게 뿌리내리고 있다는 것"이라고 겔너와 앤더슨이 가정하
   는 데 대해 비판한다. "Reflections on nationalism" (*Philosophy and Social
   Science*, 15/1, March 1985), 73면.

것이다. 그렇지만, 필자는 이 날이 상상될 수는 있기를 바란다. 결국, 역사가들이 민족과 민족주의에 대한 연구와 분석에서 어느정도 발전을 이루어내기 시작했다는 사실 자체는 종종 그렇듯이 이 현상이 정점을 지났음을 암시한다. 헤겔이 말하듯, 지혜를 가져오는 미네르바의 올빼미는 해가 져야 날았다. 그것이 현재 민족과 민족주의 주위를 나는 것은 좋은 징후이다.

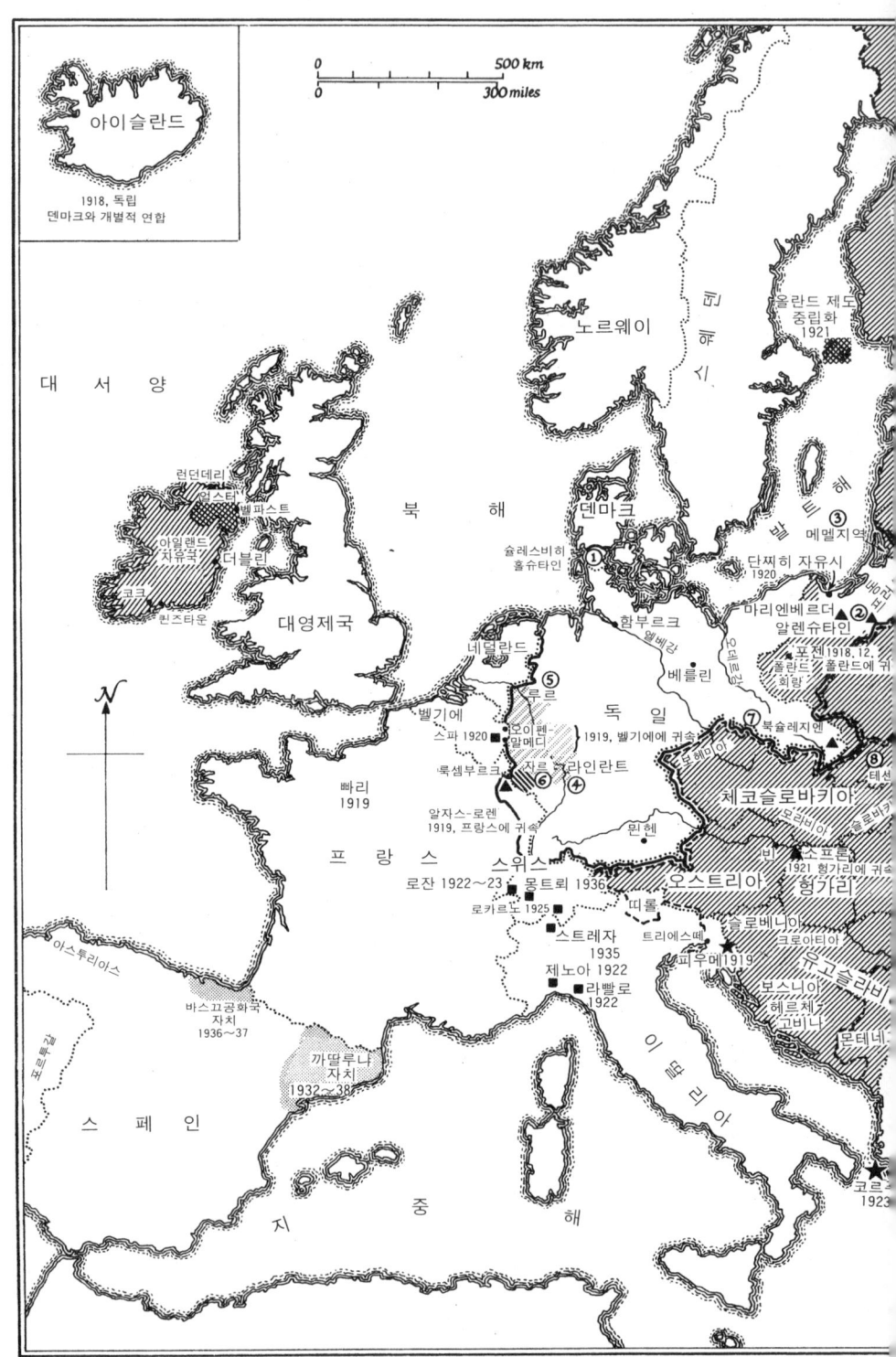

아이슬란드

1918, 독립
덴마크와 개별적 연합

0 ___ 500 km
0 ___ 300 miles

노르웨이

대 서 양

올란드 제도
중립화
1921

북 해

러던데리
얼스터
벨파스트
아일랜드
자유국
더블린
코크
퀸즈타운

대영제국

대영제국

덴마크

발 트 해

③ 메멜지역

슐레스비히
홀슈타인 ①

단찌히 자유시
1920

함부르크

마리엔베르더
알렌슈타인 ②

포젠 1918. 12.
폴란드 폴란드에 귀
회람

엘베강

베를린

네덜란드

⑤ 루르

독 일

⑦ 북 슐레지엔

벨기에
스파 1920

오이펜-
말메디

1919, 벨기에에 귀속

⑧

체코슬로바키아

룩셈부르크
자를 라인란트 ④

알자스-로렌
1919, 프랑스에 귀속

빠리
1919

뮌헨

오스트리아

헝가리

1921 헝가리에 귀속

프 랑 스

스위스

로잔 1922~23 몽트뢰 1936

로카르노 1925

슬로베니아

띠롤

스트레자
1935

트리에스떼

크로아티아

피우메1919

유고슬라비

아스투리아스

제노아 1922
라빨로
1922

보스니아
헤르체
고비나

바스끄공화국
자치
1936~37

까딸루냐
자치
1932~38

이 딸 리 아

몬테네

포르투갈

스 페 인

지 중 해

코르
1923

.... 영토 확정 후의 경계
——— 1914년 독일제국의 국경
----- 1914년 오스트리아-헝가리제국의 국경
-·-·- 1914년 러시아제국의 국경
▨ 신생국가
■ 협상　　　★ 분쟁　　　▲ 국민투표 실시
▨ 분쟁지역
▨ 일시적으로 자치나 독립을 이룬 지역
▨ 무장 점령지역
▨ 국제연맹 고등판무관 관할하의 지역

1. 1920년 2월 국민투표로
   덴마크와 독일로 분리
2. 1920년 7월 독일에 대한 마리엔베르더와
   알렌슈타인의 국민투표
3. 1920~23년 동맹국에 점령,
   1923년 리뚜아니아에 병합, 1924년 자치
4. 1930년 철수, 1936년 재무장
5. 1923~25년 프랑스에 점령
6. 국제연맹의 위임통치,
   1935년 국민투표로 독일에 귀속
7. 1921년 3월 독일과 폴란드의
   국민투표로 분리
8. 1920년 체코슬로바키아와
   폴란드로 분할

볼가강

소　련

ㄷ
1917

스또니아

라뜨비아

루아니아

빌노(빌나)
1920, 폴란드에 병합
1922, 폴란드에 대한 국민투표

백러시아
독립
1919~21

ㄷ

우끄라이나
독립 1917~20

까스피해

베싸라비아

라실바니아

루 마 니 아

다뉴브강

흑　해

까프까즈산맥

그루지아
독립 1918~21

아제르바이잔
독립
1918~20

아르메니아
독립
1918~21

불 가 리 아

•소피아

서트라키아
1919, 불가리아에서
그리스로 귀속

아드리아노플 1920~22, 그리스에 점령

또니·불가리아
스·불가리아
쟁 1925

사낙 1922

다다넬즈
1924, 비무장화
1936, 재무장

스미르나 1922
1919~22, 그리스에 점령

터　키

알렉싼드레타
1920, 시리아에 귀속
1939, 터키에 귀속

도데카니즈 제도
1912, 이딸리아에 귀속

1919~1934, 민족갈등과 국경분쟁

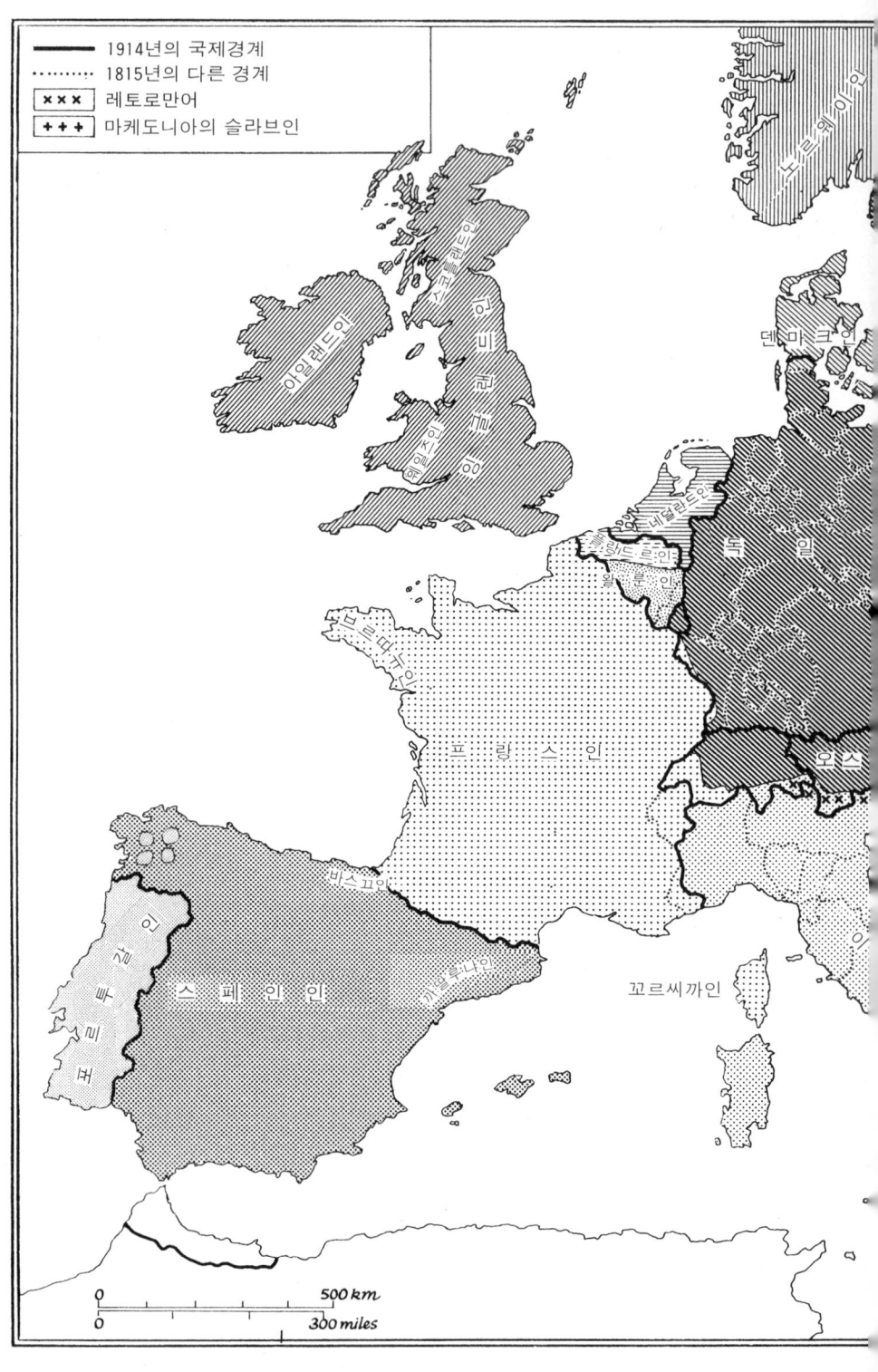

노르웨이인

덴마크인

독 일

네덜란드인

플랑드르인

왈룬인

오

브르따뉴인

프 랑 스 인

비스꼬인

꼬르씨까인

스 페 인 인

까딸루냐인

바 스 끄 인

뽀 르 뚜 갈 인

```
0        500 km
├──┬──┬──┬──┤
0        300 miles
```

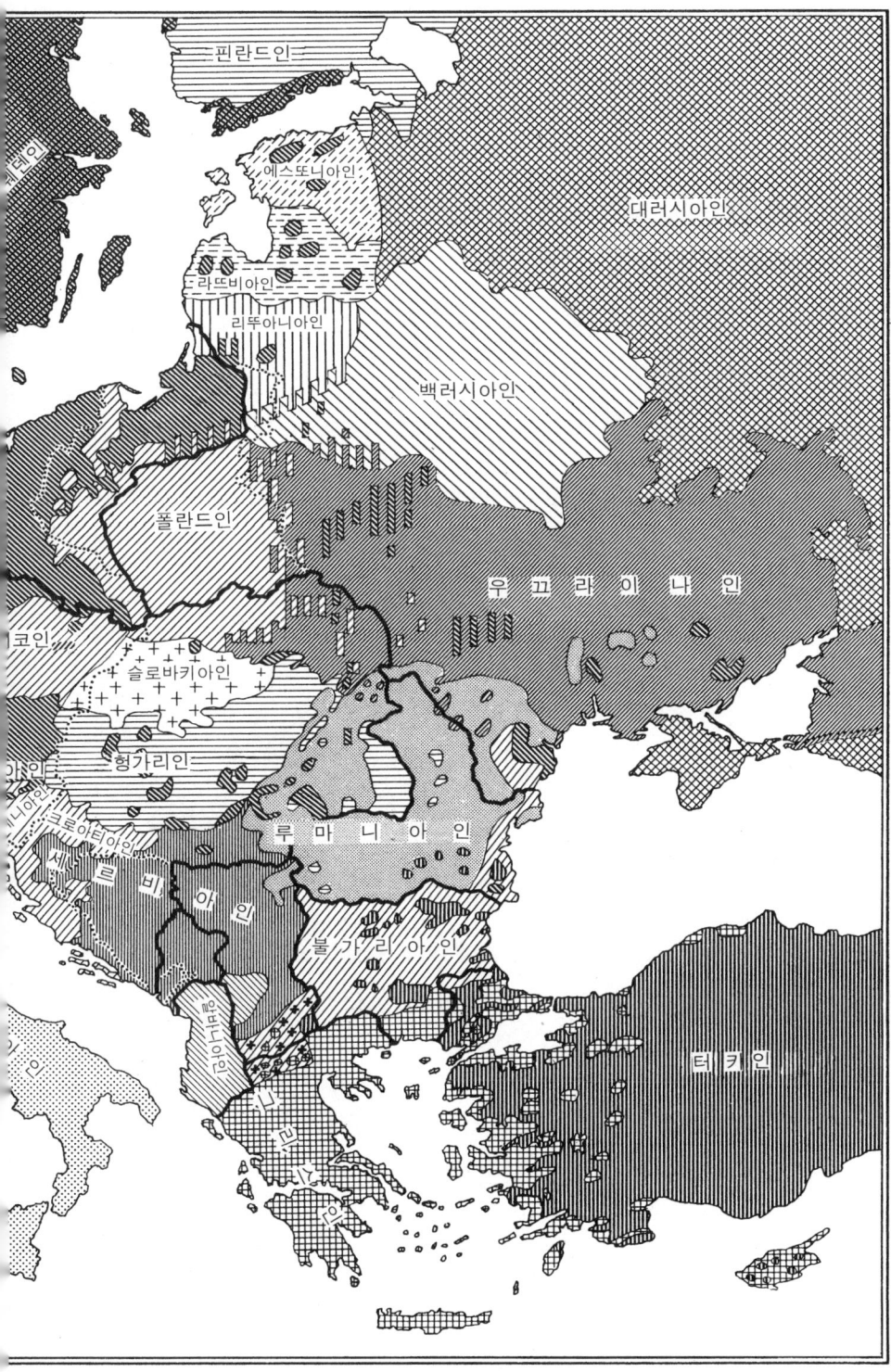

에스또니아인

대러시아인

라뜨비아인

리뚜아니아인

백러시아인

폴란드인

우꼬라이나인

코인

슬로바키아인

헝가리인

크로아티아인

루마니아인

세르비아인

불가리아인

터키인

19세기의 민족, 언어와 정치적 경계: 동유럽의 언어분포

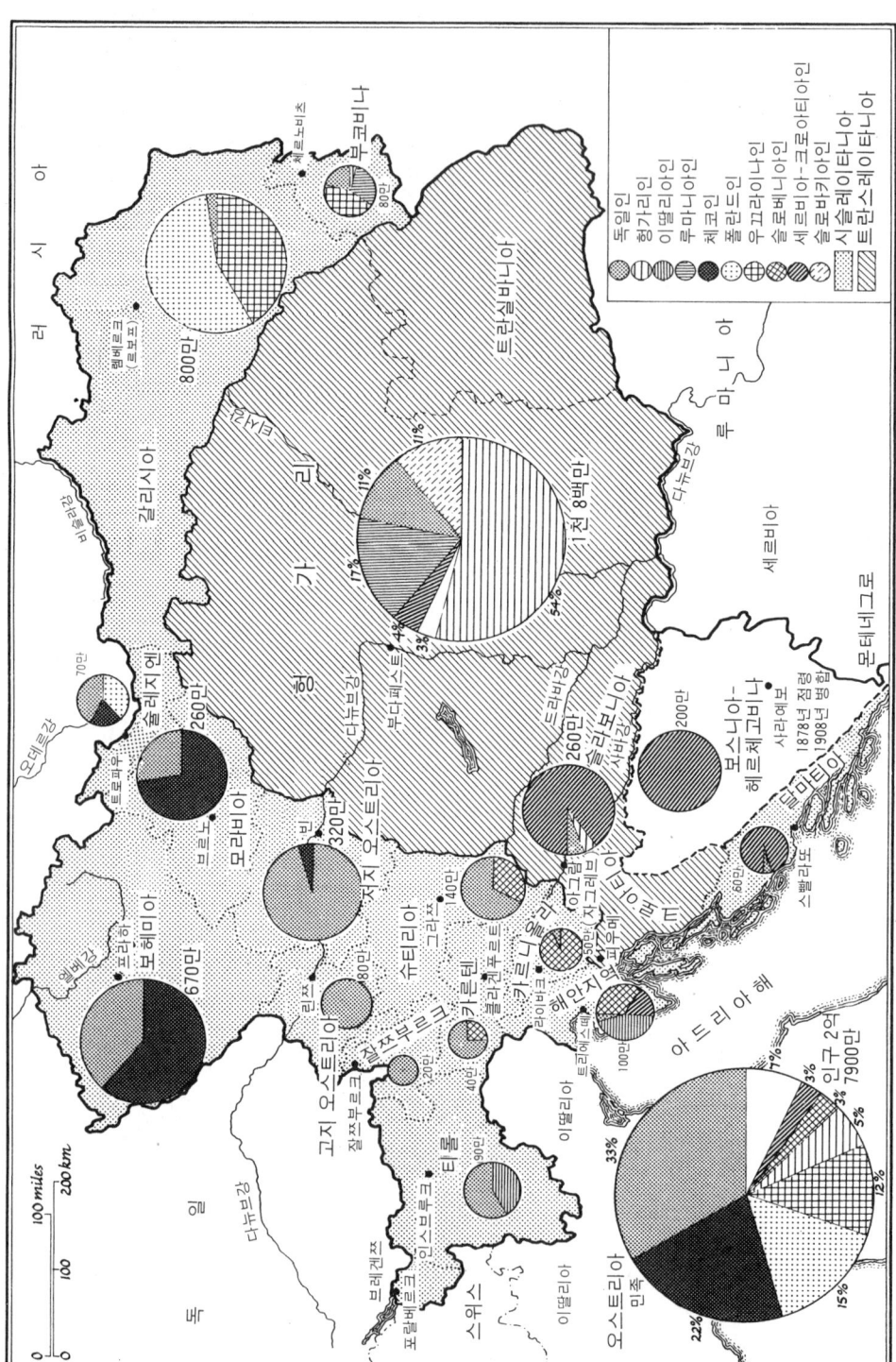

1910년경 합스부르크제국의 민족. 파이차트는 각 지역의 다양한 민족의 구성비를 나타낸다

찾아보기

ㄱ

ㅅ

창비신서 125
1780년 이후의 민족과 민족주의

초판 1쇄 발행 / 1994년 4월 6일
초판 12쇄 발행 / 2023년 4월 19일

지은이 / E. J. 홉스봄
옮긴이 / 강명세
펴낸이 / 강일우
펴낸곳 / (주)창비
등록 / 1986년 8월 5일 제85호
주소 / 10881 경기도 파주시 회동길 184
전화 / 031-955-3333
팩시밀리 / 영업 031-955-3399 편집 031-955-3400
홈페이지 / www.changbi.com
전자우편 / human@changbi.com

ISBN 978-89-364-1125-1 03300